La Face cachée de Didier Deschamps

Bernard Pascuito

La Face cachée de Didier Deschamps

FIRST
Editions

12 avenue d'Italie
75013 Paris
Tél. : 01 44 16 09 00
Fax : 01 44 16 09 01
Courriel : firstinfo@efirst.com
Internet : www.editionsfirst.fr

ISBN : 978-2-7540-5471-3
Dépôt légal : novembre 2013
Imprimé en France
par CPI Firmin Didot (120259)

Ouvrage dirigé par Laurent Boudin
Secrétariat d'édition : Capucine Panissal
Correction : Ségolène Estrangin
Mise en page : Catherine Kédémos

Du même auteur

Morts étranges 2, L'Archipel, 2012
Annie Girardot. Une vie dérangée, Flammarion, 2011 ; Archipoche, 2013
Morts étranges, L'Archipel, 2010 ; Archipoche, 2012
Coluche. Toujours vivant, Payot, 2006 ; J'ai lu, 2011
Ces maladies créées par l'homme, avec le Pr Dominique Belpomme, Albin Michel, 2004
La Double Mort de Romy, Albin Michel, 2002 ; Pocket, 2011 (sous le titre *Les Deux Vies de Romy*)
Mouna Ayoub. L'autre vérité, Presses du Châtelet, 2001
J'irai plaider sur vos tombes, entretiens avec Gilbert Collard, Michel Lafon, 1993
Coluche. Le livre du souvenir, Éditions Sand, 1993
Montand. Le livre du souvenir, Éditions Sand, 1992
Gainsbourg. Le livre du souvenir, Éditions Sand, 1991
McEnroe. Champion rebelle, Calmann-Lévy, 1981

« Je m'assieds à ma table et, dans la lumière naissante d'un hiver livide, à l'instant de commencer à écrire, je n'ai en tête que cette lancinante interrogation lourde du poids de toute une vie : qu'ai-je donc en moi qui m'a toujours empêché de vivre en paix ? C'est, il me semble, une question que nous portons tous en nous, qui tantôt nous vrille la cervelle, tantôt se tortille dans la vase de nos ventres, une question dont jamais nos os ne s'accommodent et que, pour rien au monde, nous ne voudrions nous poser. Et, avec le temps, elle finit par remonter dans notre gorge, peser sur notre langue, au point, le jour, de nous ôter la parole et, la nuit, de nous faire crisser des dents. »

JEAN-PAUL DUBOIS

There's a crack in everything,
that's how the light gets in.

LEONARD COHEN

À la mémoire de Bruno Metsu,
qui nous aura montré jusqu'au bout
que le football pouvait aussi enfanter
des hommes lumineux.

Chapitre 1

2 juillet 2000, la fin d'un monde

« ... Et ils tournent, et ils dansent
Comme des soleils crachés... »
Jacques Brel (*Amsterdam*)

La scène est hallucinante. Tout en violence et en émotion, elle transforme une victoire hystérique en triomphe au bord de la crise de nerfs.

La fête ? la joie ? Bien malin celui qui pourrait en déceler au milieu de ces gesticulations larmoyantes, de ces supplications désespérées, de ces dénégations obstinées.

Il nous dira plus tard qu'il ne s'est rien passé ce jour-là, mais nous avons tous vu, et mieux encore sur nos écrans de télévision, cette danse de Saint-Guy offerte en mondovision par Didier Deschamps, capitaine glorieux de l'équipe de France, et Roger Lemerre, son sélectionneur.

Deux juillet 2000, Rotterdam est un port qui vaut bien l'autre. Et pas loin du port de Rotterdam, il y a deux hommes qui chantent les rêves qui les hantent... L'un d'entre eux va arrêter l'aventure ici, ce soir, dans ce port qui devient son terminus.

Quelques minutes plus tôt, un but en or marqué par le remplaçant David Trezeguet a mis fin à la finale de l'Euro qui opposait la France à l'Italie. Alors que le temps réglementaire était écoulé, et que les Italiens fêtaient déjà une victoire qui ne pouvait plus leur échapper, Sylvain Wiltord, autre remplaçant, avait égalisé à la 93e minute. Un double miracle pour une victoire qui confirmait, après le triomphe de 1998, que ces Français étaient même capables de magnifier leur destin.

D'abord, il y avait eu du soulagement plus que de la joie, une façon de se regarder les uns les autres comme pour s'interroger sur la réalité de ce qu'ils vivaient. Ensuite, l'hystérie, les hurlements de délivrance réservés à ceux qui ont beaucoup souffert et longtemps douté.

Et, enfin, à l'écart de ce petit monde en folie, mais bien campés sur le terrain, Deschamps et Lemerre, comme deux compères en furie, emportés par des accents bréliens, entre *Ne me quitte pas* et *La Chanson des vieux amants*...

Car c'est bien de cela qu'il s'agit, de cela et de rien d'autre : se quitter ou ne pas se quitter. Parce que, bien sûr, on a vu cent fois rejaillir le feu d'un volcan éteint qu'on croyait trop vieux... Lemerre connaît la chanson et c'est donc lui qui supplie tandis que Deschamps semble répondre tout à la fois qu'il a perdu le goût de la conquête et qu'il ne lui reste plus qu'à prendre et son bagage et son envol.

La scène dure quelques minutes. C'est long, quand on y pense. Plusieurs minutes d'embrouille en direct pour des dizaines et des dizaines de millions de téléspectateurs, dont certains, il est vrai, se fichent pas mal.

Ce n'est pas le cas de tout le monde. LCI et France 2, gourmands de savoir ce qui s'est réellement dit, font appel à des sourds-muets chargés de décrypter le dialogue pathétique. *Paris Match*, qui sait ce qu'est le poids des mots, en oublie le choc des photos pour engager d'autres sourds-muets. Cela commence à ressembler à un concours handisport.

En France, tout le monde veut savoir. Et d'autant plus que Deschamps a vivement rembarré un journaliste qui l'interrogeait sur ce qu'il venait de se passer : « C'est une conversation privée »... On aurait pu penser à de l'humour, mais il n'avait pas l'air de plaisanter.

Le lendemain à 13 heures, France 2 s'employait donc à décoder ces paroles volées parce qu'envolées. En fin d'après-midi, LCI s'y collait et le pays apprenait officiellement la vérité : Deschamps avait décidé de quitter l'équipe de France et Lemerre avait tout essayé pour le faire changer d'avis. En vain.

Seul le quotidien *Le Parisien* aurait la franchise de donner à ses lecteurs quelques extraits de la scène de ménage plutôt que de tourner autour du pot, comme d'autres journaux, ravis de raconter l'essentiel tout en prétendant respecter le secret d'une « conversation privée ».

> LEMERRE : On ne va pas abandonner maintenant. Avec les échéances qui nous attendent [...]. Alors, tu ne vas pas sortir maintenant.
>
> DESCHAMPS : J'ai ma femme, ma famille... Je ne veux pas les faire souffrir.
>
> LEMERRE : Réfléchis, et quand tu décideras de l'annoncer... Pour le moment, c'est la fête.
>
> DESCHAMPS : Mais il faut que j'aie le choix. J'en ai marre, j'en ai vraiment marre.

Et tout le reste à l'avenant, avec gestes désordonnés, mimiques et inflexions poignantes, roulements d'yeux désespérés, et que je t'attrape, et que je m'éloigne...

Quelques jours plus tard, la foudre (!) allait s'abattre sur les deux chaînes de télévision sous la forme d'un avertissement sévère du CSA pour « avoir traduit, par lecture sur les lèvres et diffusé le 3 juillet le contenu de la conversation entre le capitaine de l'équipe de France de football, Didier Deschamps, et son entraîneur Roger Lemerre, tenue sur le terrain à l'issue de la finale de l'Euro 2000 ».

Et comme si ça n'était pas assez drôle, le très pince-sans-rire CSA précisait : « Le Conseil a en effet considéré comme déontologiquement très choquant le procédé utilisé afin de révéler aux téléspectateurs la teneur d'un dialogue purement privé. »

On croit rêver ! En quoi une conversation qui a pris vie et s'est déroulée sous les yeux de 70 000 personnes et quelques dizaines de millions de téléspectateurs peut-elle être considérée comme strictement confidentielle ?

Si l'on veut échapper aux regards gênants, voire scrutateurs, à la curiosité des médias et du public, autant se mettre à l'abri d'un vestiaire ou d'une chambre d'hôtel et s'expliquer entre quatre yeux plutôt que de s'époumoner tels des personnages de la commedia dell'arte sur une pelouse transformée en centre du monde.

Ce soir-là, à Rotterdam, avec Lemerre pour lui donner la réplique, Deschamps a volé la vedette aux autres héros du jour, les Trezeguet, Wiltord, Pirès, et accessoirement Zidane ou Barthez.

Il ne l'a pas forcément fait exprès ? Sans doute, mais sa carrière est remplie d'actes manqués de ce genre.

Lemerre l'a effectivement pris à partie sous les yeux de la foule, au lieu d'attendre sagement que la victoire soit fêtée. Ce n'était pas du meilleur goût de la part du sélectionneur. Avec cette nuance que la pression qu'il ajoutait à un moment de folle joie désormais transformé en psychodrame était la conséquence du vent de panique que son capitaine faisait souffler à l'intérieur du club France, depuis plusieurs jours.

Très critiqué par la presse dans son ensemble depuis plusieurs mois pour l'ensemble de ses performances, jugé en déclin, notamment à cause de nombreuses blessures, peu en vue dans son nouveau club de Chelsea, Deschamps, bientôt

32 ans, était de plus en plus menacé à son poste par le jeune Patrick Vieira. L'idée se profilait sérieusement que le capitaine devait désormais sa place sur le terrain à ses qualités de leader et son aura de stratège. Et que pour le reste, Vieira lui était supérieur.

L'idée était assez juste. Et loin d'être déshonorante. Quoi de plus beau que de rester indispensable grâce à sa tête lorsque son corps fourbu de trop de batailles lâche prise ?

Deschamps la trouvait injurieuse. Et décida de ne plus parler aux médias, ce qui fait un peu désordre quand on est censé être le relais du coach sur le terrain et représenter ses coéquipiers en toutes circonstances.

Peu importe : en homme blessé, il s'enferma dans un silence pesant. Le champion, version « boudeur ».

Bientôt – au cœur de l'Euro – il confia aux cadres de l'équipe de France, Blanc, Barthez, Zidane, Desailly, et aux membres du staff, que sa décision était prise : le dernier match des Bleus à l'Euro serait aussi son dernier match en bleu. Il n'y avait pas à y revenir et personne n'y songea.

Lemerre avait en tête d'autres soucis plus urgents, entre autres de gagner cet Euro. Pour le reste, on verrait après, il serait toujours temps de parler à Deschamps et de le faire changer d'avis.

Il y eut donc, comme une échéance fatale, cette scène sidérante, parfait symptôme de la complexité de Didier Deschamps. Elle en dit long, déjà, sur sa capacité à attirer la lumière sur lui quand elle devrait se focaliser ailleurs.

Il eût été si simple de garder par-devers soi ses affres, ses rancœurs et ses projets d'avenir. Et de vider son sac, après coup. Quelques jours ou quelques semaines après la fin de l'Euro.

Trop simple ? trop discret ? De toute façon pas la meilleure façon de transformer sa sortie en événement.

« Deschamps, c'est tout pour sa gueule », résume Bernard Tapie, cinglant, rapide et concis quand il s'agit de croquer quelqu'un qu'il connaît bien. En l'occurrence, il n'est pas le seul à le penser, même si d'autres ne le disent pas aussi vertement.

Dans ce moment clé de sa vie professionnelle et de sa vie tout court que fut ce début d'été 2000, on retrouve tout Didier Deschamps, grouillant de mille vertus et harcelé par quelques défauts insurmontables.

Têtu, courageux, inspiré, réfléchi, communiquant rusé, visionnaire, malin, tacticien, gagneur fanatique. Mais aussi fragile, influençable, doutant de lui, susceptible, égocentrique, secret, manipulateur, embrouilleur hors pair, complexé, compliqué, en recherche permanente d'affection sans trop en donner en dehors de son vase clos, partageant très peu, diabolisé par sa haine de la défaite.

Ce soir-là, dans un parfum de fête estivale un peu terni, nous avions vu vivre, grandeur nature, le Didier Deschamps que nous allons retrouver tout au long de ces pages. Celui qui ne supporte ni la défaite ni l'idée de se plier aux événements.

« Change tes désirs plutôt que l'ordre du monde », ce n'est pas pour lui.

Deschamps est un organisateur né et un stratège incomparable, tout le monde le reconnaît, même ceux qui le détestent. En conséquence, il ne supporte pas que les événements s'organisent en dehors de son contrôle. Surtout quand ils le touchent personnellement !

Sa retraite, toute sa susceptibilité le poussait à bien faire savoir qu'il l'avait décidée lui-même. Et que personne ne la lui avait imposée. Même pas les pires critiques.

Nous avons choisi d'entamer ce portrait par l'épisode de Rotterdam, car il est révélateur de qui est Didier Deschamps, pas parce qu'il n'est pas à son avantage.

D'ailleurs, il n'est rien de honteux dans l'épisode. Il y a tous les déchirements, et parfois les contradictions d'un champion hors normes qui vient de toucher une fois de plus à l'inaccessible. Et qui n'en redemande pas. Il y a un être humain dévoré par ses doutes. Il y a un joueur de bientôt 32 ans qui a conscience d'avoir été bien au-delà de ce qu'il devait réaliser.

Et qui en voudrait presque à la terre entière de ne pas avoir compris de quels dépassements, de quelles sublimations, ce chemin de gloire était parsemé.

Il y a aussi un futur cadre sup du football (traduisez par « entraîneur ») qui travaille déjà sa communication. Depuis, il a fait des progrès.

Il y a surtout quelqu'un de très fragile et un peu malheureux qui fait parfois beaucoup pour qu'on ne l'aime pas tellement et se désole ensuite de ne pas être assez aimé.

C'est peu dire qu'il ne semble pas très doué pour le bonheur. Et ce qui nous y fait penser, ce n'est pas tant ses airs de Droopy dépressif les soirs de défaite. Ni sa voix qui traîne un peu plus, son phrasé qui semble en fin de vie, quand tout va mal.

Ce qui nous y fait penser, c'est plutôt son goût carnassier de la victoire qui rappelle ces chiens de chasse brièvement apaisés dès qu'ils ont anéanti leur proie, et qui ne s'enflammeront plus que lorsqu'il s'agira de repartir à la recherche d'un autre trophée.

C'est plutôt cette haine de la défaite qui confine à la psychose. Personne n'aime perdre, mais a ce point !

C'est ce sentiment envahissant qu'avec lui les heures joyeuses qui suivent une victoire ne durent que quelques secondes. « Seul l'instant est béni, le reste n'est que souvenir », disait Jim Morrison.

À peu près trente ans plus tard, *L'Équipe* titrait en une, le lendemain de la victoire de la France en Coupe du monde : « Pour l'éternité ».

Avec Didier Deschamps, nous pouvons en être convaincus, même l'éternité ne dure qu'un instant.

Un cas ? Oui, sans doute. Un peu comme ces personnages de Simenon dont on ne sait toujours pas quoi penser longtemps après avoir refermé le livre.

Un mystère, en tout cas, dont on espérait percer l'armure en allant à la rencontre de ceux qui l'ont le mieux connu, amis ou pas. Mais l'armure est épaisse, et le mystère bien protégé.

Sans doute parce qu'il ne le partage avec personne.

On note des failles, quelques indices. On a parfois la sensation d'avoir affaire à un comédien qui ne jouerait pas le jeu.

Votre héros crée l'impression d'être ailleurs. Pas tout le temps. Quand joue-t-il ? Quand joue-t-il à jouer ?

Nous avions le sentiment, pendant tous ces mois, qu'en dehors des traits de caractère convenus – tenace, ambitieux, gagneur, stratège – aucun de nos interlocuteurs n'était susceptible de dire de quelle étoffe est fait Didier Deschamps. L'un d'eux allant jusqu'à avancer que personne ne sait à quoi il pense… « Je crois que même sa femme et son fils ne savent pas ce qu'il a dans la tête ! »

Quand tout va bien, ça ne se voit pas tant que ça. À moins d'être sensible à ce sourire crispé qui barre des lèvres trop minces, et semble sincèrement s'excuser d'être là. Le regard reste modeste, voire poussif, même si un demi-éclair de satisfaction semble lui insuffler un peu de vie. Il ne se gargarise jamais, pense aux obstacles qui l'attendent, aux ennemis qui guettent, pas de quoi se réjouir… Il aime à glisser, à un moment ou à un autre de sa conversation, « J'ai la conscience tranquille ».

Quand ça ne va pas il laisse traîner un peu plus l'accent basque qu'il emporte partout avec lui. Le débit s'essouffle peu à peu, il va finir par s'échouer sur un dernier mot, comme sur un mot d'adieu. On pourrait le croire à l'agonie. Il est à l'agonie.

Dans ces moments de grande déprime, il est à lui tout seul un album de Sempé, *Rien n'est simple*, à moins que ce ne soit *Tout se complique*. Il fait l'effort de répondre à une dernière question, sur les raisons de la crise qui semble le miner. Ce n'est pas facile. La mâchoire s'affaisse, l'œil s'éteint un peu plus quand il lâche, dans un énorme soupir, le rituel « Mais ça, vous le savez aussi bien que moi ».

Au moins, nous aurons essayé.

CHAPITRE 2

L'enfance d'un chef

« On est de son enfance
comme on est d'un pays »
Antoine de Saint-Exupéry

Ce jour-là, son père était parti à la chasse. Pas par désintérêt, au contraire. Pour la venue de Didier comme pour celle de Philippe, trois ans plus tôt, Pierre Deschamps, Basque habituellement solide et dur au mal, n'a pas eu le cran d'affronter les affres de l'accouchement. Pas même dans la version soft, avec positionnement dans un couloir ou dans la salle d'attente, relativement loin de l'action.

Quand il a rejoint la petite clinique de Bayonne en fin d'après-midi, à la fois fier, tremblant d'appréhension et un petit peu honteux de sa défection, Ginette, son épouse, lui avait donné un deuxième fils.

Le Pays basque envahit tout. Les paysages et le cœur des Hommes. Il est ombrageux, taiseux, bourru et pudique comme celles et ceux qui vivent dans cette province qui se veut pays. Le Pays basque est humble et d'un orgueil incommensurable, il peut être d'un calme plat et d'une violence meurtrière. Partout, dans ses arbres et ses prés, ses bois et ses forêts, il arbore le vert de l'espérance, mais le désespoir n'est jamais loin. Cette région n'est pas en demi-teinte : son soleil vous cloue sur place, ses pluies sont torrentielles, son air est rugueux, comme l'accent des Basques de tout âge. Ici, il n'y a pas de fossé de générations. On est basque avant d'être jeune ou vieux. La vie est rude mais attachante. On peut aller vivre ailleurs parfois, par nécessité, on ne quitte jamais vraiment le Pays basque et, de toute façon, on y revient toujours.

Anglet, à égale distance de Bayonne et de Biarritz, est une ville sportive et rude. La mer, les rouleaux, le surf, les terrains de golf qui pullulent, une quarantaine d'hôtels et des maisons d'hôtes à tous les coins de rue pour accueillir les estivants à la belle saison. Anglet est une belle image du Pays basque et Didier Deschamps lui ressemble par bien des côtés. Question de sang. Pas seulement parce qu'il est né à quelques kilomètres de là, en 1968.

Il est basque jusqu'au bout de ses silences et de ses entêtements, de son orgueil et de son humilité. De sa susceptibilité aussi. Et de sa mélancolie qui lui colle au cœur comme une habitude.

Essayer de le comprendre, c'est déchiffrer d'abord la terre où il n'a pas fait que grandir. Il y a été pétri, façonné, pour en devenir comme un symbole.

« Il existe plusieurs vies. La première, c'est l'enfance. Heureuse ou malheureuse, on ne s'en remet pas. C'est le point d'eau, on y revient toujours[1] », écrivait Pascal Jardin. Il pensait à lui-même, pas à Didier Deschamps, auquel cette phrase va pourtant si bien.

Au sommet d'une jolie route de campagne, son père a construit de ses propres mains la maison familiale que les parents de Didier ont habitée jusqu'à ces dernières années. Peintre en bâtiment, Pierre Deschamps n'a jamais été riche mais il est fier d'avoir donné cette maison aux siens. À tous

1 *La Guerre à neuf ans*, Grasset, 1972.

les siens. Les deux garçons y ont grandi, entourés de leurs parents et aussi de leurs grands-parents maternels, qui y ont été accueillis assez tôt. Au Pays basque, la solidarité familiale n'est pas un devoir, c'est un art de vivre.

Si les Deschamps ont continué d'habiter très longtemps la modeste maison d'Anglet, s'ils n'ont pas souhaité s'installer dans une propriété à tous points de vue plus spacieuse et autrement confortable, ce n'est pas que leur fils ne le leur ait pas proposé. Ce n'est pas non plus qu'ils aient reculé devant l'idée de se frotter à une sorte de luxe auquel pouvait leur donner accès l'extraordinaire réussite de Didier.

Simplement, cette maison recelait trop de souvenirs charmants ou désenchantés pour qu'ils songent à la quitter. Cette maison, c'était l'histoire de leur vie, avec des cris de joie, la complainte du bonheur mais aussi la plus profonde des douleurs, et, au bout, de la souffrance qui ne s'en ira jamais.

Ici, le malheur ne se fait pas remarquer. On le tait. Il existe quand même et n'en fait pas moins mal.

S'inclinant devant l'âge, les années qui passent et fatiguent les corps les plus résistants, Pierre et Ginette Deschamps ont quitté leur maison pour prendre un appartement dans le centre d'Anglet.

« La maison, c'était trop de travail à entretenir », avoue Ginette avec un petit rire.

Quand je l'ai appelée pour la première fois, elle m'a dit tout de suite qu'elle ne donnait plus d'interview. Elle l'a dit avec gentillesse, beaucoup de clarté dans la voix et un certain respect pour son interlocuteur, qui, d'ailleurs, n'avait commis aucune infraction. À vrai dire, j'avais plus envie de rencontrer les parents de Didier Deschamps, les écouter parler de leur vie, de ce qu'ils sont, que de les interroger sur leur fils.

J'ai fait remarquer à Ginette Deschamps qu'elle avait par le passé déjà communiqué avec des journalistes et raconté, entre les uns et les autres, l'essentiel de ce que fut l'enfance de son fils.

« Oui, c'est vrai, je l'ai fait. Pas beaucoup, pas souvent, mais je l'ai fait. Et ça a déclenché des jalousies incroyables. Alors, bon, j'ai décidé de ne plus parler, pour ne pas relancer les jaloux... »

De son enfance, Didier Deschamps a conservé le goût de la nature, de l'effort physique et il a appris à se taire, rien qu'en regardant son père. C'est sans doute pour cela qu'aujourd'hui encore, lorsqu'il a décidé de ne pas répondre à une question, il parle, mais ne dit rien.

Il grandit avec cette forme d'entêtement qui anime toute âme basque. Comme son père ou son frère, il peut être qualifié de *capbourrut* (« têtu » en basque), dans son genre il est même un champion. Pierre Deschamps apprend aussi à ses fils le respect des autres, la droiture, la dureté au mal. Il ne leur donne pas de cours du soir et ne fait pas de grands discours. La plupart du temps, un regard suffit. Ou un mot, dans les moments d'épanchement. Ou encore une attitude, comme exemple.

Ce que Didier apprend tout seul et très vite – et pour cause, il l'a en lui depuis sa naissance –, c'est la rage de gagner qui va bien au-delà de la rage de vivre. Parce qu'il n'y a pas de vie possible sans la victoire. Et c'est pour cela qu'au-delà de la rage de gagner il y a la haine de la défaite. Une haine viscérale.

Il le montre déjà dans ses premiers jeux d'enfants avec ses cousins et son frère. Ils organisent souvent des parties de foot qui se terminent mal si Didier ne se retrouve pas dans le camp des vainqueurs. Quand il perd, il entre dans une rage folle. Va jusqu'à injurier tout son petit monde. C'est d'autant plus étonnant que le jeune garçon est par ailleurs d'une grande gentillesse. Il est pondéré, sérieux, attentif aux autres. En fait, il est inconsciemment en attente de grands défis qui vont pouvoir l'aider à canaliser son énergie. Alors, il se contente de défis avec lui-même. Il travaille bien en classe, se fait même remarquer par ses enseignants en mathématiques, ça ne l'empêche pas de se jeter sur ses devoirs, à chaque retour de l'école, comme s'il avait un virtuel retard à rattraper.

Il adore accompagner son père et son grand frère, Philippe, son aîné de trois ans, à la chasse à la palombe. Il n'a pas encore l'âge de tenir un fusil mais s'amuse à courir comme un chien fou pour ramasser les oiseaux abattus.

Dès sa dixième année, il s'initie à plusieurs sports. Le rugby, bien sûr, parce que c'est la région et aussi pour faire comme son père, le hand-ball, le saut en longueur, la pelote basque… Très vite, son cœur bat plus fort pour un sport qui lui convient à la perfection, un sport dans lequel il peut exprimer toute sa volonté et sa hargne, son envie de se dépasser.

Plus qu'un sport, c'est une discipline : la course à pied. D'abord, c'est le cross qui lui permet de gagner plusieurs courses et de rapporter quelques coupes à la maison. Il est même champion d'académie. Bientôt, il se spécialise dans le demi-fond, qui lui permet de continuer à gagner, au niveau départemental puis régional, cette fois. D'abord tenté par le 2 000 mètres, il opte finalement pour le 1 000 mètres. Alors qu'il est minime, il remporte le titre dont il est le plus fier, champion de France scolaire. Il a un peu plus de 11 ans, termine sa classe de 5e et une chose est certaine : le gamin est un gagneur infatigable et féroce. Il incarne à lui tout seul l'expression « Courir comme un dératé », ne se lasse jamais de faire des efforts, cherche à reculer ses limites et semble avoir trouvé avec la course à pied la discipline idéale, celle qui lui permet de se dépasser sans cesse. En témoigne la façon dont il a gagné son titre de champion de France scolaire : « Ce jour-là, je suis parti comme un fou. Mon professeur, inquiet, m'a tout de suite demandé de ralentir, mais je ne l'ai pas écouté.

J'ai conservé ma cadence et j'ai fini seul, loin devant tout le monde. »

Pierre et Ginette Deschamps n'en reviennent pas ; tant de vitalité, d'énergie et de volonté acérée d'aller au bout de soi-même, c'est quand même très étonnant chez un jeune garçon. Bien sûr, Pierre a été un bon joueur de rugby et le sport fait partie de la vie familiale. Mais à ce point ! Philippe, le frère aîné, est beaucoup plus calme, pondéré et ancré sur le plaisir de l'effort et du jeu. Sa jouissance ne se trouve pas que dans l'effort et le dépassement.

Il est évident que dès son jeune âge Didier développe aussi des qualités physiques, d'endurance et de récupération, bien au-dessus de la moyenne. La hargne ne fait pas tout.

Et le football, dans tout ça ? Il en est loin, si l'on ne tient pas compte des parties jouées en famille ou à l'école, ou avec les copains. De là à dire que c'est devenu une attraction… Jouer au ballon, tout le monde le fait à partir d'un certain âge. C'est un peu comme marcher ou courir. Une deuxième nature. Sur une plage, sous un préau, dans une cour de récréation, dans la rue, un jardin, voire dans une salle à manger. C'est d'ailleurs ce qui fait l'universalité du football.

Alors, oui, il aime bien taper dans un ballon et se montre très vite doué. Jonglage, frappes brossées, dribbles, amortis… il sait tout faire. Oui, mais comme il est doué pour tout, ça n'attire pas particulièrement l'attention… Même pas la sienne. Quand on lui propose de l'inscrire dans un club, il refuse.

On ne peut pas dire que le jeu l'attire plus que ça. Ce qu'il veut, c'est de l'organisation, de la discipline, de la volonté et la gagne au bout. Le monstre est déjà formé, même s'il a le visage charmant d'un garçonnet plein de vie.

Ce qu'on lui propose, c'est de gentilles parties de foot, à peine mieux organisées que dans la cour de récréation de son collège. En tout cas, c'est son point de vue et il ne se laissera attendrir que quelques mois plus tard, lorsque son meilleur copain, Manu, lui propose de s'inscrire avec lui dans un club de foot. Ce ne peut être que les Genêts d'Anglet ou l'Aviron bayonnais... La région, au cœur du Pays basque, compte dix fois plus de clubs de rugby que de football.

À son père, qui lui demande lequel il préfère, il répond d'une traite, comme s'il avait longuement mûri sa réflexion – et c'était sans doute le cas –, « Sûrement pas aux Genêts, personne n'est jamais sorti de là ! »

Du haut de ses 12 ans, il vient d'annoncer la couleur : s'il s'inscrit dans un club, ce n'est pas pour prendre l'air et faire de l'exercice. Il faut que ça ait une suite.

Il n'était pas trop convaincu, et voilà que sa vie bascule parce que, prémonition ou pas, il entre dans son monde.

Celui dont il rêvait sans le connaître, sans même pouvoir le décrire.

On peut tout dire de Didier Deschamps, on peut remettre en question parfois ses comportements – et certains témoignages de ce livre ne s'en privent pas –, on peut ne pas le comprendre, souvent, rester médusé devant des absences de simple humanité, ses postures à la fois complexes et lointaines. On peut surtout s'interroger sur ses vrais buts, la finalité de tout cela. De tant d'efforts et de sacrifice. Je ne suis pas convaincu, d'ailleurs, d'avoir toujours trouvé des réponses.

Une chose est sûre, cet homme indiscernable, vaguement rongé par une sorte de spleen démodé, sans être pour autant le dernier des romantiques, cet être somme toute banal, régulièrement traversé par de grandes dépressions qui ne viennent pas toutes des Açores, ce monsieur Tout-le-Monde, est un phénomène. Un champion monstrueux. Avec ses jambes. Avec sa tête. De toute son âme qui ne pense qu'à ça : gagner.

Même si nous ne comprenons pas tout, il faut le savoir avant de juger Didier Deschamps et son parcours à la fois transcendant et sinueux. Il faut savoir que sa haine de la défaite est si puissante, si vissée en lui qu'il a toujours tout fait, sans état d'âme, pour l'éviter. L'échec est une plaie honteuse qui ne se referme jamais.

Il y en a même qui l'ont vu pleurer – une fois, une seule – un soir de novembre 1993 au Parc des Princes, quand la Bulgarie de Kostadinov priva la France de Papin et Cantona d'une Coupe du monde aux États-Unis.

Ce soir-là, ses larmes brouillaient nos yeux et coulaient sur d'autres visages que le sien.

Deschamps avait 25 ans. La sono du Parc, qui, un peu plus tôt, jouait à fond la caisse *L'Amérique*, la chanson de Joe Dassin, ne jouait plus rien. On pouvait entendre le silence. Didier Deschamps n'avait jamais pleuré sur un terrain de football. Ça ne lui est plus jamais arrivé après. Mais cette fois… Il avait touché du doigt le fond de l'horreur – la défaite honteuse – et c'était tellement plus cruel parce que le rêve était si beau.

Il y aurait ensuite des nuits de cauchemar à toujours tenter de reconstruire son rêve brisé. Mais il en manquait toujours un morceau.

Près de quatre ans à attendre, à se tortiller dans ses espoirs tandis que l'angoisse, comme une douleur continue, vous vrille le cœur et l'âme. Et si elle revenait… *Elle*, la défaite, comme une insulte. Et si elle revenait…

Le jeune homme en pleurs parce qu'il n'avait pas vu l'Amérique ne s'est jamais vraiment consolé. Champion du monde de football, champion d'Europe, rien n'effacera jamais la souillure. On ne peut pas comprendre Didier Deschamps si l'on ne sait pas ça. Dans ce sens, il n'est pas comme les autres. La revanche n'existe pas. On ne prend pas sa revanche sur la fin du monde. Le malheur qui s'est abattu ce soir de novembre 1993 n'a fait que confirmer ce qu'il ressentait depuis l'enfance : la défaite est une malédiction et une maladie honteuse. On ne s'en remet jamais tout à fait.

Quinze ans après, le joueur de football Didier Deschamps n'était pas si différent du gamin allant s'inscrire dans son premier club de foot pour faire comme son copain. Le même désir – la perfection –, la même peur – la défaite –, qui sont autant de haines, les mêmes obsessions – s'organiser, penser chaque combat, avant et pendant, ne laisser rien au hasard, faire toujours le plus possible au-delà du possible – et n'avoir rien à regretter. Sachant que, bien entendu, la seule manière de ne rien regretter, c'est de gagner.

Comme pour mieux le séduire, le football allait lui permettre d'exprimer tout ce qui bouillait déjà en lui.

Déjà, rien qu'en tapotant la balle dans le jardin familial, il avait acquis une technique et une aisance stupéfiantes pour un gamin de cet âge.

Il avait tout pour s'imposer, d'autant qu'il possédait une particularité qui lui permettait de dominer son petit monde : sa taille impressionnante !

Chapitre 3

Quand j'étais grand

« Voici ce monde où chaque tournant de la route est un décor pour dire adieu. »
Kléber Haedens

À 12 ans, il faisait presque sa taille actuelle... ce qui n'est pas bien grand pour un adulte mais permet de se balader, tel un géant parmi des nains, quand vous êtes un enfant qui joue au foot.

L'Aviron bayonnais, le club dont sont sortis entre autres Christian Sarramagna – l'un des héros des Verts de 1976 – et Félix Lacuesta – qui contribua à l'épopée européenne de Bastia, en 1978 –, accueille en 1980 le jeune Deschamps, accompagné de ses parents. Le directeur sportif s'appelle Jacques Sorin et il va jouer un rôle prépondérant dans le futur de Didier. Parce qu'il sent, tout de suite, que ce gamin n'est pas comme les autres.

Il le soumet à quelques tests et les entraîneurs, déjà épatés par sa taille, le sont plus encore par sa qualité footballistique. Difficile de croire qu'il n'a jamais joué en équipe auparavant. Ils sont surtout stupéfiés par son aisance à se situer sur un terrain, son sens du placement et sa compréhension du jeu.

Sa technique n'est pas exceptionnelle (elle ne le sera jamais), mais son intelligence du football est inouïe. Et innée.

De quoi faire des dégâts sur tous les terrains du Sud-Ouest. Très vite, il s'impose chez les benjamins et la ligue accepte de le surclasser en minimes. Il joue désormais avec des enfants plus âgés que lui de deux ans, mais comme il approche le mètre soixante-dix, il a l'air d'être leur grand frère !

En plus il est gentil, attentif à tout le monde, aucunement prétentieux. Bref, il ne la ramène pas et sait se faire aimer. Parfois, il surprend tout de même ses petits camarades. Ainsi, dans un club où tous, y compris les plus jeunes, continuent à glorifier les exploits de Sarramagna, finaliste malheureux de la Coupe d'Europe des clubs champions avec Saint-Étienne en 1976, et de Lacuesta, finaliste battu avec Bastia lors de la Coupe de l'UEFA en 1978, il surprend le jour où il murmure, comme pour lui, en forme de promesse : « Ça sert à quoi de jouer une finale si on la perd ? Moi, quand j'en jouerai, je les gagnerai. »

Avec l'Aviron bayonnais, il enchaîne les victoires, gagnant aussi l'admiration de ses copains grâce à l'énorme travail qu'il accomplit sur un terrain. Il semble être partout, replaçant les uns, encourageant les autres, jouant de sa taille et de sa puissance. Deschamps avant Deschamps… L'aura est là, qui lui permet d'être le leader naturel de joueurs dont bon nombre ont une technique supérieure à la sienne. Mais personne n'égale son sens tactique. Et quant à la volonté de gagner…

Les seuls moments où il n'est plus sur les mêmes ondes que ses coéquipiers, c'est lorsque surgit la défaite. Pour des gamins de 14 ou 15 ans, la défaite est un épisode malheureux, vite oublié. Pour Didier, c'est une blessure, déjà, un moment douloureux qui semble ne jamais devoir s'effacer.

Il s'enferme alors dans un silence rageur, ne parle plus, semble ne plus voir les autres. Il se recroqueville sur lui-même, rumine la défaite, refait le match dans sa tête, et à force de non-résignation, semble flotter dans un état léthargique.

Presque dépressif. S'il semble en vouloir aux autres (et c'est plus qu'une apparence), ce n'est pas tant de la défaite que de la légèreté avec laquelle ils l'acceptent. Ce n'est pas la fin du monde ? Justement, si.

À un âge où rien n'est sérieux, et surtout pas les jeux, il prend tout au sérieux : ses études, auxquelles il s'adonne avec tout son cœur, la vie en général et bien sûr le sport. Déjà, il ne croit pas à la chance ou à la malchance. Il est sûr que l'on forge son destin à force de travail et de volonté. C'est tout.

À force de le voir tout organiser sur le terrain et faire appliquer à la lettre, à ses coéquipiers, les différentes mises au point tactiques des entraîneurs, ceux-ci, amusés et médusés par ce gosse qui semble avoir un cerveau différent, décident de le nommer capitaine.

« De toute façon, brassard ou pas, il l'était déjà dans les faits et aux yeux de tout le monde. Et ça a été admis, et même réclamé par ses coéquipiers. »

C'est donc en capitaine valeureux qu'il brandit son premier trophée, la Coupe nationale minimes, avec la Ligue d'Aquitaine. Il joue en numéro 8, ou de plus en plus souvent en 9. Comme un vrai avant-centre. Sa taille, toujours.

Et puis sa force de frappe est étonnante et, dans ses trois années bayonnaises, il marquera une moyenne de 70 buts par saison, toutes compétitions confondues. Une mitraillette.

On commence à le connaître dans toute la région et au-delà. Bientôt, il portera le maillot bleu de l'équipe de France pour la première fois. Il est alors en minimes, deuxième année, et le match, contre la Belgique, se termine sur le score de 0 à 0. Le même score sanctionnera sa première sélection dans la grande équipe de France, en 1990, contre la Yougoslavie.

Son destin est en marche : les convocations pour les différentes sélections, départementales, régionales ou nationales, s'accumulent. En deux ans – entre 12 et 14 ans – il marque plus de 200 buts ! Ses entraîneurs l'utilisent toujours comme avant-centre tant son physique lui donne l'avantage sur toutes les défenses.

Il y a pourtant un léger problème – qu'il évoque à demi-mot –, il s'ennuie de plus en plus sur le terrain. Trop facile. Et la facilité, il n'aime pas ça. Son éclosion physique prématurée finit par lui nuire, car on ne peut pas lui faire sauter des catégories indéfiniment. En plus, il se blesse régulièrement – entorses des chevilles –, car ses articulations sont trop frêles pour supporter sa masse physique et les efforts qu'il déploie.

Rien de plus normal, au fond, qu'il ronge son frein. Les choses sont allées tellement vite. Il n'a que 14 ans et, depuis deux ans déjà, de grands clubs français sont venus le repérer : Bordeaux, Nantes, Auxerre, Saint-Étienne... Ils sont une dizaine à envoyer des recruteurs pour tenter une approche des parents de ce jeune garçon désormais considéré comme un phénomène.

Pierre et Ginette Deschamps ont heureusement la tête froide et ne se laissent pas impressionner. Comme Jacques Sorin, son mentor, qui sait tenir à distance les plus empressés.

De toute façon, la loi prévoit qu'il faut avoir 16 ans révolus pour signer un contrat avec un club professionnel. En revanche, il est toujours possible de signer ce que l'on appelle un « contrat de non-sollicitation ». Précisément, les parents du jeune joueur s'engagent à ne pas signer dans le futur avec un autre club que celui avec lequel ils sont désormais liés. Ce contrat étant bien entendu assorti d'une somme d'argent, plus ou moins importante, versée aux représentants du joueur mineur.

En l'occurrence, les propositions sont aussi nombreuses qu'élevées même si ce n'est pas le montant du chèque qui fera la différence. Les Deschamps sont des gens simples qui ne roulent pas sur l'or, mais il n'est pas question qu'ils engagent l'avenir de leur fils sur une promesse de profit financier. S'il peut gagner de l'argent plus tard, et même beaucoup d'argent, ce sera son argent, qu'il ne devra qu'à son travail. Et ce ne sera jamais l'argent de ses parents. C'est une chose très claire dans l'esprit de Pierre et Ginette Deschamps, qui ne reviendront jamais là-dessus.

Saint-Étienne tient le bon bout, notamment parce que son émissaire, Pierre Garonnaire, est à lui seul une référence absolue. On sait partout à quel point les Verts lui doivent une grande part de leur rayonnement depuis plusieurs années. Les meilleurs joueurs du club, c'est lui qui les a dénichés. Il ne se trompe presque jamais et c'est un homme carré, d'une rectitude parfaite.

C'est Garonnaire lui-même qui a demandé à venir superviser le jeune prodige dont on parle. Le jour où il vient le voir jouer, le terrain du village de Lahontan – entre Bayonne et Pau –, où se dispute le match, est noyé par les trombes d'eau. Entre bourbier, gadoue et rafales torrentielles, il n'est pas très simple de seulement jouer au football. Tout le monde semble perdu sur le terrain, sauf Didier, déchaîné. Il ratisse des ballons impossibles, relance, tacle, dribble, passe, le tout comme s'il ne s'était pas aperçu que les éléments étaient quelque peu déchaînés. « Magnifique ! Incroyable ! » Garonnaire ne trouve plus ses mots ni les superlatifs qui vont avec.

Aussitôt après le match, il propose à Didier de venir faire un stage d'une semaine à Saint-Étienne pendant les vacances de Pâques. Accompagné de ses parents et de Jacques Sorin, le jeune garçon découvre donc l'enfer de Geoffroy-Guichard, qui, pour lui, ressemble au paradis. Les années lumière du club ne sont pas si loin. Alors, il bousculait l'Europe. C'était l'époque des Rocheteau, Larqué, Curkovic, Revelli, Bathenay, Piazza, et en 1982, elle est encore dans toutes les mémoires.

Les nouveaux Verts ne sont pas mal non plus, avec Platini à leur tête, qui s'apprête à partir pour l'Italie.

Cette fois, le petit Deschamps est impressionné. Ça ne lui arrive pas souvent mais là... Tout l'épate : les installations, la salle des trophées, le cadre et l'encadrement... Ses parents, beaucoup plus attentifs au suivi extra-sportif de l'enfant qu'à la qualité de l'effectif, sont également ravis. Ici tout respire le sérieux, et pas seulement dans la formation footballistique.

« L'an prochain, tu seras avec nous », promet Pierre Garonnaire au moment des au revoir. Il se trompe. Un mois plus tard éclate le scandale de la caisse noire de l'AS Saint-Étienne qui va envoyer le président, Roger Rocher, en prison, dévaster le club, souiller son image, faire fuir les meilleurs joueurs pro. En quelques jours, l'épopée verte a viré au roman noir. Ils ne sont plus une référence mais une honte. Tout cela est bien sûr largement exagéré, il n'en reste pas moins qu'un adolescent prometteur n'a rien à faire dans un tel environnement. Didier Deschamps n'ira jamais à Saint-Étienne.

Les chasseurs se remettent en chasse. Et avant tout Bordeaux, le nouveau cador du football français, présidé par l'insupportable Claude Bez, ennemi intime de Roger Rocher dont certains disent qu'il a fini par avoir sa peau. Curieusement, quelques années plus tard, il sombrera lui aussi, à peu près pour les mêmes raisons, et passera par la case « prison », bien enfoncé alors par son ennemi intime du moment, le président marseillais Bernard Tapie. Lequel fera à son tour le désormais incontournable séjour présidentiel en prison, mais ça, c'est une autre histoire.

En 1982, Claude Bez est donc libre, tout-puissant et ne rechigne jamais à aller lui-même faire de la retape pour son club quand il estime que c'est utile. Bordeaux ayant fait plusieurs tentatives infructueuses auprès des parents – même pas de réponse ! –, son président, ragaillardi par l'écroulement de l'ennemi stéphanois qui ne peut plus être un rival, décide de passer à l'opération commando.

Sans y avoir été invité, il se présente donc un jour à Anglet, chez les Deschamps. Il est accompagné de son inséparable directeur sportif, Didier Couecou. C'est un dimanche matin, et il est assez stupéfiant que Claude Bez, dont on connaissait la timidité énorme, en partie due à un bégaiement très gênant, puisse se comporter avec une telle muflerie. Une preuve de plus que le football peut rendre fou.

Pierre Deschamps, ancien troisième ligne aile du Biarritz Olympique, mûri avec les valeurs d'un rugby qui était encore loin de se professionnaliser, n'en croit pas ses yeux quand il voit les deux intrus descendre, gros cigare aux lèvres, d'une limousine longue comme un dimanche sans sport.

À la main, ils tiennent chacun une grosse mallette contenant, selon leurs dires, plein d'arguments sonnants et trébuchants qui vont inciter les parents à lier très vite le destin de leur fils aux Girondins de Bordeaux.

On nage en plein romantisme ! En tout cas loin des priorités de respect, de morale et d'éducation prônées par le brave Pierre Garonnaire.

Pierre Deschamps, qui, cette fois, n'en croit pas ses oreilles, se montre peu réceptif à ces manifestations de générosité formulées avec tant de délicatesse.

Il les met plus ou moins dehors. Sans grand ménagement.

Vexés, les Girondins ? En rien. Plutôt que de rentrer à Bordeaux la queue entre les jambes, ils s'empressent de trouver un hôtel sur place et prolongent leur séjour, bien décidés à obtenir gain de cause.

Plusieurs fois, ils reviennent à la charge. Et n'obtiennent que rebuffade sur rebuffade. À la fin, le grand-père de Didier, qui assiste aux allées et venues depuis plusieurs jours, finit par craquer et s'emporte : « Ces gens sont des maquignons ! » Ce qui n'est pas très aimable pour les maquignons.

Les dirigeants bordelais n'ont pas compris que Pierre et Ginette Deschamps ne sont pas des parents comme beaucoup d'autres. Peu leur importent les gros chèques, les promesses de carrière fulgurante, les grands stades… Ce qui compte, ce sont les études que va poursuivre leur fils, qui doivent l'amener au baccalauréat.

Ensuite, ce qui compte, c'est la volonté de Didier. Ils savent leur fils assez raisonnable, déjà, pour ne pas se lancer dans n'importe quoi, juste pour rêver de gloire. Ils ne se trompent pas, malgré ses 14 ans, Didier ne fantasme pas sa vie. Il sait de plus en plus qu'il a les qualités pour être un jour professionnel, sa part de rêve s'arrête là. Pour le moment. Dans son for intérieur, il l'a décidé : il fera une carrière. Le chemin est long, risqué, et pour le moment, ce sont ses parents qui mènent la barque.

Après Saint-Étienne et Bordeaux, recalés, les Deschamps entament un tour de France des clubs désireux d'accueillir leur fils. La condition sine qua non : que la scolarité y soit assurée avec un maximum de confort.

Ils commencent leur périple par Nantes. Et n'iront pas plus loin. Robert Budzinski, le directeur sportif du FC Nantes, qui les reçoit, est une légende du club. C'est surtout un homme pondéré, d'un grand sérieux, qui leur tient un discours sobre, presque austère. Pour le reste, les installations, la qualité du centre de formation, le sérieux du suivi scolaire, tout semble parfait. Ce que l'on peut espérer d'un grand club comme Nantes. Équilibre et sérénité.

Rassurés, Pierre et Ginette Deschamps s'apprêtent à poursuivre leur tour de France. Paris, Monaco, Auxerre, entre autres, les attendent. Mais ils ont à peine quitté Budzinski que leur fils leur assène : « J'ai pris ma décision, ce sera Nantes. »

Chapitre 4

Au-delà des grilles

« Les chagrins sont le sang
d'un cœur noble. »
William Shakespeare

Il n'a que 14 ans mais raisonne et se comporte comme un homme. Pourquoi a-t-il choisi Nantes ? Parce qu'il y trouvera la certitude d'une bonne scolarité. Mais il ajoute : « J'avais aussi en tête de signer très vite un contrat professionnel. J'avais décidé de faire du football mon métier. »

Les dernières semaines à Anglet sont très humides. Plus que d'habitude. Tout le monde pleure ou ravale ses larmes. La maman, le papa, les grands-parents, le grand frère qui serre les dents. Didier et Philippe s'adorent. Le départ du petit dernier pour le grand inconnu, à 600 kilomètres de là, est un vrai chagrin pour l'aîné. Il a 17 ans et ne cherche pas à cacher que son frère est son meilleur ami.

Ginette Deschamps vit son épreuve avec beaucoup de dignité : elle pleure surtout la nuit, compte les jours qui les séparent des adieux mais, à aucun moment n'a songé à demander un « sursis » à Didier. Ce n'est pas le genre de la maison. Ici, les enfants sont considérés comme des êtres responsables. Surtout quand ils ont la maturité de Didier. Son départ fait mal, mais c'est ce qu'il veut. Et c'est d'autant plus respectable qu'il va engager, à 14 ans, une grande partie de son avenir.

D'ailleurs, quand il trouve sa mère trop triste – son père a bouclé sa peine tout au fond de lui, jusqu'à la rendre invisible –, il lance, joyeux : « Tu sais, je ne vais pas là-bas pour m'amuser ! »

Il ne croit pas si bien dire…

Plus tard, il trouvera toujours l'occasion, au détour d'une conversation, de remercier ses parents d'avoir accepté qu'il prenne en main son destin. Ce dont il leur saura toujours gré, ce n'est pas de la liberté – ça, il l'avait déjà – mais de la latitude qu'ils lui ont laissée. S'il y avait sacrifice, il était librement consenti, ce qui n'est pas évident dans beaucoup de familles. Au-delà de l'intelligence dans l'éducation, il y a c'est certain, chez Pierre et Ginette Deschamps, une absence totale d'égoïsme.

Quand arrive le jour du départ, Pierre et Ginette accompagnent leur fils en voiture jusqu'à Nantes. Le trajet est silencieux, crispant, comme chargé de regrets. Et peut-être même de menaces. Quand l'un ou l'autre parle, c'est surtout pour ne rien dire, car, en fait, il y a trop de choses à dire. Et puis, c'est l'arrivée à la Jonelière, le moment de la séparation.

Comme un symbole, les grilles se referment sur Didier et son enfance comblée. De l'autre côté, sa mère, qui, cette fois, ne retient pas ses larmes. Son père a déjà tourné le dos et s'éloigne à pas lourds. Il n'aurait pas supporté de voir son fils rivé derrière ces grilles.

Le jeune garçon ne montre rien. Surtout ne pas se laisser envahir par la peur de l'inconnu, le chagrin du déracinement. Les années qui viennent ne lui arracheront aucune plainte, jamais.

Jamais en public. Sa famille ne saura que bien plus tard les moments d'abandon, les heures de déprime et les larmes parfois écrasées contre un oreiller à la tombée de la nuit, à l'abri des regards.

Était-ce si dur que cela ? Tous ceux qui se sont retrouvés un jour de leur enfance dans le cadre d'un pensionnat, séparés de leur famille, ont la réponse. La pension a ses avantages et ses inconvénients. Un centre de formation pour jeunes footballeurs a cet avantage énorme sur une pension, c'est que l'on sait pourquoi on y vient, et que les sacrifices consentis peuvent faire rêver à un avenir radieux.

Moins souriant est l'accueil réservé à Didier. Pas de la part de l'encadrement : tout le monde est ravi d'avoir récupéré le petit prodige. Robert Budzinski en tête, il y a la conviction que Nantes a déniché un futur crack. Et c'est justement cela qui dérange les autres stagiaires.

Déjà, le petit nouveau, qui a quatre ans de moins que certains élèves, domine la plupart de sa taille et il affiche un physique très costaud pour ses 14 ans. Ça ne plaît pas. Et puis, les compliments réitérés de Budzinski et de sa bande – « C'est vraiment un super, il va devenir un as... » – ont fait naître beaucoup de jalousie. Tout à fait involontairement, bien sûr, mais il est des maladresses dommageables.

Celle-là va gâcher les six premiers mois de Didier à la Jonelière. Il est pris en grippe par les autres, devient un souffre-douleur pour les plus anciens. Comme il est plutôt timide et discret, il ne se rebiffe pas.

Quand un article le présentant comme le futur champion du football français paraît dans un journal pour enfants, c'est presque la curée. Ses persécuteurs le traitent comme s'il était responsable de tout ça.

Évidemment, pas un mot à ses parents ni à son frère, pas une plainte auprès de l'encadrement. Il souffre en silence, pleure souvent dans la nuit et espère que tout cela va bientôt finir.

Cet épisode, somme toute tristement banal, va sans aucun doute aider à façonner un peu plus complètement le futur Didier Deschamps. On comprend mieux sa volonté de ne jamais se mettre en avant, cette forme de pudeur extrême que beaucoup qualifient de « fausse modestie ».

Quand il se met en retrait, amoindrit ses mérites, ce n'est pas une sorte de langue de bois interprétée par tout son corps, c'est la mémoire qui parle. Il sait, parce qu'il n'a rien oublié, que l'on ne gagne rien à se mettre en avant, que des jalousies et des détestations en découlent.

« Un pas devant les masses, jamais deux », recommandait Lénine, qui s'y connaissait en démagogie. Même s'il l'ignorait, Deschamps, joueur puis capitaine, a appliqué la consigne à la lettre tout au long de sa carrière. Ce qu'il ne savait pas, et qu'il n'avait pas découvert dans les livres, la vie le lui a appris.

L'injuste punition aura duré six mois. Ce qui est très long dans l'existence d'un gamin de 14 ans. Un soir, ils sont plusieurs joueurs à faire le mur pour aller s'amuser en boîte. Ce n'est pas la première fois, mais ce soir-là, ils proposent à Didier de les accompagner. Une première. Assez fier – d'autant qu'il est nettement le plus jeune –, il accepte et fête cette sortie en buvant de l'alcool. Très vite, assommé, il s'endort sur une banquette, et c'est ce moment qui scelle son admission définitive dans le groupe. Attendris par leur cadet en plein abandon, les autres ne le voient plus en dangereux rival, ils se sentent responsables de lui et tenus de le protéger. Le reste, tout ce qui s'est passé avant, est oublié.

C'est aussi à cette époque que Didier noue une amitié indéfectible avec Marcel Desailly. Ils n'ont pas beaucoup de points communs en apparence, mais ils se sont « trouvés » et ne vont plus jamais se quitter vraiment.

Une épreuve va encore resserrer leurs liens. La mort du demi-frère de Marcel, Seth Adonkor, 23 ans, joueur du

Football Club de Nantes. Dans la nuit du 18 novembre 1984, le jeune homme et un de ses coéquipiers sont tués dans un accident de voiture. Un troisième sera blessé et perdu pour le foot.

Ce week-end-là, Didier et Marcel disputent un tournoi avec leur équipe à Monaco. Aucun dirigeant n'a le cran d'annoncer à Marcel Desailly la terrible nouvelle et c'est, presque naturellement, le jeune Didier Deschamps, 16 ans, qui est sollicité. Sans hésiter, en ce dimanche matin de novembre un peu plus froid et brumeux que d'habitude, Didier va trouver son ami pour lui dire la vérité.

« Je n'ai jamais oublié ce que Didier avait fait par amitié ce jour-là, raconte Marcel. À quel point ça avait dû être dur. Depuis, il représente tout pour moi. »

Cadet, junior, Deschamps impressionne partenaires et dirigeants. De plus en plus. Comme dans son Sud-Ouest, il prend l'habitude d'être le capitaine des équipes dans lesquelles il joue. Dans la vie, c'est pareil, un chef né, un leader incontesté. Sur le terrain, la question ne se pose pas et elle ne se pose pas en dehors. Que survienne un problème extra-sportif dans la petite communauté et les dirigeants s'adressent à Didier pour le régler. Ce qui est fait en quelques minutes.

Ses dirigeants ont confiance en lui, ses coéquipiers aussi, il n'y a que ses adversaires qui ne le sentent pas trop... Il faut dire qu'il leur en fait voir de toutes les couleurs sur le terrain. Une teigne, une machine infernale, un bouledogue... Chacun cherche ses mots pour le définir. En tout cas, il est de la race des seigneurs, des combattants infatigables, et lorsque Robert Budzinski reçoit ses parents, une fois par mois, pour faire le point, il répète les mêmes mots, pétri d'admiration : « Sauf accident physique, il sera professionnel et jouera en équipe de France. »

Ça, dans un coin de sa tête, Didier le sait déjà. Ne pas le dire, ce n'est pas ne pas y croire. Sa modestie, c'est avant tout son absence de « grande gueule ». Il n'annonce pas ce qu'il va devenir, mais il le projette, travaille et fait les sacrifices pour y arriver. À partir de là, comme il dirait, on ne voit pourquoi il n'y arriverait pas.

Les compliments, même ceux de Budzinski, lui importent peu. Devenu capitaine de l'équipe de France cadets il ne prend pas le temps de se réjouir. Il regarde plus loin, les juniors bientôt, les espoirs ensuite et, déjà projetée, la grande équipe de France.

Tout cela ne fait pas partie de ses songeries mais d'un programme qui doit l'emmener tout en haut de son sport. Il n'y a pas de part de rêve là-dedans. Ni chimère ou illusion. Rien qu'un plan parfait.

Au-delà des grilles de la Jonelière, il peut déjà entrevoir son destin.

CHAPITRE 5

La première fois

(1985-1987)

« On se brise ou on se bronze. »
Michel Déon

Deux ans et demi, c'est sans doute beaucoup à son échelle mais ce n'est pas grand-chose quand il s'agit de passer d'un monde à l'autre.

En septembre 1985, il n'a pas 17 ans lorsque Jean-Claude Suaudeau, l'entraîneur mythique du FC Nantes, le fait entrer en jeu à la place du grand Halilhodzic, blessé. Quelques semaines plus tard il remplace Loïc Amisse, autre gloire du club, au cours d'un match de Coupe d'Europe. Ça y est, il touche du doigt ce haut niveau qui occupe toutes ses pensées. Il retourne volontiers jouer avec les juniors ou en division 3 mais attend, il est vrai, avec de plus en plus d'impatience, qu'on le rappelle en équipe première.

Tout est allé vite, très vite… Pas assez vite pour lui. Il veut jouer, se défoncer sur un terrain, donner à chaque match tout ce qu'il a dans le ventre. Faire banquette, même chez les pros, ça l'intéresse moins. Or, c'est ce qui se passe. Un chemin obligé pour les jeunes qui arrivent, cantonnés – quand ils sont retenus dans le groupe – à dépanner en fin de match, quand l'un des titulaires tire la langue. Tant qu'à faire, Didier Deschamps préfère jouer de vrais matchs de quatre-vingt-dix minutes avec l'équipe de D3. Et quand on lui explique qu'il doit être préservé, en fonction de son jeune âge et de sa valeur, il rétorque, presque méchant : « Je m'en fous, moi, de ma valeur ! Tout ce que je veux, c'est aller au charbon ! »

Comme pour se prouver, et prouver à tout le monde, que son seul but, désormais, est d'être un professionnel, il décide d'arrêter ses études. Depuis plusieurs mois, il avait fait des efforts démesurés pour organiser son emploi du temps et jongler avec les horaires. Entre les entraînements, les déplacements, les heures consacrées à l'étude, il n'y avait plus beaucoup de place pour la récupération. Ayant choisi de préparer un bac B par correspondance, il tiendra jusqu'à la fin de la première, se présentant à l'épreuve de français. Après, il renonce, il n'ira pas plus loin... Ce qui n'est pas dans ses habitudes. Cette fois, il a compris qu'il lui fallait choisir et il découvre que choisir, c'est renoncer.

Pour ne pas rester à plein-temps dans l'ambiance du centre de formation, il décide de partager un studio en ville avec un copain. Une petite fenêtre d'indépendance qui fait du bien.

L'année 1985, c'est vraiment l'année des premières fois. Il tombe amoureux et, comme il n'a vraiment pas de temps à perdre (il doit être aussi un peu aidé par la chance), il tombe amoureux de la femme de sa vie, celle qui restera la seule et l'unique.

Il a 17 ans, elle en a 19. Claude est étudiante en orthophonie, native de Concarneau, en Bretagne. Elle va devenir son rocher, son amour, son amie, sa conseillère, sa partenaire et bien d'autres choses encore qu'ils sont seuls à savoir.

Cet amour tombe bien. Le jeune footballeur trop tôt séparé de son milieu familial a besoin de repères que ne peuvent lui offrir les copains et les virées nocturnes épisodiques. Ce dont il a besoin, c'est d'un foyer, d'un équilibre rempli de douceur, de sagesse et de quiétude.

On est parfois sérieux, quand on a 17 ans, Rimbaud dût-il en être troublé. C'est de cela qu'a besoin Didier dans la fraîcheur de son âge, de sérieux dans l'amour, et de continuité. Avec Claude, il a tout obtenu d'un seul coup, comme un miraculeux paquet-cadeau offert par la vie.

La saison 1985-1986 s'achève par une défaite en Coupe Gambardella avec les juniors nantais, une déception, mais aussi une énorme satisfaction : depuis un match où il est entré en jeu au bout d'un quart d'heure pour remplacer un blessé, et a impressionné dans tous les domaines, il est devenu un titulaire indispensable. Encore un problème de réglé.

Après quelques mois, il a décidé de s'installer en couple avec Claude. Il y a peu, il gagnait encore 2 800 francs par mois (environ 400 euros), ce qui n'est pas terrible, même vingt-cinq ans en arrière. Très vite, son salaire va s'améliorer, c'est tant mieux, car Claude a choisi d'arrêter ses études d'orthophonie. La décision n'a pas été facile à prendre mais elle veut pouvoir se consacrer entièrement à Didier dans les années qui viennent. Être une maîtresse de maison attentive et attentionnée, s'occuper des enfants lorsqu'ils en auront, gérer l'emploi du temps de Didier, veiller sur sa nourriture et sa récupération... Tout doit être programmé dans la vie d'un footballeur professionnel au plus haut niveau. Et c'est justement ce que Didier veut être. Ce qu'il va être.

Dans cet esprit, Claude ne conçoit pas de n'être pas une compagne à plein-temps. Se partager entre son métier et Didier, ce serait forcément insatisfaisant, car elle ne pourrait pas lui apporter tout ce dont il a besoin. Son choix n'entraîne donc aucune frustration. Ils sont déjà un couple et c'est ensemble, lui sur le terrain, elle dans la coulisse, qu'ils se lancent dans l'aventure.

C'est peu de dire que les premiers temps de leur vie en commun seront durs. Ou plutôt, serrés. Il n'y a rien de dur à vivre avec celui que l'on aime, mais il faut compter les sous jour après jour, faire attention à tout, tirer la corde par les deux bouts pour arriver à boucler les fins de mois.

L'épreuve n'est pas insupportable mais elle soude définitivement Claude et Didier. Celui-ci n'oubliera jamais, quand viendront les heures de gloire et de l'argent qui coule à flots, à quel point sa femme était tout près de lui dans les moments moins enchantés. « Je sais ce que je lui dois, c'est-à-dire tout », se contente-t-il de commenter dans ses rares moments d'épanchement. C'est une évidence que sans Claude il n'aurait pas réussi la même carrière, et Didier est le premier à le savoir.

À 19 ans il signe son premier contrat professionnel. Son entraîneur, Coco Suaudeau, qui est son premier supporter, le positionne en libero, ce qui n'est pas pour lui déplaire tant il aime jouer face au jeu. Ses complices de la défense sont Marcel Desailly et Antoine Kombouaré, et Didier prend de plus en plus d'influence sur le jeu nantais. Il ne se contente pas de courir et de tacler, il parle, dirige le jeu et la stratégie, conseille…

Comme une vieille habitude, il a noué autour de son bras le brassard de capitaine. Son destin est en marche. Didier Deschamps ne court pas après un rêve, il poursuit un but.

L'échafaudage a été construit année après année. Cinq ans de travail, de sacrifices et d'espérance pour mettre en place la belle histoire.

Rien ne pourrait enrayer cette marche joyeuse. Sauf l'impensable qui va la métamorphoser en marche funèbre. Quand la mort vient tracer son sillon sur une route enchantée.

Chapitre 6

Le facteur sonne toujours deux fois

« Il n'y a pas d'homme intact. »
Pete Dexter

L'année 1987 qui s'achève est un tournant. Didier a eu 19 ans au mois d'octobre, et tous ses objectifs sont atteints. Bien installé dans son club, dans sa vie, grâce à Claude, il sourit au quotidien et remercie sa chance.

Ce sont des moments inaltérables, quand la joie est partout et que l'espérance se trouve au bout de tous les efforts. La fraîcheur de la jeunesse vient accroître ce sentiment que rien de mauvais ne peut vous atteindre et que de tels instants, il y en a encore des milliers qui vous attendent. L'innocence est belle quand elle est remplie de promesses.

Même le vilain mois de décembre, avec ses frimas, son verglas et sa lumière chancelante noyée dans le noir du ciel, reste chaleureux. Noël se profile et annonce le retour des membres de la famille éloignés le reste de l'année. Noël, c'est quand même ce que l'on a trouvé de mieux en matière de regroupement familial. Pour les Deschamps, le point d'ancrage c'est bien sûr Anglet, la maison de Pierre et Ginette. Pendant la trêve, Didier va y « rentrer », accompagné de Claude, qui ne le quitte plus. Comme chaque année, il y passera le réveillon du 31 décembre avant de rejoindre Nantes pour préparer la reprise du championnat. D'abord, il se repose à Concarneau, chez les parents de Claude, où il doit fêter Noël.

Philippe, le frère aîné, qui vit et travaille en Belgique, se prépare, lui, à rallier directement Anglet. Noël est dans tous les cœurs déjà, et la joie que promet la chaleur des retrouvailles. Pierre et Ginette n'ont plus tellement d'occasions de réunir leurs deux fils sous leur toit.

Quelques jours avant Noël, Philippe quitte Bruxelles pour rejoindre la France. Le 21 décembre, l'avion décolle en début d'après-midi et doit atterrir deux heures plus tard à Bordeaux. Le temps est mauvais et se pose la question à plusieurs reprises d'envoyer les trois navigants et leurs treize passagers atterrir à Toulouse, voire à Biarritz, où les conditions météorologiques sont à peine meilleures. C'est finalement en tentant de se poser à Bordeaux-Mérignac que le petit avion s'écrase. Il n'y a aucun survivant.

Noël ne sera plus jamais Noël chez les Deschamps. Comme pour quinze autres familles, la vie n'aura plus la même saveur. La mort est passée par là, laissant des cœurs fracassés.

Pour Didier, recroquevillé sur son chagrin de fils, désormais unique, les fêtes de fin d'année qui arrivent bientôt marquent désormais, et pour toujours, la fin de l'innocence.

Comment se remet-on d'un tel ravage ? On ne s'en remet pas, on ne cherche surtout pas à oublier. Parce que oublier ce serait nier ce qui a été, l'insouciance, l'amour, la fraternité les liens magiques des uns et des autres. Tout cela n'a pas pu disparaître dans un accident d'avion. Alors, on continue, c'est tout.

Désormais, pour beaucoup de choses, l'avenir se conjugue au passé. Aux plus belles promesses ont succédé des souvenirs inoubliables. De grandes joies viendront peut-être, qui sait... Elles n'auront jamais le parfum du bonheur.

Ce qui restera à jamais, ce sont les chagrins.

« J'avais 19 ans, j'étais déjà mûr. » Ces quelques mots seront le seul commentaire public de Didier Deschamps lorsque sera évoquée, en de rarissimes occasions, la disparition de son frère.

La perte d'un frère ne se résume pas à cette réflexion laconique, bien sûr. Mais que pourrait-il pouvoir avoir envie de dire d'autre sans choquer sa propre pudeur ? Que peut-on dire d'une plaie qui reste béante vingt-cinq ans après ? Deschamps n'a jamais aimé raconter ce qui lui passe par la tête, pas plus qu'il n'a jamais aimé se raconter. Alors, ça...

« La vie continue, bien sûr, mais ça reste là », disait-il, montrant son cœur, il y a quelques semaines sur une chaîne sportive[2]. Le regard fixe, dans lequel scintillaient des souvenirs venus de la petite enfance, ne cillait pas. L'allusion à son frère disparu était d'autant plus abrupte qu'elle avait été le plus souvent évitée en vingt-cinq ans.

Ce qu'il ne dit pas se ressent néanmoins : il n'a plus été le même homme depuis, il a cessé de croire à la chance – la vraie, qui permet d'épargner des vies, pas celle qui fait gagner un match de football, même le plus important de tous. Il en a déduit que rien n'est sûr, et surtout pas le bonheur, que la mort et l'injustice peuvent guetter dans un coin de ciel et rendre le reste de votre vie incertain. Il a appris aussi à vivre avec sa douleur. Et il est devenu différent. Fermé sur lui-même dans les moments où ça fait mal. Épidermique face à ce qu'il considère comme une injustice envers lui ou les siens. Inconsciemment peut-être, il pense que pour ce qui est du domaine du cruellement injuste, ils ont déjà donné. Alors, il ne supporte plus rien dans le genre.

Et ce n'est pas l'autre drame, survenu quelques jours plus tard, qui pouvait le réconcilier avec la fatalité et ses errements.

2 BeIn Sport, 15 septembre 2013.

Bouleversé et choqué par la mort de Philippe Deschamps, le père de Claude succombe à un infarctus. Le deuil venait à peine de frapper l'une de ces deux familles, voilà que l'autre se trouvait crucifiée à son tour.

En trois jours, la vie affective de Didier Deschamps vient de basculer. Après ces deux enterrements pour sceller l'agonie de la fin d'année, il n'est plus le même. Il ne sera plus jamais le même. Toujours il avait été protégé, épargné par la vie. Jamais il ne retrouvera une certaine forme d'insouciance et de gaieté, qui, comme pour compenser son sérieux et sa rigueur, l'avaient toujours accompagné jusque-là. À 19 ans, il se retrouve fils unique et ne s'en remettra jamais.

Heureusement, il y a Claude, désormais sa seule certitude. Elle ne l'a jamais quitté.

On n'ira pas jusqu'à dire (comme on a pu le lire parfois) que cette double épreuve avait renforcé, solidifié l'amour des deux jeunes gens. Comme s'ils avaient eu besoin de ça ! Comme si l'amour, pour être fort, devait se nourrir de tragédie.

Les mois qui suivent sont lourds, oppressants. Il faut continuer à travailler, à essayer de progresser, à jouer. Jouer, comme le verbe tombe mal. Il s'accommode si peu de la situation. Comment penser à jouer quand on porte en soi un chagrin inconsolable ?

Didier est dans sa vingtième année et le voilà devenu, la mort dans l'âme, soutien de famille. Il y a ses parents et ses grands-parents, effondrés, atterrés par la mort de Philippe. Que dire à sa propre mère qui vient de perdre un fils ? Que la vie doit reprendre ses droits ? Mieux vaut se taire et essayer d'apaiser avec des regards.

Il lui faut aussi protéger Claude, ébranlée par la mort de son père. Réconforter, choyer, soutenir… 1988 sera une année de transition. Les grands bouleversements, ce sera pour 1989.

Chapitre 7

Bleu de chauffe

(1989)

« C'est moi qui ai fait débuter Didier en sélection. Autant dire que ce qui est arrivé ensuite est de ma faute », plaisante Michel Platini.

Pas toujours tendre, au fil des années, dans ses jugements à propos de Deschamps, Platini aura au moins eu le mérite d'être, sinon le responsable, au moins le détonateur de sa carrière internationale.

Vingt-neuf avril 1989. C'est une soirée de printemps inoubliable. La première des trois pierres blanches posées sur le chemin de Didier Deschamps en cette année 1989.

Il va porter pour la première fois le maillot bleu de la grande équipe de France. Et ce n'est pas à l'occasion d'un match amical, mais d'une rencontre capitale pour la qualification à la Coupe du monde 1990, en Italie[3].

Daniel Bravo, le titulaire habituel, s'étant blessé, Platini a demandé à son adjoint, Gérard Houllier, d'appeler en

3 À l'automne 1988, l'équipe de France, dirigée par Henri Michel, concédait un match nul calamiteux à Chypre, occultant ses chances de qualification. Michel démis de ses fonctions, la fédération avait fait appel à un nouveau sélectionneur, Michel Platini, chargé de relancer les Bleus.

remplacement Deschamps, qui s'apprêtait à disputer un match au Havre, avec les espoirs français.

Vingt ans et des poussières, et le voilà qui débarque à Clairefontaine pour rejoindre les stars de l'époque, Bats, Sauzée, Amoros, Boli et aussi le petit jeune qui monte, Laurent Blanc, trois sélections. Outre Bravo, Tigana et Papin sont également forfait, et on se rendra compte plus tard que ce match que l'équipe de France devait absolument gagner fut un tournant à bien des égards. Première sélection pour Deschamps et Christophe Cocard, dernière sélection pour quatre joueurs : Battiston, Xuereb, Sonor et Paille. Comme un passage de témoin, Didier remplace Daniel Xuereb à trente minutes de la fin.

Avant cela, il y a eu les trois jours de stage à Clairefontaine. Comme un rêve muet. Personne, en effet, n'aura l'occasion d'entendre le son de la voix du petit nouveau. Écrasé par la circonstance, il regarde, écoute, travaille, apprend et ne parle pas. Dans la chambre qu'il partage avec Joël Bats, le gardien culte, et Xuereb, il n'ose même pas dire à ses compagnons que, de son lit, il n'arrive pas à voir la télévision !

Loin d'arriver en conquérant, il pense surtout que cette convocation est avant tout une récompense offerte à un jeune et bon élément du championnat de France. Après, les choses rentreront dans l'ordre. La demi-heure très propre effectuée contre les Yougoslaves puis l'élimination de la course à la Coupe du monde 1990 vont précipiter son ascension.

Désormais, Platini n'a plus qu'un objectif majeur : qualifier les Bleus pour l'Euro 1992, qui aura lieu en Suède. Il veut se lancer dans les éliminatoires, dès septembre, avec une équipe rajeunie et motivée.

La saison internationale s'ouvre en août par un match amical en Suède et Deschamps est convoqué par Platini, ce qui est normal. Plus surprenant, il est rappelé comme titulaire, alors que la concurrence est rude à son poste. Le début d'une histoire qui durera dix ans.

Ce soir-là, à Stockholm, l'équipe de France, qui n'a plus gagné un match à l'extérieur depuis près de cinq ans, s'impose 4-2. Deux buts de Papin et deux autres de Cantona ont récompensé Platini pour son speech d'avant-match plutôt audacieux. Voyant ses jeunes joueurs stressés, il a lancé, histoire de les décontracter : « Oh ! les gars, pas de panique. Même si vous perdez 5-0, vous serez tous là au prochain match. » Une manière de dire « Je crois en vous quoi qu'il arrive ». Et ça a marché.

Deux mois plus tôt, le 2 juin, Didier et Claude sont enfin devenus mari et femme. L'événement aurait été célébré plus tôt sans les drames de la fin d'année 1987. Ils ont appris, hélas, à prendre leur temps. C'est d'ailleurs quelques années plus tard, en 1996, qu'ils auront Dylan, leur premier et unique enfant.

Quand on demande à Didier Deschamps pourquoi il a prénommé son fils Dylan, il ne répond pas que c'est en hommage à Bob Dylan ou au poète gallois Dylan Thomas, auquel le précédent a emprunté, par admiration, son prénom, pour s'en faire un nom. Non, c'est parce qu'il aime bien (on s'en doutait un peu), surtout, « Ça fait DD comme moi ». On a envie de lui suggérer qu'il a peut-être éliminé un peu vite David, Damien, Donald, Denis, Daniel, Dominique, et quelques autres, mais bon, on se dit qu'il doit plaisanter.

Devenu le patron du jeu nantais, il se montre très discret et humble quand il est appelé en équipe de France. À son âge, il a encore tout à apprendre au niveau international, et il le sait. En revanche, sa jeunesse ne l'empêche pas de se montrer décisif et de plus en plus indispensable sur le terrain. Son grand atout, c'est de savoir écouter, et avec Bernard Pardo, auquel il est associé en milieu de terrain, il a de quoi faire.

Pardo, travailleur infatigable, aboyeur magnifique de cette équipe de France qu'il sait remettre dans le droit chemin quand elle s'égare, a entrepris d'aider le jeune Deschamps dans ses premiers pas au plus haut niveau.

Il est touché par la détermination de son jeune coéquipier, sa soif d'apprendre, de corriger ses erreurs. « Qu'on lui dise qu'il avait commis une faute et il ne vous lâchait pas tant que vous ne lui aviez pas expliqué en quoi il n'avait pas été bon. L'important pour lui, c'était de ne pas faire deux fois la même erreur. Tout en restant timide et réservé – il l'a été assez longtemps – il n'hésitait pas à prendre la parole si on parlait tactique. Il voulait donner son opinion, participer aux débats. Ce qui nous a frappés aussi, et très vite, c'est sa détestation de la défaite : il ne supportait pas de perdre. »

Les événements récents ont changé Didier Deschamps, durci son caractère, contribué à sa maturité, mais le refus de la défaite est toujours là, vivace et farouche.

Avec l'apport de cette nouvelle génération, l'équipe de France de Platini ne perd plus, et réussit un parcours impressionnant en qualifications à l'Euro, dont elle devient un des favoris.

À Nantes, la vie est moins rose. Pour la troisième année de suite, le club va terminer la saison bredouille. Il stagne et beaucoup craignent qu'il ait du mal à prendre le tournant des années 1990. Privé de Coupe d'Europe, il a aussi un gros besoin d'argent.

L'idée de résoudre partiellement les problèmes en vendant leur meilleur joueur naît peu à peu dans la tête des dirigeants. Ce n'est sans doute pas une très bonne idée. Joueur en devenir, Deschamps vaudra sans doute beaucoup plus dans un an ou deux. Mais on sait que dans le besoin, dirigeants de football ou pas, on ne prend pas toujours les bonnes décisions.

Le joueur, assez curieusement, n'est au courant de rien. Sans être totalement innocent, il ne s'attend pas à ce que son club envisage de se séparer de lui.

Malgré tout, il réfléchit beaucoup à ce que seront les prochaines étapes. Il est modeste mais se connaît parfaitement et sait juger avec lucidité de ses performances. Surtout, il connaît sa valeur. Elle est clairement en hausse. Pas de quoi s'affoler et se prendre la tête. Ni la grosse tête. À 20 ans, au point où il en est déjà arrivé, le plus urgent, c'est peut-être d'attendre, de mettre le pied sur le ballon avant de choisir une direction nouvelle. Il est à Nantes depuis six ans, il y est bien et ne sent aucun besoin, pour le moment, d'aller voir ailleurs. Quand il partira, il ne devra pas se tromper.

Il sait aussi que les sollicitations ne vont pas tarder à venir. C'est trop tôt selon lui mais tout le monde ne pense pas ainsi. Pour mieux se protéger des tentations, il choisit de prendre un agent.

C'est aujourd'hui aussi courant chez les footballeurs que de prendre une assurance pour sa voiture quand on est automobiliste, mais à l'époque – vingt-quatre ans en arrière – la coutume n'est pas très répandue. Justement, lors de stages avec l'équipe de France, quelques joueurs ont vanté les mérites des agents. Avec eux, plus question de se faire berner, ils discutent à votre place de la durée des contrats, des salaires, du montant des transferts, des primes… Le joueur n'a plus qu'à s'occuper de jouer l'esprit tranquille. Ses intérêts sont préservés.

Daniel Xuereb lui a parlé de son agent, Jeannot Werth, un Alsacien droit comme un *i*, franc et passionné de football, sport qu'il a pratiqué à un bon niveau avant de devoir renoncer à cause d'ennuis physiques.

Jeannot Werth a été le premier en France à devenir agent. Sa réputation est sans tache. Sans le connaître, on le devine têtu, travailleur, humble.

Je l'ai rencontré pour la première fois à Bâle, en Suisse, où il a installé sa vie et ses affaires. Il est exactement comme je l'imaginais. Tel que me l'avaient décrit quelques amis journalistes, notamment Eugène Saccomano.

Fervent admirateur du football allemand, il se déplace souvent à Munich, où évolue un de ses protégés, le jeune prodige David Alaba, 21 ans, devenu la saison dernière titulaire incontesté au poste d'arrière gauche du club bavarois.

Avant de prendre rendez-vous avec Jeannot Werth, je lui avais bien sûr parlé au téléphone, à plusieurs reprises.

Déjà, j'avais été impressionné par le ton de sa voix, clair, attentif et ferme à la fois. Il est venu m'attendre à l'aéroport de Bâle-Mulhouse et j'ai vu que mes sensations ne m'avaient pas trompé. Il dégage dès l'abord une impression de solidité, de rigueur et d'honnêteté qui imprègnent son physique.

En vérité, cet agent de joueurs – profession trop ambiguë et opaque pour ne pas être justement décriée – incarne curieusement ce que le monde du football professionnel peut offrir de mieux.

C'est ce qu'a pu penser le jeune Didier Deschamps il y a près de vingt-cinq ans. Quelque temps après son mariage avec Claude, il scelle son union avec Jeannot Werth.

Les deux hommes ont conscience qu'il leur faudra attendre un peu avant que leur association entre dans le vif du sujet.

On ne peut pas plus se tromper.

Chapitre 8
L'âge d'OM
(1989)

« Quand on aime, il faut partir. »
Blaise Cendrars

« Didier avait 20 ans, pas d'argent et il n'en gagnait pas beaucoup. Max Bouyer, son président à Nantes, manquait d'argent, lui aussi. »

Quand on écoute Jeannot Werth, on comprend que le transfert de Deschamps à Marseille en novembre 1989 est moins une affaire d'argent qu'une histoire de gens qui n'ont pas d'argent.

« Ne croyez surtout pas qu'il y ait un lien entre ce transfert et mon arrivée dans la vie et la carrière de Didier. Très vite, nous nous sommes mis d'accord, et c'était là l'essentiel. Lui était content d'être représenté désormais, moi j'étais ravi de récupérer un jeune joueur plein de talent, dont j'allais pouvoir suivre la carrière, en lui évitant les erreurs et en facilitant son évolution. »

Les deux hommes, qui ont une différence d'âge d'une quinzaine d'années, s'entendent vite bien. Deschamps a voulu que Jeannot rencontre Claude, son épouse, de son côté, l'agent a précisé qu'il ne souhaitait pas recevoir d'émoluments tant que son joueur ne signerait pas un nouveau contrat.

Il sait que Max Bouyer, pris à la gorge financièrement, veut vendre Didier, mais il est bien décidé – c'est son rôle – à ne pas accepter n'importe quoi, sous prétexte de faire rentrer de l'argent dans les caisses du FC Nantes.

Ce qui se présente, en octobre, alors que Jeannot Werth est l'agent de Deschamps depuis quelques semaines seulement, ce n'est justement pas n'importe quoi.

L'OM de Bernard Tapie[4], revenu sur le devant de la scène, et qui lutte à armes égales avec Bordeaux et Monaco, les cadors du championnat, vient d'arracher au PSG – déjà son ennemi naturel – un titre de champion de France qui sera suivi de trois autres.

La nouvelle saison a bien failli commencer par un coup de théâtre, un coup de maître qui devait être le coup du siècle : Diego Armando Maradona, le meilleur joueur du monde, roi de Naples depuis plusieurs saisons, aurait été sur le point de signer à l'OM de Bernard Tapie.

Les spécialistes n'y ont pas cru. Le peuple marseillais, si. Dans les rues assommées par le soleil, en cet été 1989, les conversations autour de la venue de Maradona ont crevé la torpeur d'une ville soudain émoustillée. C'est que, ici, on sait que Tapie ne doute de rien et qu'il ne faut surtout pas douter de Tapie. « Il est capable de tout », disent en chœur les Marseillais. En tout cas, Tapie est capable de les faire rêver, et pas seulement en gagnant des matchs. L'improbable venue

4 C'est en 1986, à la demande de Gaston Defferre, maire de Marseille, que Bernard Tapie devient président de l'OM, qui végète alors dans le ventre mou de la 1re division. Pour sa première saison, le club atteint la finale de la Coupe de France 1987, battu par Bordeaux, derrière lequel il termine deuxième en championnat. En 1988, l'OM joue une demi-finale de Coupe des Coupes avant de remporter le titre de champion de France en 1989.

de Maradona participe de ce rêve éveillé. De là à penser que le coup de génie était surtout un coup de bluff...

Maradona ne viendra pas mais le Stade vélodrome découvre dès le mois de juillet de nouvelles têtes qui ne sont pas inconnues, Manuel Amoros, Jean Tigana, Alain Roche, plus un fantastique défenseur central brésilien, Carlos Moser, et un Anglais, au visage déjà rougi par le soleil méridional. Un inconnu à la drôle de coupe de cheveux, très british – c'est-à-dire aussi classieuse que celle de la princesse Diana –, que Tapie a payé une fortune[5] et qui va bien le lui rendre. En quelques matchs, il deviendra le complément idéal et surtout le pourvoyeur en ballons de buts de Jean-Pierre Papin et l'idole du Stade vélodrome, à l'égal d'un Magnusson en d'autres temps. Avec son attaque de feu, dans laquelle resplendit aussi l'Uruguayen Enzo Francescoli, l'OM devrait briller et écraser le championnat. L'équipe brille, certes, mais subit une déroute à Bordeaux, son grand rival[6], qui termine les matchs aller avec 4 points d'avance.

Tapie est furieux. Avec sa connaissance innée du football, il a vu où était le mal : beaucoup de joueurs obsédés par l'idée d'éblouir, de faire leur numéro, ratissent peu de ballons, et refusent le rôle humble de porteur d'eau qui approvisionne

5 C'est-à-dire 44 millions de francs, soit 6 millions d'euros. Somme qui peut paraître modeste aujourd'hui mais qui était très conséquente il y a vingt-cinq ans. Quand Chris Waddle a joué son premier match au Stade vélodrome, de nombreux journalistes sportifs anglais garnissaient la tribune de presse. Ils n'étaient pas là spécialement pour lui, tous étaient envoyés spéciaux de leurs quotidiens sur le Tour de France, qui faisait étape à Marseille. À l'un d'eux, j'essayai de demander des renseignements sur Waddle, que nous ne connaissions pas en France. Méritait-il d'être acheté à ce prix ? « Vous savez, me répondit mon confrère, pour ce prix, Tapie aurait pu s'offrir les trois meilleurs joueurs anglais, et Waddle n'en fait pas partie ! »

6 Bordeaux avait dominé le football français dans les années 1980, jouant même une demi-finale de Coupe d'Europe des clubs champions. L'ascension du Marseille de Tapie, venant de plus en plus menacer la souveraineté du Bordeaux de Claude Bez, allait générer, entre les deux présidents, une guerre à mort. Qui se terminerait en prison pour l'un comme pour l'autre.

les attaquants, ou de jouer les chiens de garde dès que l'adversaire a le ballon.

Le président veut renforcer ce secteur. Absolument. Et tout de suite, bien sûr. Comme si Tapie pouvait attendre !

La colère du président s'apaise lorsque son homologue nantais lui annonce qu'il est prêt à vendre son jeune milieu de terrain défensif, nouvel international et vedette du FC Nantes.

Le dialogue Tapie-Bouyer est aussi savoureux qu'un marchandage en bonne et due forme à la foire aux bestiaux :

« C'est pas un artiste, au moins ?

– Non, c'est un superjoueur, mais il n'a rien d'un artiste.

– Bon, tant mieux, parce que moi, les artistes, à l'OM, j'en ai plus qu'il m'en faut, et j'en ai ras la casquette ! »

Les deux présidents se mettent d'accord, reste à annoncer à Deschamps qu'il a été vendu à l'OM. Ce n'est pas le plus facile.

Max Bouyer profite d'un match de qualification à la Coupe du monde joué à Toulouse pour avertir son joueur. Après la victoire des Français sur Chypre, il rejoint Deschamps à l'hôtel des joueurs et lui annonce la « bonne » nouvelle dans sa chambre.

Colère du gamin – il vient tout juste d'avoir 21 ans –, qui gronde que ça ne se passera pas comme ça. Rentré à Nantes, il fonce dans le bureau de Budzinski et cette fois, il explose. « Personne n'a le droit de décider pour moi, et surtout sans même m'en parler ! »

Le grand avantage de l'innocence, c'est que l'on prend un certain plaisir à la perdre, paraît-il. Le jeune Deschamps, lui, n'apprécie pas.

Il faut reconnaître qu'il n'a pas tout à fait tort. L'excuse des dirigeants nantais, en dehors de leur pressant besoin d'argent, c'est qu'ils sentent que Deschamps a fait le tour du club et des possibilités qu'il peut lui offrir.

« Nous avions le sentiment qu'il ne progresserait plus chez nous, raconte Budzinski. Et puis, il avait la perspective de gagner beaucoup plus d'argent. »

En attendant, sa colère ne retombe pas et il s'obstine à refuser tout transfert qui se serait organisé sans son accord.

« Ce genre de chose, c'est moi qui les décide », a-t-il lancé la veille à Bouyer, il le lui répète le lendemain au téléphone.

Mais son futur ex-président est d'autant plus embêté qu'il a donné son accord formel à Tapie, d'une part, et que celui-ci veut récupérer le joueur immédiatement. Pas même question d'attendre la trêve hivernale.

Toujours en colère, Deschamps appelle à la rescousse Jeannot Werth. L'agent et son nouveau client ont déjà de quoi faire. Plus tôt qu'ils ne pensaient.

« Je me trouvais à Strasbourg. Une fois que Didier m'a eu expliqué la situation, j'ai décidé de prendre le premier avion pour Nantes. De l'aéroport j'ai téléphoné à Tapie. Dans mon esprit, il y avait au moins une chose de sûre : il fallait que Didier reste à Nantes jusqu'à la fin de saison. S'envoler comme ça, d'un jour à l'autre, ça ne rimait à rien. Restait à le faire comprendre à Tapie, ce qui n'était pas le plus simple. »

« Tu vas pas me faire chier », répond en effet le président de l'OM, qui n'en démord pas. Il veut Deschamps, tout de suite, et s'est arrangé pour le prendre comme joker, formule qui permet d'engager un joueur en dehors des périodes légales de transfert.

« En novembre, il doit être là. J'envoie Bernès[7] pour régler les modalités du transfert. »

Tout va si vite que Jeannot Werth a à peine le temps de se préparer :

7 Jean-Pierre Bernès, directeur général de l'OM sous Tapie.

« Le jour de la réunion, à Nantes, j'étais dans mes petits souliers même si j'étais loin d'être un débutant. Défendre les intérêts d'un tout nouveau client, c'est toujours une épreuve pour un agent. Surtout quand il s'agit de discuter avec l'OM de Tapie. Il y avait là Max Bouyer, Miroslav Blazevic, respectivement président et entraîneur du FC Nantes. De l'autre côté de la table, Bernès et Alain Migliaccio[8], célèbre agent de joueurs qui grenouillait régulièrement dans les coulisses sombres de l'OM. Naïvement, je me suis demandé ce qu'il faisait là. Je n'ai pas tardé à comprendre… »

Jean-Pierre Bernès, émissaire de Tapie, dévoile ce que sera le nouveau salaire de Didier Deschamps, 120 000 francs par mois, au lieu des 40 000 francs qu'il gagne à Nantes. Ça peut paraître très généreux mais ça ne convainc pas Jeannot Werth, qui connaît son métier, le marché, et les salaires offerts par l'OM. C'est lui qui a fait venir à Marseille l'Allemand Karl-Heinz Förster, international allemand, Franck Sauzée, international français, Jean-Christophe Thomas, Jacky Bonnevay.

« Didier était international à 21 ans, et on voyait bien que ce ne serait pas un feu de paille. Comme l'OM avait besoin de lui tout de suite, c'était un bon argument pour obtenir le salaire maximum. »

En effet. Les émoluments du joueur sont finalement multipliés par six et le nouveau contrat – pour quatre ans et demi – prévoit que Deschamps rejoindra l'OM dès le mois de novembre.

8 Alain Migliaccio, éternel agent de Zinédine Zidane, sans lequel aucun transfert majeur ne se faisait en Europe dans les années 1980 et 1990, fut condamné lui aussi à plusieurs reprises par la justice française, notamment pour des malversations dans le transfert d'Éric Cantona de Marseille en Angleterre. Réfugié en Espagne, il y a été condamné définitivement en appel, le 16 novembre 2012, à cinq ans de prison ferme pour fraudes, évasion fiscale, fausse comptabilité… ainsi qu'à payer 9 millions d'euros à l'administration espagnole. Laissé en liberté sous contrôle judiciaire, il a fui pour se réfugier en Suisse.

Astucieusement, Jeannot Werth fait fixer la clause de départ de son protégé à 6 millions de francs alors que le barème UEFA est de 20 millions de francs[9]. Grâce à Jeannot Werth, le jeune international va devenir le joueur le mieux payé de l'OM, et il est protégé par un solide contrat.

L'agent va, en revanche, avoir une très mauvaise surprise pour ce qui le concerne :

« Quand j'ai évoqué ma commission, Bernès m'a répondu : "Nous avons déjà donné 500 000 francs à Migliaccio, donc il n'y a rien pour toi." C'était très étonnant. Après tout, personne ne lui avait demandé d'amener Migliaccio. Qui, par ailleurs, n'avait rien fait. S'il travaillait pour l'OM, c'était à l'OM de le payer. Mais voilà, ça se passait souvent ainsi avec les Marseillais, à l'époque Tapie, et il était difficile de protester. Bernès, notamment, se croyait tout-puissant et le montrait. Quant à ses relations avec Migliaccio, elles n'allaient pas s'arrêter là [10]. »

Le directeur général de l'OM n'avait pas apprécié que Jeannot Werth fasse revoir à la hausse le montant du salaire offert à Deschamps. Il est plus facile d'abuser d'un jeune joueur expérimenté que d'un agent honnête et compétent.

C'est sans doute pour cela que la plupart des joueurs s'entourent dès leur plus jeune âge d'agents. Qui ne sont hélas pas tous honnêtes et compétents...

Jeannot Werth ne savait sans doute pas alors que le directeur général de l'OM était déjà associé dans un restaurant avec Alain Migliaccio, qui deviendrait plus tard son partenaire, et lui ouvrirait bien des portes, lorsqu'il choisirait de devenir agent à son tour.

---

9 L'expression « clause de départ » ou « clause de libération » signifie qu'un club voulant acquérir le joueur ne pourra pas offrir une somme inférieure à celle fixée au moment du transfert précédent. Moins elle est élevée, plus le joueur a de chances d'intéresser un grand club qui lui octroiera un très bon salaire.

10 Voir chapitre 28, « Une année sous silence ».

Quand on connaît Jeannot Werth depuis vingt minutes, on comprend très bien qu'il n'ait même pas imaginé ces turpitudes. Il n'était donc pas bien compliqué de le léser. Gêné, le jeune Deschamps prit la décision, à partir de là, de rémunérer mensuellement Jeannot Werth et de lui rembourser ses frais réels. Il avait compris, apparemment, que l'envoyé spécial de l'OM n'avait pas été correct.

« Didier était conscient que je l'avais défendu bec et ongles, lui évitant d'être abusé. Il m'en était reconnaissant et n'appréciait pas la façon dont, moi, j'avais été floué. C'était la belle époque. Nous étions dans une confiance totale. Quand j'arrivais à Nantes, puis à Marseille, je descendais chez les Deschamps. Didier était très jeune mais très mûr, solide mentalement, doté d'une belle droiture. »

Ça ne l'empêchera pas, longtemps après, de délaisser l'ami fidèle au bénéfice de l'intrigant. Mettant fin à près de vingt ans d'ambiguïté.

Chapitre 9

Un prêté pour un rendu

(1989-1991)

« Il n'y a au monde qu'une seule chose
qui soit insupportable : le sentiment
de sa propre médiocrité. »
Jacques Rigaut

Dès son arrivée à l'OM, Deschamps est installé dans la peau d'un titulaire. C'est le patron qui décide. Et à l'OM, quand il s'agit de faire l'équipe, de dire qui jouera et qui ne jouera pas, le patron c'est encore Tapie. Il lui revient assez cher comme ça, maintenant il le veut sur le terrain. Tout de suite.

On imagine le trouble du jeune joueur installé en star par son président, dans une équipe qui ne compte quasiment que des stars. Une équipe qu'il ne connaît pas, si différente du cocon nantais. Et qui joue une semaine sur deux devant un public que l'on dit passionné, mais surtout passionné de victoires. Et qui s'extasie plus généreusement devant les « papinades » de JPP et les numéros de magicien façon Waddle que sur le travail d'un Sauzée ou un tacle appuyé de Di Meco. Et encore, celui-là, il est du cru, donc on lui passe beaucoup de choses.

Deschamps, qui n'est pas marseillais, et pas plus magicien que buteur en série, a du mal à prendre ses marques. Il n'est pas à l'aise, le courant passe assez mal avec ses partenaires, sur le terrain comme en dehors. Il est morose, convaincu qu'on ne l'a pas placé dans les conditions idéales pour qu'il exprime au mieux son talent.

Déjà dans ses jeunes années, un Deschamps qui n'est pas content bougonne, marmonne, se sent très mal aimé, un peu persécuté, et ressasse à longueur de journée que tout cela n'est pas très juste. Il n'a pas encore mesuré à quel point même la vie au quotidien peut être injuste.

Parce qu'il croit à son talent, il voudrait que son talent éclate à la figure des autres comme une évidence. Ce n'est pas si simple. Bref, sur le terrain il n'emballe pas, et en dehors il déballe un peu trop.

L'ennuyeux pour lui, c'est que Bernard Tapie, lui non plus, n'est pas content. Il attendait monts et merveilles de son milieu de terrain, celui-ci le déçoit.

« Tapie est un impatient, raconte Jeannot Werth, et il a trouvé que Didier ne s'adaptait pas assez vite à l'OM. »

Il adoptait aussi un mode de comportement qui ne convenait pas à son président. Ce qui est bien avec Tapie, c'est que quand ça ne va pas, il ne perd pas de temps en réunions, recadrages et autres méthodes psycho-éducatives très en vogue dans notre société. Quand il reproche à un joueur de ne pas aller assez vite pour donner ce que l'on attend de lui, ce n'est pas pour traîner à son tour. Surtout, il estime qu'il n'a pas à faire l'éducation d'un joueur. Il paie cher pour acheter des sportifs accomplis et attend qu'ils soient aussi des hommes finis. Bref, il n'a pas de vocation d'éducateur.

Il est amusant de constater que Didier Deschamps devenu entraîneur usera des mêmes principes, qui confinent à une philosophie. Il l'a souvent dit, notamment quand il entraînait l'OM : « Je ne suis pas là pour leur apprendre à jouer au football, les initier à la tactique, gérer leur régime alimentaire et leur hygiène de vie en général. Tout cela, ils sont censés le posséder quand ils intègrent le haut niveau. »

Tapie l'a sans doute aussi inspiré dans son refus têtu de mêler l'affectif à ses relations avec les joueurs. On ne doute pas cependant qu'il était doué et n'a pas dû se forcer beaucoup pour toujours laisser la distance nécessaire.

En 1989, il était loin de tout ça et n'a sans doute pas bien compris l'impatience de Tapie, d'abord, sa déception ensuite, et pour finir son expédition en exil, sorte de coup de pied au cul avant la répudiation.

L'exil d'abord. En juin 1990, sept mois après l'avoir fait venir à l'OM en quatrième vitesse, il le prête pour un an aux Girondins de Bordeaux. Une double humiliation pour Didier Deschamps. C'est d'abord une manière de le renvoyer à ses chères études, ce qui n'est pas très plaisant. Plus déplaisant encore, on l'expédie se perfectionner chez l'ennemi juré.

« J'avais envie de l'emmerder, c'est pour ça que je l'ai prêté à Bordeaux, rigole Tapie. Il m'avait bien déçu et pas mal gavé pendant ces quelques mois. Je l'ai envoyé là-bas pour lui faire les pieds, et surtout parce que je ne comptais plus sur lui. J'avais beaucoup misé sur ce jeune joueur mais j'étais désormais certain de m'être trompé. Comme quoi… »

Comme quoi on peut se tromper en pensant que l'on s'est trompé, ce qui fait que l'on n'est pas sûr d'avoir tort, ni même d'avoir raison. À ce jeu de qui perd gagne, Bernard Tapie n'avait pas fini de s'amuser.

« Finalement, j'étais assez content de le refiler à Bordeaux. Je ne croyais plus en lui, et j'avais trouvé un club pour payer une bonne partie de son salaire. Que demander de plus ? »

Deschamps réussit à Bordeaux une bonne saison 1990-1991 et échappe, dans son exil, à l'immense déception des joueurs de l'OM battus aux tirs au but par le Partisan de Belgrade en finale de la Ligue des champions.

Il ne lui reste plus qu'à rentrer au bercail, plus fort, pense-t-il, mieux armé pour prendre sa revanche et poursuivre son ascension. Cette fois, Marseille va découvrir le vrai Deschamps.

Il a tout prévu sauf que Tapie ne veut décidément plus de lui. Pas question de retour à l'OM. Pire, le tout-puissant président a décidé de le vendre, sans doute pour s'en débarrasser une fois pour toutes.

Et c'est le Paris SG, autre ennemi naturel de l'OM, qui serait prêt à accueillir le pestiféré. L'affaire est en train de se réaliser quand Tapie daigne faire prévenir son joueur, auquel il reste tout de même trois ans de contrat.

Consternation. Lamentations. On ne retrouve même pas chez Didier Deschamps la colère et l'esprit de rébellion qui l'avaient animé dix-huit mois plus tôt à Nantes, quand Max Bouyer avait décidé de le vendre à l'OM.

Il est trop abattu pour oser affronter Tapie. Pour la première fois, il doute de lui. De ses capacités. Il admire Tapie, sa science du football, sa réussite. Peut-il faire erreur avec lui ? S'il ne le trouve pas bon, c'est peut-être qu'il n'est pas bon…

La révélation est accablante.

Chapitre 10

Deschamps version Bernard Tapie

« Quand la légende est plus belle que la vérité,
écrivez la légende. »
John Ford

Bernard Tapie, pour lequel chercher ses mots est une perte de temps, vous en dit plus sur quelqu'un en vingt minutes que n'importe qui en cinq heures. Vingt minutes, c'est exactement le temps de conversation qu'il m'a accordé à la fin de l'année 2012[11], alors qu'il était en train de racheter quelques journaux de la presse régionale, et pas des moindres, tout en organisant sa défense dans l'affaire de l'arbitrage et en écrivant un livre sur cette même affaire[12]. Sans parler des dossiers courants. Mais c'est comme ça, il y a tant de gens qui n'ont le temps de rien, Tapie a le temps pour tout. Une seule condition, il faut que ça aille vite. Cette petite parenthèse non pour faire l'apologie de l'intelligence grande vitesse de Tapie (il n'a besoin de personne pour se rassurer) mais pour dire à quel point, une fois encore, il s'est montré bluffant. Tout est sorti sans calcul, sans préméditation, j'allais écrire : sans réflexion.

11 Entretien réalisé le 17 décembre 2012 à 19 h 30. Paris.
12 *Un scandale d'État, oui ! Mais pas celui qu'ils vous racontent*, Plon, juin 2013.

Tapie avait alors d'autres soucis – plus graves – que de portraiturer Didier Deschamps, il a pris le temps – infime – de jouer le jeu, là où d'autres, sans doute pas plus occupés que ça, ont, sans doute finement, décliné l'invitation à s'exprimer. Par manque de temps...

Si le témoignage de Tapie est brut de décoffrage, il va dans les détails, au point que l'on se demande s'ils n'ont pas été parfois transcendés...

N'ayant jamais été un fervent supporter de l'ancien président de l'OM (principalement à cause de ses exploits footballistiques), j'ai bonne grâce à reconnaître que les vingt minutes accordées pour m'aider dans mon travail, sans arrière-pensée, sont preuve d'une indéniable générosité.

Un livre sur Deschamps ? Pouhh ! Sans intérêt ! Ce n'est pas un garçon passionnant. Si vous n'attendez rien de lui, vous ne serez pas déçu. Faire son portrait, c'est une gageure. Pour résumer ce que j'en pense, il est plus malin qu'intelligent, travailleur, c'est certain, mais il est formaté comme tous les footeux d'aujourd'hui, c'est tout pour sa gueule.

Encore qu'il peut avoir des élans incontrôlés. En 1998, au moment où il reçoit la coupe du monde[13], il lance au micro de TF1 : « Tout ça ne serait pas arrivé sans Bernard Tapie. » À ce moment de ma vie, je croulais sous les affaires, j'étais ruiné, je venais de faire de la prison, plus personne ne semblait me connaître, toutes les instances me tombaient dessus, et lui, il a dit ça. Sincèrement, il n'était pas obligé, et c'est à mettre à son crédit. Un Zidane n'aurait jamais fait ça...

Quand je l'ai envoyé en prêt à Bordeaux, c'était pour lui donner une leçon et aussi parce qu'il n'avait pas le niveau d'un joueur de l'OM, quoi qu'il en pense. À l'époque, Jean-Philippe Durand, Manuel Amoros étaient titulaires en équipe de France et remplaçants à l'OM,

13 En fait, la scène se situe au lendemain de la finale de la Coupe du monde, sur un plateau de télévision.

alors vous pensez, le petit Deschamps... Il avait encore beaucoup à apprendre. En fin de saison, alors qu'il pensait en avoir terminé avec sa pénitence bordelaise et se préparait à rentrer à Marseille, je l'ai fait venir chez moi à Paris[14]*. Pour commencer, je lui ai dit : « Je vais te transférer. » Je pensais sincèrement que ce n'était pas bon pour lui de se retrouver sur le banc. Il a répondu « Non », un non sec et définitif. Je lui ai répété ce que je lui avais dit un an plus tôt, à savoir qu'il n'avait pas le niveau pour jouer chez nous.*

« Je vais vous prouver le contraire.

– Non, tu iras sur le banc.

– D'accord, j'irai sur le banc, mais je n'y resterai pas longtemps. Je ferai tout pour vous prouver que vous vous trompez sur moi. »

Je n'en revenais pas. Et j'ai décidé de le garder à Marseille. Sans illusions. Le fait est qu'il a commencé la saison sur le banc, puis, dès qu'il est entré dans l'équipe, il n'en est plus sorti.

Ses grandes qualités ? Il fait tout bien, à fond. Joueur, entraîneur, sélectionneur... Si un jour il devient manager d'un club, ou président, il le fera très bien, à fond. Quand il a débuté, il jouait défenseur central. Il faut le faire, avec sa taille. Mais ça, c'est tout lui, il n'y a pas d'adversité qu'il ne soit prêt à affronter.

Il peut être attachant, par moments, il peut avoir des mouvements non contrôlés. Le reste du temps, c'est tout pour sa gueule. On y revient. Tout ce qui a été écrit sur lui est vrai. Tout ce qui n'a pas été écrit est également vrai.

---

14 La vérité oblige à dire que la scène qui suit s'est déroulée par téléphone et que c'est Didier Deschamps qui avait appelé Bernard Tapie.

Chapitre 11

Les sanglots amers
(1993)

To win is a lot of fun.
Richard Nixon

Elle était bien séduisante, avec ce qu'il faut de mélo, la scène opposant le président à son joueur dans le confort de l'hôtel particulier de la rue des Saints-Pères. Sans doute un peu trop jolie. Selon le souvenir de Jeannot Werth, très précis et dénué de toute tentation romantique, elle n'a existé que dans l'imagination de Bernard Tapie. Après tout, le mensonge n'est qu'une vérité améliorée...

« Presque tout est vrai, à quelques détails près... La décision de Tapie de vendre son joueur, la déception de Didier, sa vexation, son sentiment d'injustice. Jusque-là rien à redire.

« Pour autant, il n'allait pas jusqu'à oser affronter son président tout-puissant, craint et respecté à la fois. À force de l'entendre maugréer et maudire son sort, j'ai fait ce que je devais faire en tant qu'agent : je lui ai dit d'appeler Tapie.

« "Tu as les arguments pour, c'est à toi de défendre ton avenir et tu le feras mieux que personne.

– Mais, qui peut faire changer d'avis Tapie quand il a pris une décision ?

– Toi. Je suis sûr que tu peux y arriver.”

« J'étais persuadé que Tapie, dont on sait la grande connaissance du football, ne pouvait pas se tromper à ce point sur les qualités de footballeur de Didier. Simplement, il attendait autre chose, que l'homme s'implique plus et fasse l'effort de le convaincre. C'est ce qu'a fait Didier, quand il a eu le courage de lui téléphoner un soir. Pour ce qui est de la conversation qu'ils ont eue alors, tout ce que raconte Bernard Tapie est exact. Didier a vraiment su le retourner, le convaincre, et c'était tout ce que l'autre attendait[15]. »

La suite, tout le monde la connaît. Dès qu'il a été intégré dans l'équipe, au début de la saison 1992-1993, il n'en est plus sorti. Mieux, il en est devenu le capitaine. Le leader incontesté d'une formation alors considérée comme l'une des deux ou trois meilleures d'Europe. Quelques mois plus tôt, l'OM avait succombé aux tirs au but face à l'Étoile rouge de Belgrade, en finale de la Coupe d'Europe des clubs champions. Personne n'avait oublié la détresse des Marseillais, super-favoris de cette finale, les larmes d'enfant versées par Basile Boli.

Deschamps n'avait pas eu l'occasion de pleurer, il était en exil à Bordeaux...

Bêtement éliminé par le Sparta de Prague, l'année suivante, dans cette même compétition, l'OM continuait d'écraser le championnat de France et d'aligner les titres. En 1989, 1990, 1991, 1992... Personne ne semblait pouvoir stopper ce bolide lancé vers les cimes.

Barthez, Angloma, Boli, Desailly, Deschamps, Pelé, Völler, Boksic, Di Meco, Eydelie, Sauzée... Que des internationaux.

15 Selon Jean-Jacques Eydelie, ancien coéquipier de Deschamps à l'OM, le joueur se serait alors engagé à « faire tout ce que vous voudrez » auprès de Bernard Tapie, pour qu'il le conserve à l'OM. Comme nous n'y étions pas, il nous est impossible de dire que cette phrase a bien été prononcée (note de l'auteur).

Cet OM en or pouvait même se passer de son buteur providentiel, Jean-Pierre Papin, vendu pour une somme colossale à l'ennemi italien, le grand Milan AC.

Le Milan, roi d'Europe depuis plusieurs années, fier de ses innombrables stars, Van Basten, Rijkaard, Gullit, Maldini, Baresi, Donadoni, Massaro, Albertini et Papin désormais, quasiment invincible, en Italie comme en Europe.

Et c'est ce Milan, champion en titre, que l'OM affrontait le 26 mai 1993, pour sa deuxième finale au sommet de l'Europe, en seulement trois saisons.

Peur, les Marseillais ? Certainement pas. Pour atteindre la finale, ils n'avaient jamais tremblé. Et ils se sentaient encore plus forts pour être les derniers à avoir terrassé le Milan AC (1-0 à l'aller, 1-1 au retour), deux ans plus tôt, dans un quart de finale de Ligue des champions qui restait la plus belle référence du club.

Ce soir de mai 1993, rien sans doute n'aurait pu empêcher l'OM de remporter la première consécration européenne d'un club français.

Le Stade de Reims (1956 et 1959), l'AS Saint-Étienne (1976), l'Olympique de Marseille (1991) avaient échoué, par le passé. Animés d'une rage de vaincre inextinguible, portés par leur talent, aidés par la réussite quand ce fut nécessaire, protégés en dernier recours par leur fantastique gardien, Fabien Barthez, les hommes de Goethals firent rendre gorge aux Milanais en ce qui ressembla, une heure et demie durant, à un combat à mort.

La joie sans larmes, cette fois, de Boli le buteur merveilleux, l'émotion de Tapie, le déchaînement de Deschamps et les pitreries de Desailly semblaient projeter pour longtemps l'OM dans une ère de liesse.

Seules pouvaient jeter une ombre les larmes de Jean-Pierre Bernès, le directeur sportif. Elles étaient rageuses et un peu désespérées. Ne sentaient pas bon la victoire. Plutôt la déconfiture. « Je ne veux pas aller en prison », grinçait-il, à l'adresse d'on ne sait qui. On le saurait bien assez tôt. « Je ne veux pas aller en prison pour ces cons… »

Il faut dire que, six jours plus tôt, un match de championnat de France avait opposé à Valenciennes l'OM, leader caracolant en tête du championnat et l'équipe visiteuse tentant d'échapper à la relégation en 2e division. Une rencontre peu enthousiasmante, gagnée (1-0) par l'OM. Rien que du banal.

Pourtant, depuis la mi-temps de ce match, des accusations de tentative de corruption, voire de corruption, avaient empoisonné le climat, une enquête allait s'ouvrir… après la finale de Munich, bien sûr.

Hurlant en chœur à l'ignoble accusation, les Marseillais, dirigeants et joueurs, avaient pourtant commencé de trembler de tous leurs membres couronnés.

Après la liesse, le temps des frayeurs. Une heure et demie pour tout oublier, plus quelques dizaines de minutes euphoriques avant que ne retombe brutalement la joie de la victoire.

Plombés, les Marseillais. Déjà hantés.

Décidément, si le Milan AC ne leur avait pas fait peur une seconde, le fantôme de Valenciennes avait le don de les terrifier.

Deux heures après que Didier Deschamps eut soulevé la coupe énorme, de par ses proportions et aussi pour ce qu'elle représente dans l'histoire du football, on se prit à craindre que le club qui venait de s'élever aussi haut ne retombât plus vite encore au niveau des pâquerettes. Et même en dessous.

L'ancien président américain Richard Nixon croyait fermement que gagner est très amusant, il aurait déchanté devant le spectacle des nouveaux champions d'Europe.

Quelques visages tendus, et certainement pas par l'extase, la nervosité de Tapie, la sombre joie d'Eydelie, isolé comme un pestiféré, surtout les sanglots amers de Bernès, et sa désespérance… Ce devrait être une nuit d'ivresse, elle a l'haleine âcre de petits matins vaseux.

Il y a toujours un peu d'amertume quand sonne l'heure des lendemains qui déchantent.

Chapitre 12
La pourriture
(1988-1993)

« C'est le fait de vivre qui n'est pas honorable.
Alors, autant être du côté des gagnants. »
Gabriel Barrault

Ce fut pire qu'une tricherie, un système de corruption qui devait tout remporter en France et en Europe et qui a fini par tout emporter, de nos croyances et de nos rêves, de notre passion du sport, misérablement dévoyée.

Même vingt ans après, il faut être bien benêt ou supporter fanatique, ce qui correspond peu ou prou au même état de déficience mentale, pour accorder une quelconque importance à des titres de champion de France dérobés, à des victoires arrachées à coups de gros sous à des adversaires corrompus, sous les yeux d'arbitres frelatés.

Il est forcément douloureux de revenir sur cette affaire qui fit éclater un scandale sans précédent dans le football français, envoya le joueur Eydelie en prison, puis le directeur général de l'OM, Jean-Pierre Bernès, et pour finir, à la suite du procès, Bernard Tapie, le président.

Tout le monde sait aujourd'hui à peu près ce qu'il est possible d'en connaître. Même si des ambiguïtés de taille persistent. C'est toujours le cas quand chacun des protagonistes a sa propre version des faits, qui l'exonère.

Eydelie, défenseur de l'OM et ancien Nantais, assure avoir été « pressenti » par Bernès pour proposer à deux joueurs de Valenciennes, anciens Nantais eux aussi – Burruchaga et Robert –, avec lesquels il était resté lié, de jouer pour perdre contre une somme de 300 000 francs. C'est le troisième joueur valenciennois approché, Jacques Glassmann, qui a dénoncé la corruption.

Dans son livre[16], Eydelie dit tout ce qu'il a à raconter : les pressions menaçantes de Bernès, l'ombre de plus en plus pesante de Tapie, les appels téléphoniques chez lui, les menaces de ne pas jouer la finale de la Ligue des champions quelques jours plus tard s'il n'obtempère pas, les promesses d'un nouveau contrat mirifique s'il fait ce qu'on lui dit…

On sait que Tapie a, de son côté, repoussé sur son directeur général toute la responsabilité de l'affaire. Il ne lui a, dit-il, rien demandé. C'est Bernès, dans un excès de zèle, qui aurait décidé de monter l'opération sans en référer à son patron. Lequel reconnaissait à l'époque qu'il avait sans doute été mal compris le jour où il avait demandé en petit comité que tout soit fait pour que Marseille ne reparte pas de Valenciennes avec deux ou trois joueurs blessés, à quelques jours de la finale de la Ligue des champions contre le Milan AC.

Acheter le match contre une équipe promise à la ligue 2, et alors que l'OM caracolait en tête du championnat, c'est une idée qui ne pouvait pas traverser la tête de Tapie. Selon lui.

Alors, ce qui reste incompréhensible, c'est que le fidèle lieutenant, toujours aux ordres, et quelque peu pétrifié par la personnalité de son patron, ait soudain brisé sa chaîne, décidé de tout, se soit fait remettre 300 000 francs en liquide

16 Jean-Jacques Eydelie, *Je ne joue plus !*, Éditions l'Archipel, 2006.

par le comptable, pour les donner à Eydelie. Le tout à l'insu de Tapie, par ailleurs omniprésident qui ne supportait pas les initiatives de ses collaborateurs, et encore moins que quoi que ce soit se passe dans son dos. Impossible.

Et puis, il y a la version de Bernès. Ou plutôt les mille et une versions de Bernès. Selon le moment. Selon l'époque. Selon l'humeur. Selon la personne à laquelle il s'adresse.

Après avoir tout nié en bloc, puis reconnu un seul méfait (OM-VA) attribué à Eydelie, il avait fini, au cours du procès de l'affaire, par dénoncer Tapie, le grand méchant loup auquel il n'avait fait qu'obéir.

Le 2 juillet 1996, il déclare pourtant devant un juge[17] : « J'ai été malhonnête pendant quatre ans. Il y a eu plusieurs matchs arrangés. J'ai vu récemment une émission de télévision où on disait que Monaco s'était fait voler deux titres et c'est exact. Il y a 45 joueurs qui peuvent être en cause. Je ne veux pas dire leurs noms. »

Précédemment, il avait été plus précis, devant le juge Philippon[18], avouant que, entre 1987 et 1993, c'est en moyenne quatre ou cinq matchs par saison qui ont été achetés. Ce qui représente en soi une nette plus-value par rapport à ses premiers aveux. Et une monstrueuse escroquerie, au-delà des quelques « erreurs » reconnues aujourd'hui par l'intéressé.

Le poids des mots, selon Bernès, ne s'aligne pas sur le poids des fautes. Ses erreurs, comme il dit, sont des fautes, au mieux, et, au pire, des crimes contre le sport, la passion, l'effort, la morale, la crédulité des supporters, la foi des éducateurs et tous les rêves des jeunes sportifs. Entre autres.

---

17 Dans l'affaire des comptes de l'OM.

18 Procès-verbal d'audition de Jean-Pierre Bernès, le 30 juin 1995, dans le cadre de l'instruction des comptes de l'OM sous la présidence de Bernard Tapie.

Il a toute sa responsabilité dans ce marasme. Même si l'on ne relève jamais dans ses confessions ne serait-ce que l'arrière-goût d'une mauvaise conscience.

Il en aurait coûté à peu près 6 millions de francs (900 000 euros) par an aux dirigeants marseillais pour se forger un palmarès qui aujourd'hui encore les comble de fierté (*sic*).

À ce tarif, on a presque de la commisération pour les modestes 300 000 francs (45 000 euros) de l'affaire OM-VA qui auront fait s'effondrer le bel édifice. Nous ne sommes jamais trahis que par des grains de sable.

On pense alors, et comment faire autrement, que l'ancien dirigeant de l'OM a signé son arrêt de mort. Convaincu d'une énorme tricherie, il en avoue des tas d'autres, au moins aussi graves. C'est une sorte de suicide. Croit-on. On s'apercevra plus tard que le coup n'était pas si mal joué. Il est vrai qu'impossible n'est pas français.

Comme Mac Arthur, il reviendra... Pas forcément en libérateur, mais avec la bénédiction des plus hautes autorités du football français. On a les alliés que l'on mérite.

Deux ans après ces aveux spontanés, Bernès est donc condamné à deux ans de prison avec sursis dans le procès des comptes de l'OM.

Pour revenir à l'affaire OM-VA et à ses conséquences pour le club, rétrogradation en ligue 2, interdiction de disputer la Coupe d'Europe et la finale de la Coupe intercontinentale devant l'opposer au champion d'Amérique du Sud[19], la messe noire est dite. Le rouge de la honte montera désormais au front des vrais passionnés de football quand on évoquera cette année 1993.

19 Monaco refusera de remplacer l'OM en Ligue des champions.

Il faut l'indécence de dirigeants marseillais bornés pour oser afficher, aujourd'hui encore, à l'entrée des bureaux de la Commanderie, là où s'étale orgueilleusement le palmarès de l'OM, le titre de champion de France 1993.

Celui-là même qui a été officiellement retiré au club, convaincu de corruption active.

Ce mépris d'une sanction bien douce au regard des années voleuses de l'OM est d'autant plus regrettable que Jean-Pierre Bernès, pour ne citer que lui, en a dit bien assez sur la réalité de l'époque, pour que cessent les divagations autour d'un complot parisien pour faire tomber le club.

Les tenants de cette thèse débile ne sont même pas suivis dans leurs délires par les anciens joueurs, très discrets sur cette période dont ils connaissent certains aspects mieux que personne.

Didier Deschamps en tête. Le sélectionneur de l'équipe de France apparaissait dans les souvenirs de Bernès, en 1995 [20], en compagnie de Marcel Desailly. Au moment où il évoque la fameuse réunion sur le *Phocéa* :

« Il y avait tant de monde sur le bateau, ce jour-là. J'aimerais bien, par exemple, qu'on demande à Desailly et Deschamps ce qu'ils ont entendu. J'aimerais que tous les participants racontent l'ambiance étrange, l'atmosphère de complot qui régnait ce dimanche. »

Bien qu'anciens Nantais, Deschamps et Desailly ne peuvent pas pour autant être soupçonnés d'avoir participé à la corruption. Mais il est indéniable qu'ils étaient au courant, ayant assisté à la fameuse réunion où tout s'est décidé.

D'ailleurs, pour que ce soit plus clair, Bernès confirme leur présence, au cours du procès de l'affaire, en mars 1995 :

20 Jean-Pierre Bernès, *Je dis tout*, Albin Michel, 1995.

« Oui, il y a eu une tentative de corruption sur l'initiative d'Eydelie qui connaissait Glassmann. Oui, il y a eu corruption de ma part sur ordre de Tapie. Tous les joueurs savaient que le match était arrangé, demandez à Desailly ou à Deschamps. C'est Jorda, le trésorier du club, qui m'a remis les 250 000 francs[21]. »

Jean-Jacques Eydelie focalise moins sur le fait que Bernès dise n'importe quoi et change de version au gré de son humeur dépressive. Il bondit sur l'avant-dernière phrase de celui-ci :

« Avec ses déclarations, deux noms apparaissent dans cette affaire. Jamais cités jusqu'à présent : Deschamps et Desailly. Je dois donc trouver une solution pour amener mes anciens coéquipiers à la barre[22]. »

Dès le lendemain matin, le président du tribunal l'autorise à faire une déclaration avant la reprise des débats. Eydelie s'avance à la barre :

« Hier, M. Bernès a dit que tous les joueurs étaient au courant. Je désire savoir ce qu'il entend par là. Il a également cité les noms de Deschamps et Desailly. Pourquoi ? Et vous, monsieur le président, qu'en pensez-vous ?

« Les secondes qui suivent me paraissent une éternité. Bernès ne répond pas. Personne ne réagit. Je retourne m'asseoir. Déçu. Tout le monde s'en fout. »

Plus personne n'évoquera les noms de Deschamps et Desailly, ce qu'ils ont vu, entendu.

Neuf ans plus tard, dans son livre[23], Eydelie décrit la scène du *Phocéa,* sorte de conjuration des imbéciles, à laquelle il convie à nouveau ses anciens coéquipiers :

---

21 *In* Jean-Jacques Eydelie, *Je ne joue plus !, op. cit.*
22 *Idem.*
23 *Idem.*

« Le 16 mai, toute l'équipe est conviée à passer une matinée sur le *Phocéa*, symbole flottant de la réussite et de la puissance de Bernard Tapie. À bord, sur le pont de soixante-quatorze mètres, l'équipe technique de Téléfoot s'affaire. À 11 heures, l'émission dominicale de TF1 est retransmise depuis le quatre-mâts du président. Le yacht mouille dans l'une des calanques de Marseille. Décor idyllique. Quelques minutes avant le direct, je me retrouve dans un immense salon aux vitres fumées et aux profonds divans pastel. À mes côtés, Didier Deschamps et Marcel Desailly. Nous restons debout. Face à nous, Jean-Pierre Bernès et Bernard Tapie. En trente secondes, ce dernier nous présente ce que je décris comme une "mission" :

« "Va falloir contacter les joueurs que vous connaissez à Valenciennes. Burruchaga, Glassmann et Robert. Faut pas qu'ils fassent les cons et qu'ils nous cassent avant la finale contre Milan. Vous les connaissez bien ?"

« Nous répondons de manière collégiale par l'affirmative. Tapie n'en dit pas plus. Dorénavant, son bras droit prend l'opération en main. »

Des nombreux mystères qui planent encore sur ces années trompeuses, quand chacun mentait un peu plus que les autres, il en est un de taille : pourquoi personne, à commencer par les juges, n'a interrogé, ne serait-ce qu'une fois, Deschamps et Desailly sur leur rôle ? Même si ce n'était qu'un rôle de témoin.

Il eût été plaisant d'entendre ce que le capitaine de l'OM avait à dire sur l'affaire quand on sait comment il en parlait au tout début[24] :

« Tout ça me fait rire. Pourtant, quelque part, je suis énervé. Dans un premier temps les dirigeants de VA ont voulu porter

24 *L'Équipe*, 22 mai 1993.

réclamation parce que, soi-disant, le but de Boksic avait été marqué de la main. Quand ils ont vu qu'il n'en était rien, ils ont cherché autre chose et ils ont balancé des accusations de corruption. Comme ça, en plein milieu de la rencontre. On a l'habitude que l'on raconte régulièrement de drôles de choses au sujet de l'OM. On est suffisamment costauds pour ne pas nous laisser troubler par ces accusations. Nous, notre boulot, c'est de jouer et de gagner sur le terrain et on saura faire abstraction de ce qui se raconte dans les jours à venir. »

Voir Deschamps donner dès le début de l'affaire le ton du montage mensonger de Bernès est déjà consternant. Pire, il pose la question de sa connaissance de la tentative de corruption. Et, en soi, y répond.

Tel un Tapie déchaîné, un Bernès en extase, il tiendra la même position des mois durant, atteignant un sommet au cours d'une interview télévisée où on lui posait la question :

« Si vous le rencontriez, serreriez-vous la main de Jacques Glassmann[25] ?

– Non [26] ! »

Jusqu'à la fin… et même au-delà, Didier Deschamps gardera la même attitude ambiguë et obstinément fermée sur les nombreuses corruptions dont s'est rendu coupable son club.

Il sera encore plus silencieux sur le sujet du dopage, autre domaine d'excellence de l'OM sous Tapie. Entre Desailly, qui dans son livre de souvenirs raconte comment le président ordonne à tous les joueurs de prendre des comprimés interdits avant un match contre le Paris Saint-Germain [27], l'Irlandais Tony Cascarino et l'Anglais Chris Waddle, qui décrivent les séances de piqûres dopantes, et Jean-Jacques Eydelie y

25 Le joueur de Valenciennes qui avait révélé la tentative de corruption.

26 In *L'Équipe*, 14 janvier 1994.

27 Desailly raconte aussi que Didier Deschamps, auquel est tendue la boîte de médicaments, lit attentivement la notice avant de se révolter contre son président.

allant de ses propres souvenirs, très chargés [28], pour ce qui concerne la finale de Munich et un match de championnat à Nantes.

Deschamps restera encore un an à Marseille. Une saison en souffrance. Il a atteint le sommet de l'Europe du football de club et n'a droit à rien, même pas à remettre son titre en jeu. De plus en plus mutique, il semble prendre modèle sur Bernardo, le copain de Zorro, pour ce qui est de la dialectique. Ce qui est certes un progrès par rapport à ses déclarations consternantes du début de l'affaire OM-VA. Ce que l'on ne peut pas dire, il faut le taire.

Munich a marqué l'aboutissement d'un rêve mais les ombres qui rôdaient autour de l'OM depuis si longtemps ont fini par le fracasser. Ont subsisté, comme des reliefs éparpillés, la descente aux affaires, les humiliations publiques, les révélations honteuses, les aveux exécrables. La mise au ban. Même ceux qui n'ont pas eu à répondre aux questions d'un juge ou d'un procureur et n'ont pas séjourné quelque temps en maison d'arrêt se sentent salis. On le serait à moins... La triche est une maladie contagieuse.

Personne n'est sorti indemne de l'épopée fantastique. Elle sentait trop la pourriture et le frelaté.

Les héros d'hier sont entrés en pénitence. Les huées qui accueillent l'équipe à l'extérieur, un week-end sur deux, les sanctions contre le club, le procès de l'affaire qui se profile... Malgré tout, il termine deuxième du championnat derrière le Paris Saint-Germain. Un accessit pour rien : la saison prochaine l'OM devra jouer en deuxième division, qui ne s'appelle pas encore « ligue 2 » mais est tout aussi pénible.

---

28 In *Je ne joue plus !*, *op. cit.*

Le voilà contraint de se séparer de ses meilleurs joueurs, lesquels ne sont pas malheureux d'aller respirer un air plus sain ailleurs.

Plus sain ? C'est à voir.

Chapitre 13

Des années très chargées

(Juventus, 1994-1999)

« Le temps vient où l'on doit
dire la vérité si l'on veut exister. »
Robert Penn Warren

Marseille, 1994. Dans l'ombre, le fidèle Jeannot Werth travaille. Il a déjà bien travaillé, quelques années plus tôt, obtenant que la clause libératoire de son poulain soit fixée à une hauteur très mesurée. C'est le rôle d'un bon agent : penser à tout, et ne surtout pas insulter l'avenir. Désormais, Didier Deschamps, qui aura 26 ans en octobre, peut être convoité par les plus grands clubs. Et il sera d'autant mieux rémunéré que le coût de son transfert n'aura pas été exorbitant. La Juventus de Turin, la grande Juventus, s'intéresse à lui. C'est le moment pour lui de découvrir l'autre côté du paradis.

Paris, 2013. Un courrier officiel, transmis par le sénateur Jean-François Humbert, président de la commission d'enquête sénatoriale sur le dopage, informe Didier Deschamps, sélectionneur de l'équipe de France de football depuis le mois de septembre 2012, qu'il est convoqué devant les parlementaires le 24 avril suivant à 16 h 30. Ce même courrier lui précise qu'il ne peut se soustraire à cette audition susceptible de se dérouler à huis clos.

Cette commission d'enquête, relative à l'efficacité de la lutte antidopage, a pour but de délivrer, aux alentours du 15 juillet, un audit, et d'émettre des propositions susceptibles de préparer une réforme que la ministre des Sports, Valérie Fourneyron, devrait finaliser à l'automne. Depuis le 14 mars, les sénateurs auditionnent deux fois par semaine, dans une salle du palais du Luxembourg, des acteurs institutionnels de l'antidopage. Chaque rendez-vous dure en moyenne une bonne heure et provoque souvent de vives tensions, certaines questions ayant le don de crisper l'invité.

Le propos liminaire du président démontre qu'ici on ne plaisante pas. En faisant prêter serment à la personne entendue, il lui demande de dire la vérité, toute la vérité, rien que la vérité et l'avertit des poursuites pénales que pourrait engendrer un faux témoignage.

Pas question de limiter l'enquête aux pratiques du dopage dans le cyclisme. La commission veut enquêter sur d'autres secteurs du sport professionnel et amateur, et c'est dans cet esprit qu'elle a reçu, le 20 mars, Marie-George Buffet, ministre des Sports lors de la Coupe du monde 1998. À la surprise générale, celle-ci a lancé un véritable brûlot en évoquant « les pressions de toutes sortes » qu'elle avait dû affronter avant le début du mondial.

Ces pressions seraient devenues insupportables à la suite d'un contrôle surprise ordonné par les services de son ministère sur les joueurs français réunis en stage de préparation à Tignes.

« Tous les médias me sont tombés dessus, c'était un déferlement médiatique. On me reprochait de ne pas laisser l'équipe de France se préparer dans de bonnes conditions. J'étais condamnée par l'opinion publique et, je vous le dis, j'ai flanché. »

En quinze ans, beaucoup de rumeurs circulaient sur de possibles manipulations sanguines effectuées par le Dr Jean-Marcel Ferret, médecin de l'équipe de France en 1998. Sans que des preuves sérieuses aient été apportées. Même chose pour ce qui concerne les relations dangereuses qu'auraient entretenues certains internationaux français avec des préparateurs physiques aux méthodes sulfureuses. L'Italien Michele Ferrari, entre autres.

Pour en savoir plus sur ces sujets, la commission a souhaité entendre le Dr Ferret.

Hélas, trois fois hélas, celui-ci venait de partir à l'étranger pour une durée indéterminée, s'étant engagé avec un club saoudien, Al-Hilal. On pouvait alors d'autant plus regretter que la commission n'insiste pas pour auditionner le Dr Ferret qu'elle avait pu entendre en revanche le témoignage de l'Américain Travis Tygart, patron de l'agence antidopage américaine et tombeur de Lance Armstrong.

Il était intéressant d'écouter le point de vue de Tygart mais il était sans doute encore plus palpitant (dans le cadre de cette enquête d'une commission sénatoriale française) d'entendre les arguments du Dr Ferret, médecin des Bleus de 1994 à 2003.

Cette commission et son président en avaient parfaitement le droit : si Didier Deschamps avait reçu une convocation précisant qu'il ne pouvait se soustraire à son audition, on imagine qu'il en était de même pour le Dr Ferret...

Quelques semaines d'un suspense insoutenable. Allait-il revenir ?

C'est ce qui finit par arriver. La ficelle de l'éloignement étant un peu grosse, le bon docteur fut convaincu de rentrer pour témoigner. Lors de son audition, il fut invité à s'expliquer sur le taux d'hématocrite anormalement élevé remarqué chez certains internationaux français durant la Coupe du monde 1998.

« Je peux rassurer tout le monde, il y a toujours de petites choses anormales. Ce qui compte ce sont les variations. Mais on a été jusqu'au bout pour être sûrs qu'il n'y avait pas de problèmes. » Et de préciser que toutes ces analyses supplémentaires avaient donné des résultats normaux. Ouf !

« Je peux dire en toute bonne foi qu'en 1996, 1998, 2000, 2002, les joueurs étaient propres », devait-il ajouter pour répondre à son successeur, Jean-Pierre Paclet, lequel s'était étonné du taux d'hématocrite élevé chez certains Bleus à cette époque[29]. Re-ouf !

Poussé dans ses retranchements par la commission sénatoriale, le Dr Ferret devait quand même reconnaître que certains joueurs évoluaient dans des clubs où les pratiques médicales étaient « plus agressives » qu'en France. Notamment, à la Juventus, Zidane et Deschamps.

« À la Juve, ils donnaient énormément de produits, même en perfusion. Ce n'étaient pas des produits interdits mais ils étaient un peu détournés de leur utilité première. » Il ajouta aussi que les joueurs l'appelaient souvent pour savoir s'ils pouvaient prendre les molécules proposées par le staff médical de leur club.

Avant de quitter la commission, le Dr Ferret a exprimé le souhait que soit réduit le nombre de matchs annuel, pour éviter que les footballeurs aient recours au dopage.

Quant à Didier Deschamps, s'il était le capitaine de l'équipe de France championne du monde 1998, ce n'est pas à ce titre qu'il se retrouvait devant cette commission.

Il était là parce que, joueur de la Juventus de Turin entre 1994 et 1999, il avait été confronté au seul cas de l'histoire du

29 *L'Équipe* du 17 mai 2013.

football moderne au cours duquel un usage d'EPO organisé a été démontré.

Sa comparution devant cette commission en devenait moins anodine.

L'occasion pour lui, et il s'en serait sans doute bien passé, de se replonger dans une année 1998 qui fut celle de tous les bonheurs, avant que naisse un autre scandale et que ressurgissent, plus sombres que jamais, les cauchemars marseillais, version *bianconeri.*

Longtemps après, les fantômes étaient toujours présents, accrochés à ses souvenirs. Au point qu'il demanda, comme il en avait le droit, que son audition ne soit pas publiée. Nous devions alors nous habituer à l'idée de ne jamais savoir ce qui avait été dit. Et imaginer, forcément, qu'il y avait, dans le lot, des secrets inavouables.

Turin, 1994. Pour étancher ses malaises tout en donnant encore plus fière allure à sa trajectoire, Didier Deschamps a donc choisi de se lier à la Juventus. Sous les couleurs blanc et noir du maillot de la Vieille Dame (ainsi la surnomment les Italiens), il se forge un palmarès inouï. Cinq années dorées et incomparables. Trois titres de champion d'Italie (1995, 1997, 1998), une Ligue des champions (1996) et deux finales (1997, 1998), la Coupe intercontinentale (1996), la Coupe d'Italie (1995)... Il devient l'homme qui gagne tout, d'autant qu'avec l'équipe de France et son coéquipier de la Juve, Zinédine Zidane, il rafle au passage la Coupe du monde 1998.

Turin, 1998. Quelques semaines après la victoire historique des Bleus une scandaleuse affaire de dopage organisé fait trembler le petit monde du *calcio* et jette une tout autre lumière sur la moisson de succès de la Juventus de Turin, depuis quelques années. La honte et l'opprobre retombent sur *la vecchia signora* et donc sur toute l'Italie, frappée de stupeur. Le scandale, émaillé d'autres scandales, va durer des années.

Dans les années 1990, le championnat italien dans lequel évoluent bon nombre de Français domine le monde du football. Une suprématie que quelques-uns estiment liée au recours à une pharmacopée abusive.

Le premier à donner officiellement l'alerte sera l'entraîneur de la Roma, Zdenek Zeman. Le 25 juillet 1998, au cours d'une interview pour l'hebdomadaire italien *L'Espresso*, il évoque l'« explosion musculaire » de certains joueurs évoluant à la Juventus et exprime son désir de voir le *calcio* « sortir des pharmacies ».

Le pavé dans la mare amène la justice italienne à ouvrir une enquête pour « fraude sportive ».

Le même été, les locaux de la Juventus sont perquisitionnés et les armoires à pharmacie du club livrent leurs sombres secrets.

Deux cent quatre-vingt-un types de médicaments seront trouvés.

« De quoi subvenir aux besoins d'un hôpital de taille moyenne », dira un expert. Parmi ceux-là, une dizaine de produits figurant sur la liste des produits interdits du Comité international olympique.

Cela sans compter les autres manipulations pharmacologiques de type EPO ou encore les transfusions sanguines dont on ne trouve pas de preuves matérielles, mais qui apparaissent indirectement lorsque l'on tente de décrypter les dossiers médicaux des joueurs.

Le Pr Giuseppe d'Onofrio, célèbre hématologue italien, mandaté par le juge d'instruction en charge de l'enquête, affirmera, lors du procès, être convaincu de « l'utilisation quasi certaine de manipulations pharmacologiques comme l'EPO ou les transfusions sanguines ».

Les révélations ternissent la réputation des plus grands clubs italiens et remettent en cause la légitimité des titres acquis. Notamment par la Juventus, qui vient de gagner trois championnats d'Italie en quatre ans.

Surtout, parce que le procès tonitruant des responsables de la Juventus, commencé début 2003, a confirmé que pendant des années, la Juventus de Turin avait bien utilisé des manipulations pharmacologiques et des transfusions sanguines.

Didier Deschamps, tout comme Zidane, est pris dans la tempête. Leurs dossiers médicaux ainsi que ceux des autres joueurs – pour ceux qui n'ont pas étrangement disparu – sont passés au crible par les experts. Ils révèlent les largesses prises par le club avec l'armoire à pharmacie, et surtout un incroyable laxisme de la part du laboratoire romain officiellement chargé des analyses.

D'une part le laboratoire ne contrôlait pas les anabolisants, plus grave encore, il apparaît que des contrôles positifs ont délibérément été dissimulés.

Dans le cas de Deschamps, la principale substance incriminée, sur laquelle il est sommé de s'expliquer, est la créatine, dont il reconnaîtra l'utilisation à partir de son arrivée à la Juve[30].

Une augmentation du niveau de créatine permet, en très peu de temps, d'augmenter la force d'un individu de près de 30 % et donc de permettre à un sportif les efforts qui vont l'aider à accroître sérieusement son volume musculaire.

30 Pour comprendre quelle sorte de produit est la créatine, il faut savoir que même si elle n'est pas aussi dangereuse pour la santé que l'on a parfois bien voulu le dire, elle ne peut pas non plus être considérée comme un simple complément alimentaire. Certes, elle ne figure pas sur la liste des produits interdits par le Comité international olympique, mais en France, par exemple, elle ne figure pas non plus sur la liste des « Substances autorisées » par la direction générale de la Concurrence, datant de 1912 et qui recense la liste des compléments alimentaires autorisés. Et pour cause, la créatine, un dérivé d'acides aminés que l'on trouve en petites quantités dans notre alimentation, est également produite de façon synthétique par notre corps, pour aider à la récupération et à la reconstruction musculaire. En conséquence, elle appartient à la famille des produits dopants lorsqu'elle est administrée en complément.

D'où cette « explosion musculaire » des joueurs de la Juve, pointée du doigt par l'entraîneur de la Roma.

Le problème le plus aigu de la créatine, c'est qu'elle peut également servir à masquer la prise de produits réellement dopants qui, eux, sont strictement interdits par le Comité international olympique.

Didier Deschamps, comme Zidane d'ailleurs, va longtemps garder par-devers lui les secrets de cette époque.

Le temps viendra où il ne pourra plus se taire, quitte à livrer des vérités évasives…

Chapitre 14

Celui par qui le scandale arrive

« Rien n'est bon ni mauvais en soi.
Tout dépend de ce qu'on en pense. »
William Shakespeare

Le Pr d'Onofrio, qui n'a par ailleurs noté aucune variation hématologique suspecte chez Zidane, est interpellé, en revanche, par le taux d'hématocrite[31] parfois élevé de Deschamps, et des variations de son taux d'hémoglobine[32].

Certes, le Français n'était pas le seul à faire figure de suspect et d'autres l'étaient plus que lui.

Mais même si le Pr d'Onofrio se garde bien de lier ces résultats à des manipulations sanguines, le doute est là. Il ne sera jamais sérieusement levé.

À cause, entre autres, des réponses trop évasives, voire fuyantes, de Didier Deschamps, lorsque l'on aborde le sujet.

D'ailleurs, si en France le débat s'est cristallisé autour de la prise ou non de créatine par Deschamps et Zidane, les Italiens sont allés beaucoup plus loin.

Au cours du procès de la Juventus et de ses dérives pharmaceutiques, un premier rapport d'expertise identifie « des

31 Représente le volume total des globules rouges par rapport au volume sanguin.
32 Substance pigmentée en rouge, elle transporte l'oxygène dans les muscles.

profils pharmacologiques inquiétants », des variations anormales de taux d'hématocrite et, outre la créatine, une administration de fer dangereuse pour la santé.

L'expertise finale confiée à Giuseppe d'Onofrio, et dont l'étude portait sur les paramètres sanguins de 49 joueurs, est accablante.

En effet l'expert conclut à l'utilisation quasi certaine de l'EPO ou de transfusions sanguines pour deux joueurs, Conte et Tacchinardi, et très probablement pour six autres footballeurs dont Didier Deschamps.

Le taux d'hématocrite de ce dernier (qui traduit le pourcentage de globules rouges dans le sang) a pu atteindre 51,9 % quand la norme est de 45 %. Par ailleurs, au vu de l'importante variation de ces mesures d'hémoglobine, l'expert indique une « stimulation exogène ».

EPO ? transfusions sanguines ? Le manque de preuve aidant, Deschamps ne sera pas plus inquiété sur la question, cela en dépit des variations plus que suspectes de son taux d'hémoglobine et de ferritine.

Un autre expert entendu lors de ce procès, le pharmacologue Eugenio Muller, s'étonne, lui, non seulement de la quantité de médicaments, mais aussi de la qualité de certains d'entre eux, qui ont été indéniablement détournés de leur usage thérapeutique. Par exemple, les stimulants cardiaques, analgésiques, antidépresseurs… et même des reconstituants contre l'alcoolisme.

Zinédine Zidane est le parfait symbole de cette aberration : les experts notent, dans son cas, l'administration de produits contre-indiqués au regard de sa santé.

Ces éléments accablants prouvent que la créatine n'est qu'un trompe-l'œil dans ce qui apparaît clairement comme une affaire de « dopage programmé », selon l'expression de Sandro Donati, responsable du Comité olympique italien.

Le 26 novembre 2004, le président délégué de la Juventus obtient un non-lieu mais le médecin du club, Ricardo Agricola, est condamné à un an et dix mois de prison : « Fraude sportive et administration, dangereuse pour la santé, de médicaments, dont l'EPO. » Le jugement est on ne peut plus clair.

Pourtant, en 2005, après sept années de procédure, il sera acquitté en appel.

Bien que l'enquête ait démontré l'usage d'une pharmacopée délirante, en dépit de toute justification médicale, la cour d'appel a estimé que la loi sur la « fraude sportive », initialement destinée à lutter contre la corruption et les paris truqués, ne pouvait être invoquée pour une affaire de dopage !

Stupéfiant. Si l'on ose dire. En Italie, se doper n'est pas frauder. Alors, on se demande bien pourquoi cette longue enquête.

Quant à la loi antidopage, votée en 2000, celle-ci ne peut sanctionner des faits remontant à 1994-1998.

Les joueurs n'ont donc jamais été inquiétés, sauf à titre de témoins et le club turinois pouvait, de son côté, échapper à toute sanction et conserver les titres gagnés durant cette trouble période.

Tout ça pour ça.

Quelques années plus tard, sous l'emprise toujours vive de sa part sombre – l'expression n'était pas encore à la mode –, la Juventus sera rattrapée par les effets d'autres noirceurs, d'autres déliquescences. Elle y perdra cette fois des titres, son rang en série A et ce qui restait de son honneur.

On murmurera même que c'est pour lui faire payer ses exactions passées que les juges ont voulu condamner sévèrement la Juventus. Mais ceci ne rattrape jamais cela. Dans la vie comme dans le sport, l'arbitrage de compensation est une très mauvaise méthode.

Il eût été tellement plus profitable pour la morale d'entrer un peu plus dans le cœur d'un sujet si sensible. Car de nombreuses questions restent en suspens qui n'obtiendront jamais de réponse, et pour cause. La plus brûlante est sans doute celle relative à l'attitude des joueurs : peut-on croire en leur bonne foi ? On a du mal à imaginer qu'ils n'ont jamais eu de doutes sur les traitements divers qu'on leur imposait.

Ces questions sont purement gratuites puisque, officiellement, il n'y a pas eu d'affaire de dopage à la Juventus de Turin... Ce qui rappelle les débuts de l'affaire VA-OM, quelques années plus tôt, lorsque le 14 juillet 1993, dans la rituelle interview en direct de l'Élysée, l'avisé président de la République, François Mitterrand, décrétait : « Il n'y a pas d'affaire OM-Valenciennes. »

On ne peut pas être plus clairvoyant !

La différence, c'est que dans l'affaire turinoise, le procès et l'appel ayant déjà eu lieu, la « non-affaire » était bouclée...

Les « puristes » n'auront pas manqué de remarquer que l'on retrouve Deschamps à Marseille comme à Turin, dans l'un et l'autre scandale. Chaque fois, ratiocinent les esprits chagrins, il est passé entre les gouttes. Et de rappeler le surnom que lui avait donné David Ginola, joueur du PSG et son coéquipier en équipe de France : « Passe-partout ».

Nous ne sommes pas sûrs que le beau David faisait expressément allusion aux qualités de dribbleur de Deschamps, qui n'ont jamais époustouflé les spécialistes.

Il est vrai que tout cela ne fait pas un coupable. Même pas un suspect ?

Ce qui intrigue, c'est la manière dont Didier Deschamps choisit de répondre – quand il ne peut pas y échapper par le silence – aux questions gênantes.

Ce qui agace, c'est sa manière de jouer les ingénus, souvent, les outragés, toujours. Il ne supporte pas que l'on mette sa bonne foi et son honnêteté en doute mais sait faire preuve d'une évidente rouerie, de beaucoup d'ingéniosité aussi, lorsque c'est nécessaire. Plus tard, on évoquera un grand sens de la communication.

Ainsi, lors de son audition, en 1998, lorsque le magistrat le questionne sur les cures massives de fer administrées à douze joueurs de la Juventus, lui entre autres.

Sa réponse tombe, ferme et définitive :

« Je prends régulièrement du fer avec la vitamine C parce que j'en manque. »

Ce n'est pourtant pas le constat qu'ont fait les scientifiques qui ont épluché les dossiers sanitaires saisis à la Juventus.

Aucune carence en fer pour Didier Deschamps, ni pour Zidane, qui a lui aussi fait les frais d'une petite cure ferrugineuse. Seuls deux ou trois joueurs de la Juve présentent de réelles carences naturelles en fer. Pour les autres l'hypothèse d'un cotraitement dopant se précise.

En effet, dans le cadre d'un traitement dopant qui induit la prise d'EPO, par exemple, il faut l'accompagner d'une absorption compensatoire de produits à base de fer… Il reste néanmoins difficile de prouver de façon irréfutable le lien entre ces cures ferrugineuses avérées et le fait qu'elles aient pu servir à dissimuler l'administration d'EPO. D'où sans doute l'absence de sanctions contre les coupables.

Quelques années après, alors qu'il a quitté le club, et s'apprête à arrêter sa carrière, Deschamps se tient à la même ligne de conduite pour ce qui touche à cette affaire de dopage.

Invité le 24 mars 2001 à l'émission de Thierry Ardisson « On ne peut pas plaire à tout le monde », il se tortille quelque peu face à la férocité des questions de l'animateur et reconnaît la prise de créatine mais ajoute avec une certaine candeur :

« Le dopage, en général, je pense qu'il y en a dans le sport. Dans le football, je ne sais pas, je n'y ai pas été confronté, et sincèrement je ne vois pas l'utilité [de se doper]. Je ne crois pas que le dopage, qu'un produit, d'un joueur bidon peut faire un joueur super [33]. Ça n'a jamais fait tirer dans les lucarnes ! Ça peut faire courir plus vite, rendre plus résistant, mais il y a le ballon et le ballon, c'est les pieds. »

Les plus gentils diront qu'ils ont peine à croire à la sincérité de ce discours... Les autres, moins coulants, certes, mais beaucoup plus lucides, y verront une manière de prendre les gens pour des imbéciles. Personne n'a jamais imaginé que le dopage permettait à un footballeur de tirer en pleine lucarne ou à un tennisman de réussir un passing de revers millimétré ! En revanche pour l'un comme l'autre, quand ils sont dotés d'un immense talent, le dopage peut apporter le petit plus physique. Celui qui va permettre au footballeur de courir encore à fond après quatre-vingt-dix minutes de jeu et d'être encore capable de marquer en pleine lucarne [34] parce que sa puissance, sa force et sa vitesse n'ont pas été diminuées par les efforts fournis. Même chose pour le joueur de tennis : dopé, il trouvera toujours assez de force dans son bras, de vitesse dans ses jambes, même après cinq heures de jeu, pour aller tirer le passing gagnant qui serait impossible pour plein d'autres.

33 De façon plus imagée, le grand champion cycliste Eddy Merckx disait que le dopage n'a jamais transformé un âne en cheval de course. Certes, mais il permet à un cheval de course d'aller plus vite qu'un autre cheval de course. La démonstration vaut pour les ânes entre eux.

34 Quelques heures avant d'écrire ces lignes, j'assistais à la finale du tournoi de tennis de Miami (Master 1 000) entre Andy Murray et David Ferrer. Après moins de trois heures de jeu sous le chaud soleil de Floride, les deux hommes étaient dans un état d'épuisement sidérant. Ils avaient parfois du mal à taper dans la balle et de plus en plus de difficulté à marcher, Ferrer étant même tombé à deux reprises. L'un et l'autre titubaient sur le terrain et commettaient des fautes énormes dans les tout derniers jeux... Le score, 2/6, 6/4, 7/6, en faveur de Murray, qui n'avait pas la force de lever les bras pour fêter sa victoire. Je me suis dit que ces deux-là n'étaient vraiment pas dopés. Et j'ai repensé à une autre finale, celle des Internationaux d'Australie 2012 dans la canicule de Melbourne, entre Nadal et Djokovic. Six heures de jeu pour cinq sets d'anthologie, et jusqu'au bout, deux champions monstrueux qui se rendent coup pour coup. À coup sûr, la fin des trois petits sets entre Murray et Ferrer ressemblait à une partie entre vétérans à côté de ce choc de titans...

Revenons à Deschamps et à ses certitudes, nées semble-t-il de son ignorance. Sans même nous attarder sur les histoires pas très claires et déjà évoquées, de l'OM, de Tapie, de ses grosses piqûres et de ses petites pilules, il reste difficile de penser qu'en évoluant au sein de ce *calcio* indéniablement marqué par le sceau de la médicalisation à outrance et, qui plus est, la Juve, réservoir d'apprentis chimistes et de leurs pratiques pour optimiser les performances de leurs joueurs, Didier Deschamps n'ait jamais été au fait de quoi que ce soit.

En novembre 2002, quelques semaines avant le début du procès, alors qu'on le presse de raconter son vécu, le même Deschamps, alors entraîneur à Monaco, déclare : « J'ai pris de la créatine durant une courte période, puis j'ai arrêté. Après deux mois, je me suis aperçu que je n'avais pas besoin de cela. C'était aux alentours de 1995-1996. À l'époque, on la présentait comme un produit aidant à la récupération. J'en prenais des doses de 4 ou 5 grammes par jour. Tout le monde en prenait. Comme pour les compléments alimentaires, cela nous était prescrit par le médecin. [...] J'ai la conscience tranquille. La créatine n'a rien à voir avec le dopage. Les gens qui ne comprennent pas bien le sujet pourraient faire l'amalgame. À l'heure actuelle, il n'est pas interdit d'en consommer. D'ailleurs, en France, certains joueurs en prennent. »

Une fois encore, il ne tient pas à en dire plus sur le sujet.

C'est, déjà, un mode de fonctionnement : sur les sujets qui fâchent, il ne refuse pas de s'exprimer mais noie ses réponses dans un admirable flou artistique. Il n'a pas forcément quelque chose à cacher, simplement il se referme sur lui-même et éteint toute tentative de conversation. Alors, les questions, vous n'y pensez pas !

Elles seraient pourtant bienvenues pour saisir toute l'ambiguïté du discours qui précède. Dopage ou pas dopage ? utile ou pas utile ? Comment s'est-il aperçu au bout de deux mois qu'il n'en avait pas besoin ? Et s'il s'était aperçu qu'il en avait besoin ? Aurait-il continué à en prendre ? Pourquoi, d'ailleurs, les autres en prennent-ils ? N'a-t-il jamais été amené à consommer d'autres produits, formellement interdits, ceux-là ? Toutes ces questions, il n'aura pas à y répondre puisqu'elles ne lui seront pas posées…

Il a clos le sujet avec son fameux, et bientôt rituel, « J'ai la conscience tranquille ».

Évidemment, des esprits chagrins pourraient se demander pourquoi il a alors souhaité être entendu à huis clos, donc en toute confidentialité, par la commission sénatoriale enquêtant sur le dopage dans le sport…

L'affaire de la Juventus a récemment refait surface… côté français.

Dans un livre paru en 2010, Jean-Pierre Paclet, médecin de l'équipe de France jusqu'en 2008, évoque les dérives médicales du championnat italien, et laisse entendre que cela aurait profité, durant le mondial 1998, aux Bleus dont il n'était pas le médecin à l'époque.

« Des analyses de sang ont révélé des anomalies sur plusieurs joueurs français juste avant la Coupe du monde 1998. On peut avoir de forts soupçons quand on connaît les clubs où certains joueurs évoluaient, notamment ceux du championnat d'Italie. »

Dix internationaux français évoluent alors dans le *calcio* (Thuram, Boghossian, Dugarry, Candela, Blanc, Djorkaeff, Karembeu, Desailly, Zidane et Deschamps).

Et le médecin d'ajouter : « C'est de notoriété publique qu'il y avait des pratiques pour le moins limites à la Juventus, à l'époque. »

Aucun nom n'est cité, l'accusation de dopage n'est pas clairement formulée et Jean-Pierre Paclet se garde bien de tirer de véritables conclusions :

« Je dis ce que tout le monde sait. Je n'ai rien inventé. Avoir un taux d'hématocrites élevé ne prouvait pas qu'ils avaient pris de l'EPO. Comme il n'y avait pas de preuves, on ne les a pas embêtés. »

Il est clair que Deschamps et Zidane sont visés par cette révélation qui ravive le débat sur une équipe 1998 dopée et qui aurait été, toujours selon Jean-Pierre Paclet, protégée par la « raison d'État ».

Une nouvelle fois, Didier Deschamps passe au travers des mailles du filet, avec succès et comme toujours, semble-t-il, sans avoir rien fait pour...

De là à croire qu'il bénéficie d'une bonne étoile qui lui permet de souvent évoluer dans l'œil du cyclone sans jamais vaciller... La légende est en marche, qui s'enrichira, après sa carrière, lorsqu'il accumulera les réussites dès ses premiers pas d'entraîneur.

Nous croyons plus prosaïquement que les histoires de bonnes étoiles et de gentilles fées penchées sur des berceaux enchantés décorent magnifiquement les légendes mais que les adultes ne sont pas tenus d'y croire.

Il y a comme toujours, comme partout, le travail et l'intelligence de son métier qui aident à la réussite, et celle de Deschamps doit d'abord s'expliquer ainsi.

Pour le reste, il n'est jamais mauvais d'être un fin stratège, qui sait jouer de son apparence un peu bonhomme, candide, tout en maîtrisant son image, sa communication et son niveau d'exposition médiatique, afin de toujours se situer au-dessus de la mêlée des soupçons.

Chapitre 15

Objectif Lune

(1994-1997)

« Le propre d'une intelligence,
c'est de pouvoir poursuivre
deux raisonnements à la fois :
savoir que les choses sont désespérées,
et néanmoins être décidé à les changer. »
Francis Scott Fitzgerald

« Dès que je l'ai appris, j'ai téléphoné à mes parents pour le leur dire. Je savais qu'ils seraient tellement fiers. »

La grande nouvelle, c'est qu'Aimé Jacquet, sélectionneur de l'équipe de France depuis 1994[35], vient de nommer Didier capitaine des Bleus qui se sont qualifiés pour jouer la phase finale de l'Euro 1996, en Angleterre.

« Je veux que tu sois capitaine. Tu sais ce que cela implique… » Aimé Jacquet a toujours été un taiseux. Jamais un mot inutile. Pas de bla-bla.

Mettre Deschamps face à ses responsabilités, c'est lui faire plaisir. Et Jacquet le sait.

---

35 Précédemment adjoint de Gérard Houllier, il avait remplacé celui-ci à la tête de l'équipe de France après la désastreuse élimination des phases de qualification à la Coupe du monde 1994 au Brésil.

Sans forfanterie, simplement parce que c'est la vérité, le jeune homme, qui va sur ses 28 ans, rappelle qu'il a été le capitaine du FC Nantes à 19 ans, celui de l'OM, vainqueur de la Ligue des champions, à 24 ans, et que bien avant ça, il a toujours été le capitaine des équipes de jeunes où il évoluait.

« J'avais ça en moi. Je ne l'ai jamais travaillé, jamais recherché. C'est venu naturellement, au fur et à mesure des sélections. »

Pourtant, quand Jacquet l'appelle à Turin pour l'introniser, il ressent une immense fierté : « Si on m'avait dit, dans ma jeunesse, qu'un jour je serais capitaine de l'équipe France, je ne l'aurais jamais cru. »

Passé la joie et la surprise, il se tourne vers le devoir qu'implique la fonction. Il sait ce que signifient les mots de Jacquet. Plus qu'un couronnement, c'est une énorme responsabilité qui lui échoit. À la veille d'un Euro 1996, dernière compétition officielle pour les Bleus avant la Coupe du monde 1998, qui sera organisée en France [36].

L'équipe de France, éliminée des deux derniers mondiaux, en 1990 et 1994, est renaissante, elle veut porter beaucoup d'espoirs à l'approche de sa Coupe du monde. Donner les clés du camion bleu à un jeune capitaine, c'est un défi. Mais pas un challenge fou. Jacquet sait ce qu'il fait.

« Le vrai patron, c'est lui », clame Zidane, son coéquipier de la Juventus de Turin, qui rappelle à chaque occasion que Marcello Lippi, l'entraîneur de la Juve, ne jure que par Deschamps.

Il y a bien longtemps que sa culture tactique, son sens de la stratégie ont épaté ses entraîneurs. À Marseille, Tapie[37] s'en est servi, pas toujours à bon escient. On sait, et Jean-Jacques

36 . Le pays organisateur est automatiquement qualifié pour l'épreuve.
37 Ce n'est un secret pour personne : l'omniprésident était aussi celui qui faisait l'équipe, décidait des changements en cours de match, des transferts, etc.

Eydelie n'est pas le seul à le dire, que Deschamps, plus qu'un relais entre les joueurs et l'entraîneur, était devenu le correspondant privilégié de Tapie, lequel n'ignorait, grâce à lui, rien de ce qui se passait à l'intérieur du vestiaire. Certains lui en veulent encore.

Ça ne se passera pas comme ça en équipe de France. D'abord, Jacquet ne l'aurait pas admis, et surtout pas initié. En acceptant sa nomination, Deschamps choisit de rester avant tout un joueur, proche des autres joueurs, qu'il va galvaniser sur le terrain et représenter sans concessions en dehors.

« J'ai choisi Didier parce qu'au-delà de son talent footballistique il possède une dimension supérieure, disait Jacquet. C'est justement parce qu'il n'avait pas de dons particuliers qu'il a compensé par autre chose. Seulement, il faut en avoir les moyens ! Pour moi, il a quelque chose de grand, un rayonnement exceptionnel qui n'a rien à voir avec celui d'un Platini ou d'un Zidane. Un truc en plus qu'aucun d'eux n'a. Le charisme, la force de persuasion, la capacité d'entraîner un groupe derrière lui. Ces qualités ne s'apprennent pas. On les possède ou pas. Didier les a en lui depuis toujours. »

Zidane, Desailly, Lebœuf, Lama, Le Guen et d'autres encore pensent comme Jacquet même s'ils ne l'analysent pas avec autant de sophistication.

Paul Le Guen : « Il n'avait pas besoin d'être capitaine pour commander. Chez lui, c'était une seconde nature, mais comme il ne se forçait pas, ça passait très bien. »

Très vite il s'installe comme un relais de l'entraîneur sur le terrain et en dehors. Exactement ce que Jacquet attendait. Grâce à lui, l'entraîneur sait à quoi s'en tenir sur le moral des joueurs, leurs doutes, éventuellement leurs questionnements. Parfois, il demande conseil à son capitaine : « Crois-tu que je dois parler à untel ? »

Le capitaine idéal a aussi ses défauts.

Il est amusant, avec le recul, de constater qu'il les emporte avec lui, à travers ses différents clubs, ses différentes fonctions, par-delà les années qui passent.

Il n'accepte pas la défaite, et ça remonte à l'enfance. Un simple but encaissé lui fait mal, au point qu'il cherche un coupable, une victime expiatoire. Quelque part, la défaite le rend fou, sur l'instant, et il doit déverser sa furie sur un coéquipier.

Quinze ans après, devenu entraîneur, il fera de même à Monaco, à Marseille, et même en équipe de France. Ce n'est pas se défausser – contrairement à ce que l'on pourrait croire –, c'est chercher désespérément des explications rationnelles là où il n'y en a pas. Ces moments fous sont les seuls où il manque de lucidité. Totalement. Ce pourrait être effrayant, ça ne dérange pas plus que ça un Franck Lebœuf, qui a eu pourtant maintes occasions, après un but encaissé, de voir tomber sur sa tête la colère du capitaine, dont il était proche sur le terrain. « Sur le coup, ça fait un drôle d'effet, comme une gifle, et puis on s'en remet. En plus, ça motive. »

D'autres, au fil du temps, finiront par penser que ça ne motive pas tant que ça. C'est une autre histoire…

Ce qui est intéressant dans ces colères démesurées et souvent injustes, c'est d'y voir le refus que soit bouleversé son ordre établi. S'il y a eu but, c'est qu'il y a eu erreur, et l'erreur est inacceptable parce qu'elle peut engendrer la défaite, elle-même inacceptable. Ou plutôt inenvisageable.

Ce n'est rien de dire que le joueur Deschamps a été obsédé de novembre 1993 jusqu'à la fin de sa carrière par le traumatisme de Bulgarie-France. Il ne s'en est jamais remis, l'a porté en lui comme une blessure honteuse, et tous les titres gagnés après n'y ont pas changé grand-chose. Il avait passé trop de nuits à essayer de recoller son rêve cassé. Il en manquait toujours un morceau. Le sélectionneur qu'il est devenu porte à son tour, quelque part dans sa tête ou dans son cœur, le souvenir de cette flétrissure. Il y a des jours comme ça où le passé vous glace.

« Plus jamais ça », pourrait-il crier, imitant les gros titres de journaux après une catastrophe de type Fukushima[38].

Contents ou pas, ses coéquipiers doivent s'habituer à cette manière de vivre son sport. Il n'en connaît pas d'autre. Outre la haine de la défaite qu'il trimbale avec lui depuis l'enfance, son mépris de la médiocrité qui l'élève toujours plus haut – et ses partenaires avec lui –, il est hanté par un désir de perfection absolue qui ne lui laisse pas de répit. Ce comportement hors normes, généralement attribué à des « monstres » du sport, aussi détonants dans leur vie civile que sur le terrain, interpelle en ce qui le concerne. Quand le match est fini, il est tellement posé, scandant ses mots avec presque du lymphatisme dans la voix. L'accent du Sud-Ouest amplifie le calme des propos. Il respire la maîtrise de soi. Pas la sérénité – il ne faut pas exagérer – mais en tout cas une inquiétude contenue.

On lui reproche souvent de tout vouloir diriger, contrôler, vérifier jusqu'au moindre détail. C'est ainsi, et il ne changera jamais. C'est comme ça qu'il vit son sport.

Quand il ôte sa panoplie de footballeur et redevient le mari de Claude, il n'est plus le même. Prêt à se laisser porter, il sollicite souvent l'avis de sa femme, ne prend pas de décisions unilatérales, donne parfois l'impression de manquer d'assurance. Peu enclin à lire, à écouter de la musique ou à regarder la télévision, il réfléchit. Déjà. Comme il ne parle pas beaucoup et n'est pas du genre à rêver à voix haute, il est difficile de savoir à quoi il réfléchit. Seule Claude, peut-être...

Il y a chez lui une forme de mélancolie qui peut faire penser à de la morosité. C'est peut-être trompeur. Sait-on jamais où va Didier Deschamps quand il pense ?

---

38 Aujourd'hui encore, il ne le dit pas, mais ça s'entend dans toutes ses interventions depuis le début des matchs de qualification pour la Coupe du monde au Brésil.

En tout cas, rien à voir avec le diable tressautant et vindicatif des pelouses. En cela – et seulement en cela – il est le jumeau d'un John McEnroe, celui qui expliquait ses colères par la volonté de faire monter son taux d'adrénaline pour atteindre l'état de grâce. Nous avons le souvenir d'un McEnroe, battu sur un passing millimétré de Borg se faufilant entre sa raquette et la ligne, qui restait prostré de longues secondes, fixant le point d'impact comme s'il n'en croyait pas ses yeux. Il n'en croyait pas ses yeux. Alors, il n'était plus très loin de dégoupiller.

Un jour, il a expliqué cette attitude qui aurait pu passer pour de la mauvaise foi : « Ce qui me rend fou, c'est de savoir que le match parfait existe, mais que je ne le jouerai jamais. »

Mot pour mot, cette phrase pourrait appartenir à Didier Deschamps.

L'air de rien, il est sur le point de donner le ton à une génération qui va tout gagner bientôt, emmenée par un capitaine qui leur aura transmis sa hargne et son goût de l'invincibilité.

L'esprit du football français conquérant, qui gagne sans douter et ne faillit pas au pied du mur, ce n'est ni celui de Platini, ni même celui de Zidane. C'est celui de Didier Deschamps, le gamin d'Anglet. Et la planète devra le reconnaître.

Ce monsieur Tout-le-Monde, en apparence, ne ressemble véritablement à personne, au fond de lui.

Il est facile de le commenter aujourd'hui. En 1996, à l'aube de la phase de finale de l'Euro, il fallait toute la vista d'Aimé Jacquet pour offrir des galons de chef de bande à sa troupe certes prometteuse, mais loin de pratiquer un football alléchant.

Sans jouer très bien, handicapés par la faillite de Zidane, leur meneur de jeu, les Bleus arrivent tout de même en demi-finale et sont éliminés aux tirs au but par la République tchèque. Certes, ils n'ont pas séduit, ont manqué de qualité offensive, se sont surtout appuyés, déjà, sur une défense de fer. Jacquet a posé sa griffe sur cette équipe, Deschamps lui a servi de haut-parleur.

Le spectacle proposé n'a pas plu à tout le monde et les critiques commencent à fuser. Elles ne cesseront plus pendant les deux ans qui viennent. Même Zidane, future idole du peuple, est remis en question : a-t-il vraiment sa place dans cette équipe ? Il y a des questions qui tuent, quelque temps après.

Ce que personne ne semble avoir remarqué, c'est que même dans l'à-peu-près, cette équipe s'est forgé un début de conviction en même temps qu'elle envisageait un objectif, nouveau pour elle : aller au bout, tout au bout de sa Coupe du monde.

On sait ce qui lui manque, mais elle a un maître, Aimé Jacquet, et un supplément d'âme, Didier Deschamps. Dans la course à la Lune, et même si elle est seule à le croire, elle a la vie devant elle.

Chapitre 16

On a marché sur la Lune

(1998)

« La victoire ne tient qu'à nous, les gars ! » C'est toujours la même phrase qui revient dans la bouche du capitaine, à quelques secondes d'entrer sur le terrain.

Depuis quelques mois, on a l'impression que personne ne l'entend. L'année 1997, ponctuée de matchs amicaux, l'équipe de France n'ayant pas besoin de se qualifier pour sa Coupe du monde jouée à domicile, a été au mieux médiocre, au pire catastrophique. Pas une seule rencontre pour séduire. Un football plus ou moins défensif, balbutié la plupart du temps par des joueurs manquant singulièrement de génie.

Et cette équipe veut gagner la Coupe du monde dans moins d'un an ? La plaisanterie ne fait rire personne.

Dans son isolement, Aimé Jacquet continue à travailler, imperturbable. Il a une qualité énorme : à partir du moment où il fait du mieux qu'il peut, il croit en lui et sa foi devient inébranlable. Quand on a donné le meilleur, pense-t-il, on ne peut que réussir.

Hélas, le temps presse et sa construction n'avance pas. Régulièrement, il va à Turin rendre visite à Didier Deschamps, son capitaine, le seul homme qui croit en lui au moins autant qu'il y croit lui-même. Avec Deschamps, il passe des heures à discuter stratégie, tactique, système de jeu, utilisation des hommes en fonction de leurs qualités et de leurs défauts. Les deux hommes se nourrissent l'un de l'autre. En se trouvant, ils ont trouvé l'alter ego idéal.

Entre eux, pas d'ambiguïté. Ils ont commencé par se respecter avant que naisse une véritable affection.

Donc, ils travaillent sans cesse, réfléchissent, tirent des plans sur la comète, imaginent le futur et construisent des heures durant l'équipe idéale.

Ils rêvent, dirait-on, et en attendant rien n'avance. Les Bleus jouent toujours aussi mal, surtout, on a la sensation que Jacquet ne leur imprime rien. En tout cas rien d'enchanteur. Le football est poussif, les joueurs semblent craintifs et jamais inspirés.

« C'est ça, la marque Jacquet, ce jeu étriqué construit sur la défense », commence-t-on à entendre et à lire. Et on rappelle que les joueurs qui composent cette équipe évoluent dans les plus grands clubs européens. Ils sont starisés partout, sauf quand ils jouent pour la France. Le sélectionneur doit bien y être pour quelque chose…

Pour se faire quelques « amis » de plus, Jacquet a éliminé deux joueurs majeurs qui sont aussi de fortes têtes : Éric Cantona et David Ginola. Il les estime nuisibles au rendement de l'équipe, en raison de leur incapacité à se fondre dans le collectif. Bien sûr, ce sont deux talents incontestables, adulés en Angleterre, où ils évoluent l'un et l'autre. Pour beaucoup ils sont irremplaçables. Pas pour Jacquet, qui, sans le dire, est en train de bâtir un commando Et dans un commando, il n'y a pas de place pour les solistes.

On ne sait si Deschamps l'a inspiré sur l'éviction de Cantona et Ginola… Ce dont on est sûr, c'est qu'il l'inspire beaucoup. Sans outrepasser sa fonction de capitaine, mais en la dépassant quand c'est nécessaire, il lui arrive d'influer sur les choix de Jacquet.

« Je n'ai jamais fait de copinage ou affiché de préférence pour l'un ou l'autre, ni bien sûr pour écarter quiconque, se défend-il quand on le titille sur le sujet. Si j'avais fait ça une seule fois, je n'aurais pas pu continuer à vivre normalement au sein du groupe. »

C'est vrai que le copinage n'est pas mauvais en soi, pourvu qu'il reste entre copains, comme disait Samuel Goldwin[39].

Ce qui ne signifie pas qu'il se taise lorsque des combinaisons entre joueurs lui semblent moins performantes que d'autres.

À vrai dire, tout le monde se fiche pas mal de tout cela à quelques mois du mondial. De l'influence de Deschamps, des recherches de Jacquet, des accords ou désaccords sur le terrain. L'essentiel est ailleurs : cette équipe ne joue pas bien et ses matchs de préparation sont une calamité. L'étau se resserre sur le sélectionneur accusé de tous les maux, et qui porte sur ses épaules, outre le poids de l'échec futur et inévitable, tous les défauts du monde.

Son incompétence ? On n'en est plus là. Depuis longtemps. On s'attaque maintenant à sa communication, son peu d'aisance à s'exprimer, ses fautes de français, son accent forézien (!). C'est un massacre. Il ne se plaint jamais, se referme un peu plus sur lui-même, resserre les rangs autour de lui pour que son commando ne lâche pas.

Deschamps est aux avant-postes pour soutenir le sélectionneur en interne. C'est le plus important puisque tout se passe désormais en interne dans cette équipe condamnée avant même son premier match dans la compétition. C'est à ce moment que le capitaine se révèle chef de bande. Il se révèle mais en affichant une fidélité et une croyance aveugle si inouïes en Jacquet que toute l'équipe finit par y croire.

---

39 Producteur de cinéma américain, fondateur avec Louis B. Mayer de la célèbre Goldwyn Mayer.

Il y a plus étonnant : le capitaine monte aussi au créneau dès qu'il s'agit d'affronter la presse. Jacquet est muet, comme ses adjoints. La méchanceté de certaines attaques leur a fait perdre la voix. Deschamps n'hésite pas à aller affronter l'adversaire, et même à essayer de le comprendre. Il engage le dialogue avec autant de conviction qu'il a sonné la révolte dans son vestiaire. De l'art de la guerre.

Pour la première fois, il se révèle aussi diplomate que guerrier, et la presse y trouve une certitude : ce joueur humble et travailleur est aussi d'une grande intelligence. Tous s'en souviendront quand viendra le temps des lauriers. Il sera alors bien aisé de vanter les immenses mérites du capitaine qui ne se met jamais en avant, définit la stratégie, veille à ce qu'elle soit appliquée sur le terrain, remonte le moral des hommes et défend son sélectionneur avec courage mais sans mauvaise foi.

On le croyait porteur d'eau, il est conquérant. Comme Jacquet, il demande du temps, mais il le fait mieux que Jacquet : il explique, argumente, convainc.

Par la grâce même de Didier Deschamps, ce mondial débute pour les Français sous le signe de la rébellion et de la solidarité. C'est eux contre le monde entier, et ils ne sont plus aussi seuls que leur staff veut le faire croire.

La victoire n'est pas encore en eux, ça ne va pas tarder.

Dans un groupe facile, ils commencent par battre l'Afrique du Sud en perdant Stéphane Guivarch sur blessure. Son remplaçant, Christophe Dugarry, ne va pas tarder à se blesser à son tour, dès le match suivant. Déjà que l'attaque des Bleus, d'une faiblesse insigne, faisait pitié, là, il va falloir recourir aux deux gamins, Thierry Henry et David Trezeguet, aussi jeunes qu'inexpérimentés. Ce n'est pas la seule catastrophe de ce deuxième match, gagné facilement contre l'Arabie saoudite : pour s'être essuyé les crampons sur la cuisse d'un défenseur à la fois accrocheur, maladroit et brutal, qui n'avait cessé de martyriser ses chevilles, Zidane est expulsé du terrain. Pas un regard de Jacquet au moment où il sort. On devine la colère froide du sélectionneur.

En un dixième de seconde d'abandon, Zidane au sang chaud a peut-être envoyé ses copains dans le mur. Ce n'est pas tant de les avoir abandonnés sur la fin d'une rencontre facilement gagnée. C'est surtout que, sorti sur un carton rouge direct[40], il va écoper de deux matchs de suspension. Certes, l'équipe de France, déjà qualifiée grâce à ses deux victoires, jouera contre le Danemark un match avec pour seul enjeu la première place du groupe. Mais après…

Quand arrivera le match couperet des huitièmes de finale, Zidane ne sera toujours pas là. Être privée de son meneur de jeu, désormais l'un des meilleurs joueurs du monde, c'est plus qu'il n'en faut, sans doute, à cette équipe qui a déjà perdu ses deux avants-centres.

En effet, le match contre le Paraguay est un supplice. Sans étincelles, plus ou moins bien organisés en attaque, les Bleus butent pendant tout le match sur un gardien de but, José Luis Chilavert, en état de grâce. La prolongation ne change rien au scénario, si ce n'est que les Paraguayens se procurent à leur tour des occasions. Déjà, l'équipe de France, à bout d'arguments, est proche de la sortie… Même Deschamps, travailleur infatigable, est exténué. C'est l'une des rares fois de toute sa carrière où il n'en peut plus… Ah ! si Zidane avait été là…

Zizou ne viendra pas mais voilà que surgit de son arrière-garde un Laurent Blanc qui délivre son équipe à la 114e minute, avec son but en or[41].

40 Un joueur ayant reçu deux cartons jaunes dans deux matchs différents est suspendu pour un match. Un joueur expulsé est suspendu pour deux matchs, au minimum.
41 Cette règle appliquée pendant quelques années et supprimée rapidement prévoyait qu'au cours de la prolongation, dès qu'une équipe marquait, le match s'arrêtait sur sa victoire.

La France continue. Ce qui, en anglais, pourrait se traduire par *I will survive*. C'est tout juste si Jacquet félicite ses joueurs. Il a les yeux rivés ailleurs que sur le vestiaire et la qualification douloureuse. Droit devant lui, plus loin encore, il y a la finale et la victoire totale, son seul but. Il est encore bien seul à y croire.

En quart de finale, l'équipe de France, qui joue mieux, est encore bousculée par moments et menacée par une Squadra Azzura dans laquelle évoluent quelques-uns des amis et coéquipiers de Zidane, Deschamps, Thuram. Au bout des prolongations, il y a les tirs au but et une qualification miraculeuse. Encore.

Dans les tribunes, Claude n'est pas près de perdre l'habitude de placer Véronique Zidane à sa droite : depuis qu'elles se placent comme ça, l'équipe ne perd plus ! Didier, de son côté, ne manque jamais d'embrasser son alliance quand il entre sur le terrain. On est très superstitieux chez les Deschamps...

Plus capitaine que jamais, Didier rameute ses troupes dans les moments cruciaux. Sur le terrain comme dans les vestiaires. Pendant le match, il replace, harangue, encourage et engueule parfois. Un vrai chef de bande qui contrôle tout, voit tout, prévoit tout. On lui obéit parce que c'est comme ça. Ses hommes avancent de plus en plus, semble-t-il, portés par lui, son énergie, son violent désir de victoire. Il n'y a plus que cela qui compte : gagner.

Il a évacué ses craintes pour ne plus se livrer qu'à ses espérances.

Un carton jaune reçu contre l'Italie le met sous la menace d'une suspension s'il en recevait un autre pendant la demi-finale. Qu'importe ! Il ne dit pas « Qu'importe » comme on dit « Tant pis », il le dit comme il sait vivre et jouer. À fond, le reste ne compte pas. D'ailleurs, l'essentiel est d'aller en finale, pas d'éviter un carton jaune. Il aurait bonne mine, le capitaine, s'il jouait de prudence et que son équipe était éliminée. « On ne lâche rien, dit-il à ses copains, il y a une finale au bout, elle est pour nous. »

Mis à part sur le terrain, il n'élève jamais le ton. Toujours cette voix chantante qui semble venir du tréfonds. Il scande et les mots prennent plus de puissance, on les entend cent fois mieux que s'il les hurlait.

Malgré tout, les mots ne suffisent pas toujours. La victoire est en eux, certes, mais il va falloir le montrer sur le terrain.

Face à la Croatie, les Bleus, crispés et mal à l'aise, à nouveau, semblent impuissants pendant toute une mi-temps. Le poids de l'enjeu vient de les rattraper. Et commence de les broyer.

Jacquet est fou de rage et le vestiaire résonne d'une colère gigantesque : « Si vous ne voulez pas aller en finale, continuez comme ça ! » hurle-t-il. Il ne pèse pas ses mots. Ses joueurs, tétanisés, en sont réduits à peser leurs maux.

Les a-t-il révoltés ? Pas sûrs. Ils semblent écrasés par une charge trop lourde. Ont-ils les moyens de se rebeller ? Certains rêves coûtent plus cher que d'autres.

Le début de deuxième mi-temps est catastrophique. Sur une grossière erreur de Thuram – tout arrive – les Croates ouvrent le score. C'est la première fois, depuis le début de la Coupe du monde, que les Bleus sont menés au score. Le plus triste, c'est que l'on ne voit pas comment ils vont pouvoir revenir. Ils ont montré si peu de chose jusque-là.

Et puis, Thuram marque – oui, tout arrive – un but improbable qui est aussi le premier de son histoire avec l'équipe de France. Quelques minutes plus tard, le même Thuram, qui est, sans conteste, dans un après-midi aux frontières du réel, marque un deuxième but – décidément, tout arrive – qui envoie son pays en finale de la Coupe du monde. Seule ombre au tableau, Laurent Blanc, expulsé en fin de match pour avoir bousculé un adversaire[42], ne jouera pas la finale. Ne serait-ce qu'en souvenir de son but contre le Paraguay, et au vu de la détestable tricherie de son adversaire, c'est une injustice cruelle.

Ni Deschamps, ni Jacquet ne s'arrêtent à ce qui restera un point de détail de l'histoire du sport si, par ailleurs, l'équipe de France gagne la Coupe du monde.

Le premier fait déjà un premier bilan, comme si le résultat de la finale importait peu à l'heure de tirer des conclusions. Il n'a pas tort. Sans jouer très bien mais portés par un sublime esprit collectif et conquérant, avant d'être portés par tout un pays qui s'est mis à croire dur comme fer à leur destin, ils ont réussi leur Coupe du monde au-delà de leurs espérances. Quoi qu'il arrive. Avant la date fatidique du 12 juillet, le groupe revoit tous les matchs qui ont précédé, histoire de renforcer sa confiance. Il a survécu à tout. Désormais, *I Will Survive* n'est plus nécessaire à la victoire. La chanson de l'espoir est devenue un hymne éternel.

Avec la presse, Deschamps, qui progresse de jour en jour dans sa communication, parfois teintée d'ironie, confirme aux journalistes que, de toute façon, Aimé Jacquet n'ira pas plus loin que cette finale. Gagnant ou perdant. Le capitaine s'étend à mots couverts sur les blessures infligées à son sélectionneur, trop graves pour être oubliées un jour. Même pas dans l'ivresse d'une victoire. Sans chercher à culpabiliser qui que ce soit, il dit ce qui est. Et la vérité, c'est qu'après avoir longtemps craché sur son travail les journalistes n'ont plus la tête à le saluer. Il est sûr qu'il y a dans cette épopée de quoi faire perdre la tête à plus d'un : cette équipe de « bourrins », coachée par un autiste incompétent, qui parvient en finale de

42 Le Croate Bilic avait fait semblant d'être frappé à la figure avant de s'effondrer, induisant ainsi l'arbitre en erreur.

la Coupe du monde, c'est Rocky footballeur, reste à savoir si ça va être *Rocky 1* ou *Rocky 2*.

Plus fort encore, Didier Deschamps conclut sa conférence de presse par une déclaration étonnante, même si, de son point de vue, elle n'est que la sobre expression d'une réalité.

À l'heure où tous ceux qui l'avaient méprisé et banni[43] se préparent à statufier Aimé Jacquet, son capitaine dit :

« Les joueurs lui doivent beaucoup, mais il nous doit aussi beaucoup. »

Sa manière à lui de prévenir : que l'on ne nous oublie pas. Que l'on n'oublie pas que notre sélectionneur n'est pas arrivé tout seul en finale.

Était-ce volontaire ? C'est en tout cas le plus bel hommage qu'il pouvait rendre à Aimé Jacquet, lui rendant sa dimension humaine – Homme parmi ses hommes – avant qu'il ne soit définitivement sanctifié.

Le 12 juillet, il y eut donc un match de football entre l'équipe de France et celle du Brésil, communément surnommée « la meilleure équipe du monde », quoi qu'il arrive, même dans les années où il s'en trouve une autre pour porter sa couronne.

Après avoir entrepris de se montrer menaçant à plusieurs reprises pendant la première mi-temps, le Brésil, pris à la gorge, allait céder sur deux coups de tête de Zidane avant de se retrouver K.-O. dans les dernières secondes, sur une percée en contre d'Emmanuel Petit. Et un, et deux, et trois zéros !

De nos jours, on en a bien six ou sept, des zéros.

À quelques kilomètres de Biarritz, Ginette Deschamps a regardé le match à la télévision. Comme plusieurs dizaines de millions de Français. Dans la maison de son fils, elle garde Dylan. L'enfant s'est endormi bien avant la fin de la finale. Il ne sait pas que son père est devenu champion du monde de

43 Plus tard, Aimé Jacquet confiera qu'il aurait dû quitter la France si son équipe avait perdu.

football, et à vrai dire, il s'en moque un peu. Lui, son grand moment, sa plus belle joie, c'est quand ses parents vont rentrer. Ginette est toute seule à pleurer sur sa joie. C'est pour elle-même qu'elle murmure : « Ce n'est pas vrai, il ne nous a pas fait ça ! Champion du monde… »

C'est vrai, pourtant, il y a quelques centaines de millions de témoins. Dont Pierre Deschamps, en compagnie de son frère et de ses neveux. De Claude, aussi, toujours flanquée de Véronique Zidane sur sa droite, parce que l'on ne change pas un système qui gagne, fût-il de la pure superstition.

De la remise de la coupe au capitaine de l'équipe de France à la descente des Champs-Élysées, de la réception à l'Élysée aux accueils triomphaux sur les plateaux de télévision, cette équipe en laquelle personne ne se reconnaissait un mois plus tôt est devenue un must. Ses joueurs, indissociables, sont désormais des icônes. Plus que des modèles, ils font même figure de slogan, et, pourquoi pas, de rempart infranchissable contre le racisme… Black, Blanc, Beur, la plus belle invention depuis les congés payés ! L'exception française autour d'un ballon. Bonheur de la démagogie. Tout cela nous explosera à la figure douze ans plus tard au sortir d'un bus, en Afrique du Sud.

Il aurait sans doute été plus intéressant, dans ce galimatias d'émotions euphoriques, d'accorder un peu plus d'attention au capitaine impeccable qui avait su réveiller les morts pour les aider à devenir des héros.

Pas plus que Jacquet Deschamps n'a l'exclusivité de ce phénomène qui a vu des perdants nés se muer en vainqueurs impitoyables. Ils l'ont tous voulu. Et ils l'ont eu. Mais Deschamps a plus que sa part, sur le terrain et en dehors, de cette révolte insensée.

Il a couvé cette équipe lorsqu'il le fallait, dans les à-côtés des rencontres, dans les heures de doute, quand la nuit tombe et que flanchent les certitudes. Il a organisé ses coéquipiers sur le terrain, donné de la voix, remonté des bretelles à n'en plus finir, braillé son refus de la défaite, gueulé ses consignes, n'en oubliant pas pour autant de tenir son poste avec rage et talent. Aujourd'hui, la sophistication qui prévaut – même dans le milieu du football – nous amènerait à écrire qu'il a dépassé sa fonction.

Si nous y avions porté plus d'attention – mais qui se souciait des mots du capitaine dans ces heures de gloire frénétique ? –, nous aurions retenu ces trois phrases *made in* Deschamps :

« À vingt minutes de la fin, quand Marcel (Desailly) a été expulsé, j'ai replacé Emmanuel Petit en défense centrale et décalé Zidane sur le côté gauche. Je l'ai fait tout de suite, sans attendre que l'entraîneur intervienne, car, après, il aurait peut-être été trop tard. Il fallait être prêt à agir, pas à réagir. »

Le jeune homme qui parle comme ça n'a pas tout à fait 30 ans, il n'est le capitaine de cette équipe que depuis deux ans et il est déjà consacré. Il est surtout résumé dans ces mots venus d'un autre monde : celui où l'on pense pendant que l'on agit. Un monde qui honore le sport.

Didier Deschamps, celui qui veut tout contrôler, diriger, celui qui pense à tout, et même au reste, est monté jusqu'au sommet du monde avec ses qualités énormes et ses défauts tranchants. Tout cela se confond un peu.

Il n'est pas loin, pourtant, le temps où l'on ne verra plus que ses défauts.

Chapitre 17

Les derniers jours avant la fin d'un monde

(1998-2000)

« Vieillir, c'est une succession
de dernières fois. »
Georges Simenon

Ça a été dur, long et pénible. Pour l'équipe de France et pour lui. Les matchs de qualification à une grande compétition ne sont pas toujours une partie de plaisir, même pour les meilleures équipes. Et les Français n'en avaient plus disputé depuis quatre ans, ce qui n'est pas propice à vous mettre en jambes.

Enfin, ils y étaient, la moindre des choses pour des champions du monde en titre. Ils y étaient et on les sentait – enfin débarrassés du couperet des préliminaires – aussi forts qu'il y a deux ans, peut-être plus forts encore.

Zidane était plus mûr, Vieira, Henry, Trezeguet, Pirès, avec deux ans de plus, suivaient une trajectoire éblouissante, Barthez, Blanc, Thuram, Lizarazu, Desailly, Djorkaeff, Petit étaient au zénith de leur carrière en bleu.

Après l'euphorie des mois qui avaient suivi le titre de champion du monde, l'allégresse des matchs gagnés en ogres sûrs de leur force, les rencontres de qualification avaient été des batailles sans merci. La force restait en eux, heureusement.

Seul le capitaine incontournable donnait depuis plusieurs mois des signes d'inquiétude. Didier Deschamps, sur le terrain, se montrait un peu moins tranchant, un peu plus souvent à court d'arguments. Comme si le physique ne suivait plus aussi bien, parce que la volonté y était moins.

On aurait pu le croire, c'eût été une erreur. Nulle part de lassitude ne s'était emparée de lui. En revanche, le corps, fourbu de tant de batailles et de dépassements de soi, connaissait ses premiers ratés. Les blessures étaient là, plus ou moins importantes, qui obligeaient chaque fois le joueur à faire un travail de rattrapage pour redevenir compétitif. La presse, le public remarquaient bien que le nouveau Deschamps était un peu en dessous, et certains faisaient même semblant de ne pas savoir pourquoi. Certes, il allait avoir 32 ans, ce n'était pas une raison – même si c'est une idée fixe dans le sport en France – de l'envoyer au rebut comme un produit périmé.

Sous couvert de l'anonymat, certains coéquipiers jugeaient qu'il avait fait son temps. Les murs d'un vestiaire[44] trembleront plus tard de ses mots de colère envers un de ses coéquipiers. Le coupable avait lâché sur son capitaine – en toute discrétion croyait-il – des propos peu amènes qui lui étaient revenus.

Déjà, quelques-uns avaient ricané lorsqu'il n'avait pas prolongé son contrat avec la Juventus, un an plus tôt. Il apparaissait aux mauvais esprits qu'après cinq ans de bons et loyaux services, la Juve avait estimé que son avenir était derrière lui et ne lui avait pas proposé de prolongation. La vérité était tout autre : devenu libre, Didier Deschamps avait pu négocier un

44 Le joueur en question avait dit autour de lui que Didier Deschamps était « cuit », « fini ». Son capitaine attendra le mois de septembre et le match France-Angleterre pour lui dire son fait à la sortie de la douche.

contrat avantageux avec Chelsea. On pouvait donc estimer que les dirigeants de la Juventus lui avaient fait un beau cadeau.

Depuis, il avait signé à Valence... Ça ne faisait pas très sérieux pour un joueur célébré jusque-là pour sa stabilité et qui désormais changeait de club chaque année.

Les blessures, l'usure physique étaient responsables de ce délitement. Après dix ans de batailles de haut niveau où il avait toujours dû compenser ses carences techniques en tirant le maximum et même plus de ses atouts physiques et de ses qualités mentales, le moment de la rupture était arrivé.

Tout le monde le voyait et le savait.

Et lui ? Le voyait-il ?

En tout cas il ne voulait pas le savoir. Ce qui explique sa réaction face aux critiques, sa sensation qu'un complot se tramait.

Il ne voulait pas le savoir. Pas encore. Qu'on lui laisse un peu de temps pour gagner son dernier défi, après, on verrait. Il avait raison, contre tout le monde. Nous avions tous tort.

Dommage de ne pas avoir au moins fait partager sa raisonnable conviction : que mon corps me laisse tranquille et tout redeviendra comme avant. Il aurait dû le savoir, on peut faire dire n'importe quoi à un homme qui ne parle pas.

Il est exact de dire que du côté de la presse, ils n'étaient pas nombreux à partager cette foi. Les plus sympathiques lui accordaient encore tout juste sa place dans l'équipe de France, parce que, écrivaient-ils, c'est un meneur d'hommes et un stratège hors pair.

C'est dans ce contexte grinçant que l'équipe de France se présente à l'Euro 2000. Avec un capitaine en grève de communication. Il ne veut plus parler à la presse, se sent blessé, humilié, mal aimé, presque maudit. Au lieu de lui savoir gré de tout ce qu'il a fait pour la patrie, on le traite comme un voleur. Comme s'il usurpait la place de quelqu'un sur le terrain.

Donc, il se tait. Ce qui fait enfler un peu plus le climat d'hostilité. Ces bras de fer à coups de silence avec la presse ne servent jamais ceux qui les initient. Quel que soit le cours des événements.

Surtout, rien n'indiquait alors, au moment où commençait cet Euro, que les choses tourneraient aussi bien pour l'équipe de France. Et que Deschamps, magnifiquement retrouvé au fil des matchs, redeviendrait au fil des victoires le capitaine admiré et un titulaire incontesté.

Et si ça n'avait pas été le cas ? Didier Deschamps, qui n'a jamais aimé laisser trop de place au hasard, n'a pas voulu tenter le sort. Personne ne lui montrerait le chemin de la sortie. Il allait le prendre tout seul et devancer, quoi qu'il arrive, ses détracteurs.

Après ? Après il n'était plus possible de faire marche arrière. C'est le problème avec ce genre de paris : on est sûr de ne pas tout à fait les perdre, mais on ne les gagne jamais vraiment.

Le sélectionneur aurait dû se douter qu'avec Deschamps l'affaire ne serait pas si simple. Le Basque est têtu. Il aurait dû se douter aussi que la confidence livrée à des happy few (« Après l'Euro, j'arrête ») ne resterait pas longtemps confidentielle.

Les propos du capitaine firent vite leur bout de chemin. Bientôt, les femmes des joueurs furent au courant, puis quelques journalistes, enfin l'information fut publiée dans *Le Parisien.* Quelques jours plus tard, la France jouait la finale de l'Euro, mais sur la route bleue, Didier Deschamps était en panne. En panne de tout. Même si, tel un scénariste d'Hollywood, il réservait un ultime rebondissement.

On apprendrait en effet, quelques semaines plus tard, que le capitaine de l'équipe de France n'avait pas pris sa décision avant la finale de l'Euro !

Stupéfaction.

Tout le monde avait donc eu la berlue !

La version nouvelle, qui venait contredire tout ce que nous avions pu lire (y compris sur les lèvres de l'intéressé), entendre et voir, nous expédiait dans un autre mélodrame, presque plus touchant.

C'est, nous apprenait-on, en revoyant ses parents, à son retour en France, et en les découvrant accablés par le traitement qu'avait subi leur fils, qu'il aurait choisi de quitter les Bleus.

« En larmes, ma mère m'a supplié : "Didier, plus jamais ça !" »

À ce niveau d'émotion, on touche au sublime.

Bien sûr, quelques âmes avaricieuses du côté de la sensibilité pourraient se demander pourquoi, alors, a existé la scène inoubliable.

Qu'ont-ils bien pu se dire avec Lemerre, puisque, à ce moment-là, Deschamps n'avait encore rien décidé ?...

Pourquoi ce dialogue, d'autant plus surréaliste qu'il n'avait donc aucune raison d'être ?

Il ne prendra jamais la peine de s'expliquer sur ce moment à la fois musclé et larmoyant avec Lemerre, se montrant sur le sujet mille fois plus sourd et muet que ceux qui en avaient décrypté l'essentiel.

Courroucé, comme il peut l'être lorsque l'on dérange son ordre établi, il se réfugie alors dans le déni. Didier Deschamps, tel qu'il se rêve, n'a pas cédé sous le flot de critiques féroces. Il a, plus tard, simplement cédé à l'émotion familiale.

Dont acte ?

Disons que sa décision annoncée en catimini était en fait une prédécision... une sorte d'option... En l'occurrence, une option sur la retraite.

Ridicule ? Sans aucun doute.

Encore plus abscons : depuis ce soir d'été chargé d'effluves de victoire autant que de parfums plus âcres nés d'une rancœur tenace, il a adopté définitivement la parade qui consiste à placer sa main devant la bouche dès que l'on veut parler sous l'œil des caméras. Ce qui tend à confirmer qu'il a détesté que son dialogue avec Lemerre soit observé et décrypté.

Le joueur jouera systématiquement, désormais, de cette parade. Une manière de donner à croire que tout ce que l'on a à dire est intéressant, commenteront les mauvais esprits.

En tout cas un rituel incontournable dès qu'il devient entraîneur. Impossible de le filmer ou de le photographier conversant avec un adjoint ou un joueur, pendant une séance d'entraînement. Les séances sont autorisées à la presse, pas ce qu'il s'y dit.

Plus de dix ans après, la mode perdure. Dans le monde entier. Son créateur s'y tient rigoureusement, sans s'inquiéter de distiller ainsi des vapeurs de paranoïa.

Le plus cocasse, c'est de le voir imité régulièrement par des joueurs – le plus souvent français – dont on se demande bien ce qu'ils peuvent avoir à cacher. Le spectacle était assez sidérant, au cours du dernier Euro, de découvrir Benzema, Ben Arfa et Ribéry, pour ne citer qu'eux, s'employant à échanger, la main devant la bouche, de bonnes blagues sans doute, en tout cas des propos assez distrayants pour éclairer leurs visages obtus d'une hilarité somme toute assez inhabituelle. Ces trois, notamment, nous imaginons déjà mal qu'ils aient quelque chose à dire. Alors, quelque chose de drôle !

Une chose restait certaine, dans ce fatras de contradictions, Deschamps ne porterait plus le maillot de l'équipe de France, à l'exception d'un match amical d'adieux au Stade de France, qui lui permit de recevoir, comme Laurent Blanc et Bernard Lama, partant en retraite internationale, eux aussi, l'hommage d'un public encore peu conscient que ces trois défections marquaient une fin, certes, mais aussi le début de quelque chose de saumâtre qui allait finir par nous rester sur l'estomac.

Chapitre 18

L'héritage

(2000-2001)

> « On ne découvre une saveur aux jours
> que lorsqu'on se dérobe à l'obligation
> d'avoir un destin. »
> Cioran

Au vu des comportements débilitants qui naîtront à l'Euro 2008, se poursuivront à l'Euro 2012, avec, entre-temps, l'apothéose du mondial sud-africain, en 2010, si l'on se souvient que deux ans après le couronnement de l'équipe de France à l'Euro, les Bleus de Lemerre se vautrèrent à la Coupe du monde en Corée (un match nul, deux défaites, zéro but marqué), on pourrait dire que l'héritage laissé par le capitaine Deschamps n'est pas des plus glorieux.

Ni le culte de la victoire, ni le sens du respect et d'autres valeurs essentielles, ni l'esprit de groupe qui fait les grandes équipes par-delà les différences, voire les hostilités, entre les uns et les autres, rien de tout cela n'aura été transmis aux jeunes générations.

Comme si la double épopée de 1998-2000 n'avait été qu'un étrange trait de lumière zébrant le ciel presque constamment maussade du football français.

On peut dire aussi que des génies façon Zidane sont irremplaçables, et aussi Blanc, Djorkaeff, Henry, Petit, Thuram, Lizarazu, Desailly... Ça fait beaucoup...

On peut dire enfin que celui dont on ne parlait pas le plus fréquemment, et dont on parlait même quelquefois sur un ton acerbe, dans les derniers mois, a peut-être été plus irremplaçable que les autres.

Didier Deschamps, le joueur sublimé par le capitaine, le capitaine porté par toutes les qualités du joueur, s'ajoutant à la rage d'être de l'homme.

Il faut bien constater que l'héritage a été médiocre – à qui la faute ? – mais il est évident, désormais, que France 1998 et France 2000 n'auraient jamais été aussi invincibles si Didier Deschamps n'avait pas été leur capitaine.

Aimé ou pas de ses coéquipiers, contesté dans les couloirs mais toujours obéi sur le terrain, ce type normal – encore que, depuis l'élection présidentielle de 2012, la normalité fasse peur – était arrivé sur le toit du monde en gagnant à tous les coups au jeu de « La tête et les jambes ».

Qu'il soit controversé par ailleurs – et, souvent, avec quelque raison –, qu'importe. Ce qui compte avant tout aux yeux de tous ceux qui aiment le sport et ont envie d'aimer les sportifs, c'est qu'il offre, en tout temps et en tout lieu, l'image réjouissante d'un champion intelligent et construit.

Avec Deschamps en leader naturel, ce qu'il a toujours été, il n'y aurait pas eu le « bus de Knysna », il n'y aurait plus eu de Domenech et l'équipe de France d'aujourd'hui, celle du sélectionneur Deschamps, aurait une âme, un chef de guerre qui l'emporterait sans souci vers la Coupe du monde au Brésil. Mieux, les Français aimeraient leurs footballeurs au lieu de les mépriser.

Aurait-il dû rester encore un peu, pour transmettre ses valeurs, jouer le rôle de passeur une fois de plus ?

Il y a songé, tout au long de l'été qui a suivi la victoire à l'Euro 2000. Il y avait tous ceux qui ne voulaient pas le voir partir, ceux qui avaient des arguments autres que sentimentaux, tel Roger Lemerre, il y avait les tout proches, qui respectaient son choix tout en étant heureux d'en discuter avec lui.

Car il voulait bien en parler, signe fort que sa décision n'était pas formellement arrêtée.

Un jour, tout a été clair. Comme s'il avait eu une vision à l'envers de celle de Zidane[45]. Il ne devait pas rester. Il lui fallait déjà se désenivrer des houles de bravos qui avaient accompagné son Euro, de tous ces cris qui lui disaient à quel point il était le plus fort, le meilleur. Il a eu la lucidité alors de se souvenir que ces voix mielleuses d'admiration étaient exactement les mêmes qui, deux mois plus tôt, l'envoyaient à la retraite comme un vieux pantin, à jamais inutile.

Il a réentendu ces voix, et cette fois n'a plus eu de doute sur la route à suivre. « Les choses vont tellement vite dans le football. Un jour vous êtes une idole, trois mois après on vous pousse à la retraite. Je ne voulais pas d'une sortie obligée. Et, après réflexion, j'ai décidé de ne pas prendre le risque. »

Ce qu'il ne dira pas alors, c'est que cette décision, il l'a prise avec Claude. Comme toutes les décisions importantes. Discrète mais solide et omniprésente, Claude est, plus qu'une épouse, un pilier et un moteur. Didier ne fait pas toujours référence à elle, quand il change d'avis sous l'influence de sa femme. Sans doute ne veut-il pas la gêner. Et surtout ne pas donner l'impression qu'elle pèse sur sa vie. C'est lui qui va vers elle quand il doute. C'est lui qui demande à sa femme comment elle ressent les choses. Elle le renforce et le pérennise. Ils sont un couple. Sans adjectif.

45 Pour expliquer son retour en équipe de France à l'été 2005, après l'avoir quittée un an plus tôt, à la suite de la nomination de Domenech, Zidane avait évoqué une sorte d'apparition, dans son sommeil, lui enjoignant de reprendre du service.

Le 2 septembre 2000, à l'occasion d'un match amical contre l'Angleterre, au Stade de France, et sous les regards de 80 000 personnes auxquelles s'ajoutent près de dix millions de téléspectateurs, Didier Deschamps fait ses adieux officiels à l'équipe de France. Il fête ce soir-là sa 103e sélection. Il rejoint ensuite son nouveau club de Valence, son dernier sans doute. Il a fui – malgré les deux ans de contrat qui lui restaient – Chelsea et la vie londonienne, bien à l'abri de la lumière et du soleil. Claude n'est pas pour rien dans ce départ. Elle n'a pas aimé la vie à Londres. Ils s'y sont ennuyés, ne cherchant pas à profiter des avantages que présente la ville : culture, musées, concerts, restaurants, mode. On ne sait pas trop si ce sont autant d'attractions qui n'attirent pas les Deschamps, ou si elles ne les comblent pas assez pour leur faire oublier les journées grisâtres et pleurnicheuses qui s'ajoutent les unes aux autres, dans le froid et l'absence de lumière. « Ici, à trois heures et demie de l'après-midi, en hiver, il fait nuit », se plaignait-elle, selon Jeannot Werth.

Ils renaissent à Valence. Il y a le ciel, le soleil, la mer, et tous ces petits rêves confortables dont on n'attend pas grand-chose.

Didier, qui va de blessure en blessure, manque tout le début de saison. Quand il est enfin rétabli en janvier 2001, l'équipe s'est bien rodée sans lui, obtient de bons résultats. Et tout le monde sait que l'on ne retouche pas une équipe qui tourne bien. Sauf impératif, blessure, suspension, méforme.

Il va avoir 33 ans en octobre, il s'assoit de plus en plus souvent sur le banc des remplaçants de sa nouvelle équipe. Dans ces moments, il ne regrette pas la décision de quitter l'équipe de France. Qu'en serait-il aujourd'hui ? Ce serait une Berezina personnelle. On l'aurait éjecté.

Au moins, sa retraite internationale lui permet de profiter un peu plus de son petit garçon qui vient d'avoir cinq ans. En grandissant, Dylan a pris l'habitude de… ne pas trop aimer le football, coupable, il le comprend désormais, de le priver de son papa assez régulièrement.

En mai, il est encore remplaçant, le soir où Valence dispute et perd sa première finale de Ligue des champions.

Quelques mois plus tôt, il était très loin d'envisager ce que serait son après-carrière. Il se donnait alors trois ans avant de raccrocher. Ensuite... Il avait tout le temps d'y penser. Le projet le plus important à court terme, ce serait de commenter la Coupe du monde 2002 pour TF1.

Petite voix isolée mais tellement intuitive, Claude Deschamps annonçait la couleur avant tout le monde : « Un jour ou l'autre, il aura besoin de retrouver ces joies intenses – les grandes déceptions aussi –, et seul le métier d'entraîneur pourra les lui procurer[46]. »

Bien vu.

En juin 2001, il annonce la fin de sa carrière. Son corps, perclus de douleurs, ne peut plus suivre ses envies. Il va sur ses 33 ans. À ceux qui ironisent sur les malheurs de ce « vieux » corps trop longtemps soumis à des efforts démesurés et des traumatismes intenses, nous pouvons rappeler que Michel Platini, qui n'était certes pas un cheval de labour, a dû arrêter sa carrière (l'équipe de France et la Juventus de Turin, en même temps) parce que son corps le lâchait. Et qu'il ne pouvait plus supporter la répétition des efforts et l'accumulation des blessures.

En quelques semaines, Deschamps bénéficie – comme d'autres internationaux ou ex-internationaux – d'une formation accélérée au métier d'entraîneur, qui devrait lui permettre de passer ses diplômes rapidement.

46 Dominique Rouch, *Didier Deschamps, vainqueur dans l'âme*, Éditions no 1, 2001.

Ça y est, il a changé de vie, déjà. Bientôt, il sera dans la place de sa nouvelle existence. Avec, pour l'accompagner, les mots profonds et presque religieux d'Aimé Jacquet :

« Devenir un entraîneur, c'est avant tout pour lui un devoir à accomplir. Il a trop donné, il a trop reçu, maintenant, il faut qu'il redonne. C'est l'accomplissement de sa vie[47]. »

47 *Idem.*

Chapitre 19

Une saison en enfer

(2001-2002)

À Monaco, on ne donne pas toujours dans l'élégance princière. Et rarement dans la gratitude.

Souvenir sans doute des temps anciens, quand une poignée de pirates mal dégrossis s'emparaient d'un rocher pour s'en déclarer les princes, ce qui n'est pas allé sans quelques assassinats, massacres et autres vicissitudes, le complot et la manigance animent toujours les rues de ce village aussi policé qu'une dictature sud-américaine, le luxe en plus. Le soleil brille, la mer scintille, le luxe s'étale jusque sur les trottoirs mais les banques veillent, porteuses de lourds secrets, les affaires se font en silence, la paranoïa est partout.

Bien sûr, le football n'échappe pas à la règle. Transferts incompréhensibles, opacité du fonctionnement, évictions brutales de loyaux serviteurs, on a l'habitude de dire qu'ici le football, c'est-à-dire l'Association sportive de Monaco, est le fait du prince.

Il est amusant de noter que là où existe un seul patron, le prince, beaucoup de dirigeants se disputent à mort l'impression d'exister.

Il y a quelques années, Arsène Wenger, l'entraîneur idéal qui avait emmené l'AS Monaco (ASM) jusqu'au titre de champion de France, a été débarqué comme un laquais quelques années après. Pour quelle raison ? Il y a toujours une bonne raison, sous le soleil de la principauté, de renier celui qui vous a beaucoup donné.

Impassible, le bel Arsène a pris ses cliques et ses claques, ses indemnités aussi, et s'en est allé faire un petit tour en Asie[48], avant de poser ses valises à Londres pour prendre la direction de l'équipe d'Arsenal, en 1996. Aux dernières nouvelles, il y est toujours, manager sacro-saint d'un club dont il a fait un grand d'Europe, usant de cet avantage qui lui avait été refusé à Monaco : le temps. Le temps de travailler. Le temps de construire. Le temps d'imprimer pour plusieurs générations de joueurs une philosophie du jeu.

Ici, dans cette principauté où l'argent est roi – ce qui est tout sauf un paradoxe –, on veut bien considérer que le temps, c'est de l'argent, mais on ne poussera jamais l'audace jusqu'à estimer que l'argent peut donner du temps.

Et comme on ne change pas une méthode qui fracasse, à la fin de la saison 2000-2001, l'ASM a décidé de se séparer brutalement de son jeune entraîneur, Claude Puel, lequel avait remporté le titre de champion de France et la Coupe de la Ligue… l'année précédente. Décidément !

Claude Puel paie son échec en finale de la Coupe de la Ligue en mai 2001 et une saison très décevante. Surtout, Monaco doit, depuis quelques saisons, faire face à une période de disette qui a profondément miné et déstructuré l'équipe. Depuis le départ de Wenger, les dissensions n'ont pas cessé, les joueurs ont été déstabilisés, le staff ballotté et beaucoup de cadres ont quitté le navire. Le travail de Puel, son enthousiasme et sa rigueur ont pu faire illusion quelque temps. Ça

48 Il a été entraîneur pendant deux ans du club de Nagoya, au Japon.

ne pouvait pas durer. Au premier cahot, l'édifice branlant a commencé de se lézarder, les doutes ont repris le pouvoir.

L'absurde décision de virer alors l'entraîneur qui avait ramené le club au sommet du football français douze mois plus tôt est un chef-d'œuvre de bêtise. Même à Monaco, le non-sens devrait avoir ses limites.

Les fossoyeurs de Puel ont choisi, pour lui succéder, Didier Deschamps, un grand joueur, pourvu d'un sens tactique étonnant. Avec cette petite réserve qu'il était encore footballeur professionnel un mois plus tôt et que, jusqu'à preuve du contraire, le métier d'entraîneur (si, si, c'est un vrai métier, qui s'apprend), il ne connaît pas.

Il a 32 ans, le plus grand palmarès du football français, une insolente réussite en tant que joueur, de quoi nourrir tous les espoirs de ses nouveaux dirigeants quant à son futur d'entraîneur. Ce qui en dit long sur leur ignorance approfondie du football en général, et de l'importance du travail en particulier.

Le jeune technicien va devoir se faire la main avec un club qui est au plus mal, sportivement et financièrement.

Le 28 juillet, depuis le stade Louis-II de Monaco, Luis Fernandez apporte son soutien au nouveau coach : « Il faut lui laisser le temps, être patient. Il connaît parfaitement le jeu, son expérience et son vécu doivent lui permettre de réussir. »

Dès son arrivée, Deschamps s'attelle donc à la tâche de reconstruire cette équipe, où évoluent Simone, Nonda, Abidal, Giuly, Gallardo, Bernardi, Roma et bientôt Rothen, ce qui en fait, sur le papier, la plus belle équipe française. Et de cimenter le staff qui l'entoure. Tandis que des joueurs de qualité venus du *calcio*, comme Panucci, Bierhoff ou Jugovic ont déjà rejoint l'équipe, Deschamps recrute également des préparateurs physiques transalpins, avec à leur tête Antonio Pintus.

C'est une première erreur. Ces spécialistes appréciés ont des méthodes musclées et exigent des joueurs un travail auquel le football français n'est pas habitué. Le résultat, c'est que l'équipe se trouvera – déjà – épuisée au moment où commence le championnat.

Deschamps va se heurter très vite à deux fortes têtes, les Italiens Marco Simone et Christian Panucci, qui lézardent son autorité, contestent sa personnalité et ses méthodes de travail. Comme l'équipe compte beaucoup de jeunes de talent – Givet, Squilacci, Evra – et que les mentalités sont en train de changer, les rebelles peuvent dispenser la « bonne parole » en étant sûrs d'être entendus. Le respect pour les anciens, même quand ils sont des icônes, n'est déjà plus à la mode dans le football français. Il se rêvait grand frère, du haut de ses 33 ans, il se retrouve face aux regards indifférents de types boudeurs qui font la sourde oreille à tout ce qu'il tente de leur inculquer.

« J'ai découvert sans y être préparé l'étendue de la tâche d'un coach, les paramètres extra-sportifs, le poids des erreurs. »

Le constat est lucide. Sans doute a-t-il été, à un moment donné, désespéré. Car tout s'enchaîne, et mal. Antonio Pintus et sa bande sont rejetés par le groupe, qui reproche à Deschamps de les avoir fait venir. Le président, Campora, ne cache pas son soutien à Marco Simone – son chouchou – et Christian Panucci, les deux contestataires. Pire, les résultats qui pourraient sauver l'ambiance autour de l'entraîneur sont désastreux.

« Ce qui est certain, c'est que Didier a très mal abordé son nouveau métier, raconte Jeannot Werth[49]. Il était très heureux d'aller à Monaco. Une première expérience qui s'annonçait magnifique, un très beau contrat, un club de renom, une

49 Entretien avec l'auteur.

région que sa petite famille a tout de suite aimée. Son enthousiasme n'avait pas de limites. "Avec ce club tu vas gagner la Ligue des champions comme entraîneur, lui disais-je en août 2001, on va faire des choses formidables." »

Mais ça, c'était avant.

Quelques jours après, la saison 2001-2002 commence et Monaco s'incline à domicile devant Sochaux. « Je n'étais pas là, et pas plus pour les autres matchs. Cinq rencontres et seulement deux petits points pris sur quinze possibles... C'était un désastre. En septembre, je me déplace à Monaco. Ils remportent leur première victoire contre Troyes et le soir, je dîne avec Didier. Sincèrement, il avait pris dix ans ! »

Il lui semble que tout lui tombe sur la tête. Les résultats, les dirigeants, les joueurs, même les supporters. Accueilli en sauveur trois mois plus tôt, il sera vite traité en calamité. Quelques mois et quelques résultats plus tard, des banderoles apparaissent qui réclament sa démission.

Abasourdi et ulcéré à la fois, le jeune entraîneur décide de retrouver les accents du capitaine glorieux qu'il fut : pas de quartier. À l'époque, on lui avait si souvent reproché – de chuchotis en confidences – d'avoir saqué la carrière internationale de stars comme Cantona et Ginola, et d'autres. D'anciens coéquipiers en club, et pas seulement Jean-Jacques Eydelie, lui vouent une rancune tenace. Tous ne l'avouent pas avec la franchise glacée d'un Franck Sauzée.

Au début du mois de juin, je contactais l'ancien milieu de terrain de l'OM champion d'Europe, aujourd'hui consultant sur Canal Plus. Grand, costaud, doté d'une voix timide qui ne correspond en rien à son physique, Sauzée est à la fois compétent et très gentil, deux qualités qui vont rarement de pair avec son nouveau métier.

Hélas, notre conversation n'allait pas excéder les deux minutes, présentation comprise :

« J'aimerais vous rencontrer pour parler de Didier Deschamps, dans le cadre de mon livre.

– Ça ne m'intéresse pas.

– Qu'est-ce qui ne vous intéresse pas ? De parler de Deschamps ?

– C'est exactement ça. »

Puis, après un petit rire :

« Vous voyez, ça a le mérite d'être franc ! »

En effet. Et d'éclairer un peu plus la face cachée d'un Didier Deschamps capable sans doute, dans sa quête frénétique de succès, de tout faire pour que soient écartés les gêneurs, ou considérés comme tels.

Il n'y a aucun sentiment là-dedans, juste le sentiment qu'il faut agir ainsi, pour avancer. En plein désarroi à ses débuts monégasques, il retrouve – pour se sauver en sauvant le club qui va à la dérive – son instinct de tueur. Dès lors, Simone et Panucci sont condamnés à plus ou moins long terme. Ce dernier est expédié en prêt à la Roma, tandis que Simone est mis à l'écart, recalé sur le banc puis sorti du groupe, avant d'être plus ou moins réintégré. L'Italien ne comprend pas ce qu'il lui arrive alors qu'il a toujours eu la confiance de son président, auquel il donnait conseil à l'occasion.

« Il m'a demandé ce que je pensais de Deschamps comme entraîneur avant de le faire signer. J'ai pensé qu'un joueur important comme l'avait été Deschamps pouvait être la bonne solution pour le groupe. »

Celui-ci, qui se prend à regretter d'avoir confirmé Simone comme capitaine, à son arrivée, trouve une manière incontournable pour lui ôter le brassard en ne le titularisant quasiment plus.

Simone est un dur, à sa façon. Il se sait sur un siège éjectable mais tient le coup, jusqu'à un match de championnat au Havre, le 4 novembre 2002.

Ce soir-là, le gardien Flavio Roma est expulsé. Pour le remplacer par un autre gardien, l'entraîneur doit sortir un joueur de champ. Il désigne alors Marco Simone, l'avant-centre. Rien de très anormal. À l'extérieur, et réduite à dix, une équipe souffre moins d'être privée d'un attaquant que d'un joueur défensif.

Ce n'est pas le point de vue de Simone, qui, le lundi matin, arrive très remonté à l'entraînement : « Ne me sers plus jamais la main, tu n'es pas un homme, tu es une m… » crache-t-il au visage de son entraîneur.

Impassible, celui-ci fait remonter l'information à la direction du club. Cette fois, le président, Campora, ne peut plus rien pour son chouchou : en deux temps, trois mouvements, Marco Simone retourne d'où il vient, au Milan AC.

Simone, toujours fou de rage dans son exil milanais, continuera d'éructer sur les méthodes de Deschamps – « Je n'étais pas en désaccord avec ses choix mais avec sa façon de faire » –, l'important, c'est que tout le monde a compris à Monaco qui est désormais le patron.

Cette première saison au sein du club monégasque n'en est pas moins déplorable. Avec, pour seules excuses, les nombreuses blessures dont celle, très longue, de l'Argentin Gallardo, les remous qui agitent le club côté finances, et l'ambiance de jalousie qui encercle Deschamps. Monaco termine douzième du championnat après avoir flirté avec la relégation pendant une bonne partie de la saison.

Jeannot Werth peut se dire alors que le plus dur est passé. Son client a fait son apprentissage et découvert les mille et une petites perversités qui peuvent pourrir la vie d'un entraîneur de club. Comme il apprend vite de ses erreurs et des fautes commises à son égard, il est désormais vacciné.

Tout va pour le mieux, donc, sous le soleil de juin, tandis que se prépare la Coupe du monde 2002. Si ce n'est qu'un coup de téléphone va déchirer la belle sérénité d'un printemps prometteur : « Didier m'annonçait qu'il avait décidé de démissionner de son poste d'entraîneur. »

Chapitre 20

Le rocher des amertumes

Le lendemain, il annonce à Campora qu'il démissionne, et, surprise, celui-ci accepte…

« Didier en était tout chamboulé, continue Jeannot Werth. Il n'avait sans doute pas prévu que ça se passerait comme ça. Le lendemain, Jean-Louis Campora m'appelle et me demande de venir à Monaco pour que l'on règle les modalités de départ de mon client. Là-dessus, Didier m'appelle à son tour pour me dire que, tout bien réfléchi, il a décidé de rester ! "On va changer de stratégie, après tout j'ai un contrat, ce n'est pas à moi de le rompre."

« Je suis donc allé à Monaco pour rencontrer le président et essayer de mettre en place une nouvelle forme de collaboration entre le club et Deschamps, qui voulait un peu plus de responsabilités. Campora a bien senti qu'il fallait un peu de patience avant de juger son jeune entraîneur. »

Cela ne l'avait pas empêché d'annoncer déjà dans la presse qu'il était démissionnaire. Surtout, s'il donne un peu plus de responsabilités à Deschamps, il le fait « seconder » par deux figures historiques du club, Jean-Luc Ettori et Jean Petit. Plus question de se recroqueviller sur lui-même.

Effectivement, c'est de patience qu'il fallait s'armer et ce qu'il était présomptueux de promettre en un an, Deschamps va tout simplement le faire en deux. En 2002-2003, après un départ hésitant, les Monégasques finissent deuxième du championnat et s'offrent la Coupe de la Ligue au Stade de France, devant 80 000 spectateurs. Shabani Nonda termine meilleur buteur du championnat, Jérôme Rothen meilleur passeur, et de nombreux jeunes tels que Givet, Squillaci et Evra sont envisagés comme le possible futur de l'équipe de France.

Voilà trois ans que l'AS Monaco n'avait plus remporté de compétition, surtout sa deuxième place la propulse en Ligue des champions.

Deschamps a enfin mis sa patte sur l'équipe, très aidé par Jeannot Werth, qui s'investit dans le club au point de négliger son activité d'agent.

Le 30 juin 2003, Jean-Louis Campora quitte la présidence du club, remplacé pour un an par Pierre Svara, qui est aussi membre du conseil d'administration depuis 2003. Les problèmes financiers qui minent le club ont eu raison du président historique. Avec cette passation de pouvoir, l'Association sportive de Monaco Football Club entre dans une nouvelle ère… et une belle pagaille[50].

Sur le terrain, en ce début de saison 2003-2004, l'équipe atteint son meilleur niveau. Les hommes de Deschamps occupent la première place du championnat et se qualifient, non sans efforts, pour les huitièmes de finale de la Ligue des champions, renversant sur leur passage des adversaires de taille tels que AEK Athènes, PSV Eindhoven et Deportivo La Corogne. Ce n'est que le début de leurs exploits européens, qu'ils vont finir par payer en championnat. Après avoir été premiers pendant les trois quarts de la compétition ils finissent, épuisés, à la troisième place.

50 Un an après, Pastor, un des actionnaires puissants de l'ASM, remplace Svara, puis demande à Brianti de le suppléer, car il est très « fatigué »… Ce qui n'est pas du goût des deux autres actionnaires.

En Ligue des champions ils deviennent les héros d'une véritable épopée, livrant des matchs incroyables, multipliant les exploits en éliminant des géants tels que le Real Madrid ou encore Chelsea, pour atteindre la finale.

Le soir du 26 mai 2004, pour une fois à bout d'arguments, ils s'inclinent devant un FC Porto intraitable.

Après avoir réalisé ce que l'on ne croyait plus possible pour un club français, ils ont le droit à la fierté. Leur entraîneur, loué de toutes parts, ne retient que l'amertume de la défaite. Toujours sa haine de l'échec :

« Leur expérience a fait la différence. Avec la blessure de Giuly, tous nos plans d'attaque sont devenus plus compliqués. Et comme il y a eu plusieurs épisodes défavorables, notamment trois ou quatre hors-jeu sifflés injustement contre nous, ce match provoque en moi une énorme déception. Cela restera quand même comme une très bonne saison. C'est quand même dur de finir ainsi, sans le moindre titre. Mais ce n'est quand même pas la fin du monde. On n'a pas à rougir de notre parcours. »

Le conseil d'administration du club tombe alors d'accord pour lui proposer une prolongation de contrat allant de un à trois ans. Le président, Pierre Svara, affirme même à l'AFP :

« Il a été content de cette proposition, et dit qu'il se trouvait bien à Monaco. On est donc en négociation. Aujourd'hui, il y a 95 % de chances qu'il reste au moins jusqu'à la fin de la saison prochaine et beaucoup de chances qu'il prolonge son contrat. »

Jeannot Werth ne comprend pas pourquoi Deschamps se prête à cette histoire de prolongation de contrat alors qu'il n'a plus qu'un an à effectuer. On ne lui a pas doublé son salaire, loin de là, et il aurait été utile qu'il soit libre, un an plus tard, pour que son agent puisse lui négocier un nouveau contrat, très avantageux. « Avec la réputation d'entraîneur qu'il s'était construite en Europe, il pouvait envisager d'aller un peu partout. Au lieu de ça, il en a repris pour deux ans de plus. Sans raison. »

Quelques mois plus tard, les Monégasques, rapidement éliminés en Ligue des champions, largués en championnat, ne sont plus que l'ombre de l'équipe triomphante de la saison passée.

Le club est en proie à des dissensions qui virent au déchirement, les difficultés financières s'accumulent, les dirigeants tapent les uns sur les autres, les meilleurs joueurs sont vendus pour remplir les caisses, ce qui est insupportable pour un entraîneur toujours à la recherche du mieux. Soutenu par les joueurs, Deschamps entre en conflit avec le président, Pastor, coupable d'un recrutement médiocre.

Un an après avoir signé une prolongation de contrat, il choisit d'aller au clash. Le 12 septembre, dans une conférence de presse qu'il a lui-même convoquée, le coach déclare que « Monaco n'est pas un grand club ».

Une sortie qui, si elle passe mal auprès des supporters rouge et blanc, est surtout comprise comme une déclaration de guerre à ses dirigeants. Il est certain que le point de non-retour a été atteint.

Encore quelques jours et Deschamps remet officiellement sa démission à Pastor. Celui-ci, comme Campora en son temps, l'accepte. Cette fois, l'entraîneur ne la reprendra pas.

Pour la première fois de sa vie, Didier Deschamps se retrouve sans projet. Quelque peu écorné par ses joutes monégasques – celles de la coulisse – il prend le temps de se recomposer. Ce dont il souffre le plus, c'est sans doute d'avoir vu se dégrader son image de vainqueur lumineux.

Plus grave, il est accusé d'avoir fait exploser l'AS Monaco, laquelle a consommé trois présidents en trois ans et s'est retrouvée en état de guerre interne permanente jusqu'à son départ.

Bien sûr, ce serait très abusif de lui faire porter la responsabilité de tout. Il n'est pas coupable des dérives financières de l'ASM, et pas plus de sa politique incohérente. Mais son souci obsessionnel de tout contrôler, sa manière de monter parfois les uns contre les autres, de se retirer dans sa tour de verre, seulement entouré de ses fidèles, ont fait des dégâts.

Quand il est parti, le cœur en fuite, il a abandonné pas mal de débris derrière lui. Il a aussi oublié sa promesse à Jean Petit de l'emmener avec lui quand il quitterait le club.

Il est vrai que, pour l'heure, il ne va nulle part, si ce n'est dans sa maison de Cap-d'Ail où il retrouve à plein-temps sa femme et son fils. C'est bien, mais il ne faudrait pas que cela dure trop.

Pendant quelques mois, il va meubler ses heures en collaborant à Canal Plus et RMC, comme consultant. Une expérience comme une autre, qui permet de garder le contact avec le football. C'est tout. Ce n'est ni son métier ni sa vie. Insensiblement, le temps s'enfuit et il commence à compter les jours, comme pour se persuader qu'ils ont compté.

« Au printemps 2006, raconte Jeannot Werth, nous avons rencontré Pape Diouf et Robert Louis-Dreyfus à Paris [51]. Ce rendez-vous avec le président et l'actionnaire de l'OM s'est bien passé. Même s'il n'en est pas sorti grand-chose. RLD ne sentait pas, dans le discours de Didier, qu'il portait un projet intéressant pour l'OM. Je crois surtout que ni l'un ni l'autre ne le croyaient très désireux de les rejoindre. Quand Didier a évoqué sa volonté de continuer à travailler avec son staff italien – Pintus, notamment – Pape Diouf lui a clairement dit "non". Rien ne s'est fait avec Marseille parce que les deux

51 Voir chapitre 29, « Deschamps version Pape Diouf ».

parties n'étaient pas convaincues de leur désir de travailler ensemble. »

C'est alors que Didier va retomber dans les bras d'une Vieille Dame qu'il avait passionnément aimée. Même si leur histoire avait connu beaucoup de tourments sur la fin, il s'était persuadé de la retrouver un jour.

En ce début d'été 2006, on la savait malheureuse, en disgrâce et rejetée par ses anciens admirateurs. C'était plus qu'il n'en fallait pour le voir accourir à sa rescousse.

Chapitre 21

Au risque de se perdre

(2006-2007)

« Se tromper de chemin
nous vaut des années de malheur. »
Francis Scott Fitzgerald

Turin. 2006. Dans quelques semaines, l'équipe d'Italie deviendra championne du monde pour la quatrième fois, en battant la France aux tirs au but, en finale. Mais ça, les Italiens ne l'imaginent pas une seconde. Les Français ne se voyaient pas non plus en finale. Les deux nations ne semblaient pas au mieux, au début de la compétition.

Avant le triomphe inattendu, le football italien a hélas replongé dans ses travers récurrents et s'est vautré dans la boue du scandale. Comme en 1982. Comme en 1998. Si l'on avait le cœur à ironiser, on dirait que les années de Coupe du monde commencent mal pour l'Italie. Ce qui, bon an, mal an, ne l'a pas empêchée de gagner deux coupes du monde (1982-2006) tandis que résonnait encore le vacarme entourant le scandale. *In Italia, é cosi.*

Ça se passe au début d'un joli mois de mai, et c'est un cataclysme. Les douze membres du conseil d'administration de la Juventus viennent de démissionner en chœur après la retranscription dans la presse italienne d'écoutes téléphoniques.

Ces écoutes, ordonnées deux ans plus tôt par la justice, mettent en évidence une indéniable complicité entre le directeur général de la Juventus, Luciano Moggi, et un responsable de la Fédération italienne de football chargé de désigner les arbitres.

Si le parquet de Turin avait décidé, en 2005, de classer l'affaire, estimant que les écoutes ne fournissaient pas assez de matière concrète pour conclure de façon irréfutable à une tentative de corruption ou d'achat de match, la furie médiatique et l'indignation de l'opinion publique ont forcé les tribunaux sportifs à se saisir du dossier.

En Italie, on en avait un peu assez de la protection immanente dont semblait bénéficier la Vieille Dame depuis des années. Les arbitres, les pontes de la fédération, les instances et autres commissions d'enquête faisaient systématiquement preuve d'une indulgence remarquable dès qu'il s'agissait de la Juventus. Perdre un match sur une erreur d'arbitrage, ça arrive. En gagner dix sur des erreurs énormes, ça ne peut pas arriver… sauf à la Juve.

Depuis longtemps, on était passé de l'ère du soupçon à celle des accusations. La télé repassait régulièrement des compilations d'images significatives parce que tellement douteuses, les spécialistes disséquaient, expliquaient, concluaient. Jusque-là, en vain. Même le parquet (de Turin !) avait estimé ne pas pouvoir poursuivre son action. Trop peu d'éléments ! La Juventus était en train de passer entre les mailles, très détendues, du filet. Une fois de plus.

Sauf que la justice sportive, qui n'avait sans doute pas d'autre solution au regard des récriminations venues de toutes parts, a enfin décidé de s'en mêler. Et de frapper un coup terrible avec la publication de ces écoutes.

Alors, plus personne ne pourra arrêter le scandale et la chute aux Enfers de la Vieille Dame, désormais indigne.

Le 10 juillet 2006, Deschamps devient officiellement et pour deux ans le nouvel entraîneur de la Juventus. Sept ans après avoir rendu son maillot *bianconero*, il se sent prêt à voler à son secours.

Il y va sans calcul, sans assurer ses arrières. S'il estime qu'en agissant ainsi il s'acquitte d'une dette envers le club qui lui a beaucoup donné, il ne sera pas payé de reconnaissance – c'est le moins que l'on puisse dire – un an plus tard.

Il retrouve en effet son club comme il l'avait quitté sept ans plus tôt : embourbé dans un scandale qui remet en cause la légitimité des titres obtenus, et sérieusement ciblé par les magistrats.

Le bilan est lourd pour les *bianconeri*. Quelques années plus tôt, dans le cadre de l'affaire de dopage, le club avait pu profiter d'un vide juridique pour passer entre les mailles du filet. Pas cette fois.

Plusieurs autres clubs sont impliqués dans cette affaire de matchs truqués, la Lazio de Rome, la Fiorentina, le Milan AC, la Reggina, qui seront eux aussi punis. Mais ces sanctions sont sans commune mesure avec celles infligées à la Juve.

Le 14 juillet 2006, soit quatre jours après l'arrivée de Deschamps, le tribunal sportif rend son verdict : une relégation en série B, 30 points de pénalité pour commencer la nouvelle saison, et le retrait des deux derniers *scudetti* (2004-2005, 2005-2006).

Tous les clubs font appel et obtiennent une diminution de leur peine. La Juve n'écope plus « que » de 17 points de pénalité.

Puis en octobre 2006 et à la stupeur générale, la cour arbitrale du Comité olympique italien décide de réduire à nouveau les sanctions sportives infligées aux différents clubs. La

Juventus n'a plus que 9 points de pénalité mais reste reléguée en série B.

Deschamps récupère la direction d'une équipe déchue, déshonorée et dépossédée de plusieurs cadres, parmi lesquels Zambrotta, Thuram, Cannavaro, Ibrahimovic et Vieira. La moitié de l'équipe.

À la décharge des partants, il faut dire que tous n'ont pas pris la décision le cœur léger. Les dirigeants ont souhaité ces départs parce qu'ils savaient ne plus pouvoir assurer leur salaire. La Juve, évoluant au moins un an en série B, privée de Coupe d'Europe pendant au moins deux saisons, verrait ses recettes réduites à peu de chose. Au moins, vendre une partie de ses stars permettrait des rentrées d'argent.

D'autant que Gianluigi Buffon, Alessandro Del Piero ou encore David Trezeguet et Pavel Nedved restaient au chevet de la Vieille Dame, ce qui était rassurant d'un point de vue sportif, pas financier.

Dès son arrivée, Deschamps, qui ne se préoccupe pas beaucoup de son salaire, s'emploie à envisager l'avenir.

Il aurait sans doute dû exiger de ses dirigeants de prévoir un rendez-vous un an plus tard, pour que son contrat soit révisé et son salaire largement augmenté, en cas de remontée immédiate en série A. Son agent négocie une belle prime en cas de remontée directe en série A, et voilà.

Plutôt que de discuter pour avoir un salaire conforme à son statut et au standing du club, il préfère s'occuper de bâtir une équipe performante pour la saison qui vient, et convaincre les dirigeants qu'ils ne doivent pas poursuivre la grande lessive. Pari gagné : à partir du moment où il prend ses fonctions, plus aucun joueur ne part.

Ce n'est pas par pur altruisme qu'il a négligé son propre cas. Sa nature l'a conduit à construire en priorité une bonne équipe qui lui permettra d'obtenir des succès, de renforcer sa réputation naissante de jeune entraîneur brillant. Il n'a que 38 ans et ne croit pas qu'on réussit à gagner des titres en cherchant à gagner de l'argent. Or, ce qu'il veut, c'est se créer un palmarès, réussir à tout gagner, comme lorsqu'il était joueur. L'argent viendra bien assez tôt.

C'est une philosophie, sans doute. Ce n'est en rien une stratégie.

De plus, il fait confiance à Jean-Claude Blanc, le Français qui administre la Juventus et prend de plus en plus de pouvoir.

Il se dit que le nouvel homme fort du club a un salaire plus élevé que celui de l'entraîneur. Ça ne choque pas l'entraîneur… à moins qu'il n'y croie pas. Ici, il semble que tout le monde a compris qu'il serait venu à genoux à la Juventus, et que l'on en a bien profité.

Un an plus tard, il constatera que la vie ne vous rend pas toujours vos sourires. Et que l'audace n'est pas toujours récompensée.

Car, cette fois, le pari est risqué. S'il échoue, que sa Juve reste une deuxième saison de suite en série B, il sait ce qui l'attend : le licenciement et la perte de confiance de tout le milieu du football. Il ne sera désormais plus, aux yeux des plus grands dirigeants de clubs européens, que l'entraîneur qui a échoué avec une équipe largement au-dessus du lot. Fin de la belle histoire, née à Monaco trois ans plus tôt.

Donc, le risque est là, dévorant et envoûtant. À lui de faire avec.

Il lui faut déjà panser les plaies, fédérer ses joueurs, les remotiver autour de la Juve (immortelle, comme de bien entendu), dont il convient de laver à grandes eaux l'honneur et les armoiries.

Tout de suite, il utilise son charisme de leader naturel, cette formidable aptitude à mener les hommes, dont il faisait déjà preuve en tant que joueur et capitaine et qui a continué à le servir en tant qu'entraîneur à Monaco.

D'ailleurs, à la Juventus comme à Monaco, Deschamps se retrouve dans la délicate situation du jeune entraîneur dont une partie des joueurs sont aussi d'anciens coéquipiers. Une difficulté de plus à gérer.

Dans les colonnes de *L'Équipe*, en mars 2013, il revient sur ses débuts à Monaco et en Italie :

« Devenir l'entraîneur d'anciens partenaires, c'est compliqué. Tu es dans la confidence, la plaisanterie, et d'un coup, tu deviens le décideur. J'ai été confronté à cette difficulté à Monaco puis à la Juventus de Turin. C'est l'intelligence des deux côtés qui fait la différence. À la Juve, mes anciens coéquipiers m'appelaient "Mister" devant le groupe et me tutoyaient quand on se retrouvait en tête à tête. Si tu joues aux cartes avec les joueurs, tu n'es plus manager, il faut l'accepter. L'autorité que tu incarnes, tu la perds sur le moment. Tu es à leur niveau. C'est délicat. »

Délicate sera également cette saison, avec pour seul objectif la remontée en série A. Une année de purgatoire difficile pour la Juventus, habituée aux grandes rencontres, aux grands stades pleins à craquer, et aux équipes prestigieuses. Elle est désormais livrée aux appétits d'adversaires certes d'un niveau inférieur, mais transcendés par la fierté d'affronter l'ogre et l'envie de faire un bon résultat. Et ils y mettent les moyens. Physiques, cela va de soi. La Vieille Dame se fait bousculer, agresser, violenter parfois.

Chaque match est une véritable bataille. Deschamps doit façonner un mental d'acier à cette équipe tout juste reconstituée. Les joueurs doivent résister à tout et oublier parfois qu'ils sont d'abord des footballeurs pour s'affirmer comme des combattants.

À la fin de la saison, le 19 mai 2007, après un dernier match remporté 5-1sur le terrain de l'Arezzo, Deschamps a gagné son pari : la Juve est assurée de remonter en série A.

Les tifosi, tout à leur joie, se projettent déjà sur la prochaine saison, celle du retour et de la revanche, avec une seule idée en tête : remporter très vite le titre de champion d'Italie.

Les malheureux ne savent pas ce qui se trame en coulisse depuis plusieurs semaines. Les couteaux sont sortis et il va y avoir du sang sur les murs.

CHAPITRE 22

(Jean-Claude) Blanc, le petit rapporteur

> « L'âme de certaines personnes
> m'empêchera toujours de croire
> définitivement en Dieu. »
> Léo Ferré

Au mois d'avril 2013, j'avais appelé Jean-Claude Blanc, directeur général du Paris Saint-Germain, pour lui proposer de le rencontrer à Paris. Ayant eu Didier Deschamps sous sa coupe à la Juventus de Turin, dont il a été le directeur général puis le président, il semblait bien placé pour donner son point de vue.

D'autant qu'ils étaient plusieurs à me presser de voir Jean-Claude Blanc : « Il en a des choses à raconter sur Deschamps à la Juve ! »

Après avoir posément attendu que le PSG ait joué ses deux matchs de Ligue des champions contre Barcelone, j'ai appelé Blanc quelques jours après l'élimination, espérant qu'il serait désormais moins débordé.

Jean-Claude Blanc m'a d'abord longuement interrogé sur mon travail, son avancement, les personnes déjà rencontrées. Rien de plus normal : il voulait savoir à qui il avait affaire, s'il ne serait pas le seul à me parler, sait-on jamais. C'est en tout cas ce que je me suis dit. J'ai indiqué où j'en étais dans mon enquête, qui j'avais vu, qui je n'avais pas encore vu.

Pour répondre à une de ses questions, je lui ai précisé que je comptais appeler Didier Deschamps, mais une fois que j'aurais largement avancé dans mon travail. Pas avant. Si le sélectionneur de l'équipe de France acceptait de me recevoir, j'aurais quelques questions de mise au point, voire d'éclaircissement, à lui poser. Je n'arriverais pas avec l'intention de lui faire raconter sa vie pendant quelques dizaines d'heures. Il m'aurait semblé irrespectueux de lui demander de me mâcher le travail alors que, après tout, je ne lui avais pas demandé son avis avant de commencer à travailler sur ce livre. Je voulais rester libre de dresser un portrait à travers mon prisme et ne pas être mis sous contrôle, même sympathique. En revanche, tous ceux qui m'auraient parlé pourraient relire leurs propres témoignages.

J'ai donc tout raconté à Jean-Claude Blanc, qui semblait avoir tout son temps pour m'écouter. Il m'a même félicité d'avoir déjà rencontré tant de monde... Ç'allait être son tour de se livrer...

Avec toujours autant de calme et de pondération dans la voix, il m'a alors dit qu'il ne lui serait pas possible de répondre à mes questions. Par manque de temps. Il avait beaucoup de travail.

Il avait donc pris beaucoup de temps à m'écouter, si bien qu'il ne lui en restait plus pour me parler.

Avec quelque naïveté, je le concède, je n'ai pas soulevé le plus petit étonnement sur cette étrange façon d'évaluer le temps. J'ai même osé dire que, peut-être, il n'était pas dans une bonne situation pour évoquer ses souvenirs de rapports tourmentés avec Deschamps. Le directeur du plus grand club de France lançant quelques piques au sélectionneur national, ça pouvait faire désordre. Immédiatement, tel un chevalier Blanc, il a regimbé : « Rien ne m'empêche de parler, aucune situation malaisée, c'est juste que j'ai trop de travail. »

J'allais donc découvrir, quelques mois plus tard, qu'il y a chez certains êtres humains autant de hantise à passer pour un dégonflé que d'indifférence à s'afficher comme un faux-jeton de haute volée. Mais nous n'en étions pas encore là.

Sur l'instant, je me suis plutôt dit que le procédé était assez grossier, et un peu mufle. Si l'on ne veut pas parler à quelqu'un qui mène une enquête, on le lui dit tout de suite, et il n'y a pas de souci. Si on ne le lui dit qu'après l'avoir bien passé à la question, c'est de la goujaterie. Au moins.

Ma naïveté finit par témoigner de son inélégance, me suis-je dit, et puis c'est tout. Je n'y pensai plus.

Quelques mois plus tard, fin juillet, je parlais à Didier Deschamps[52], comme espéré. Au cours de la conversation, j'appris que Jean-Claude Blanc, l'homme qui n'avait pas le temps, avait eu le temps de téléphoner, aussitôt raccroché avec moi, à Didier Deschamps, pour lui rapporter (c'est le mot) l'intégralité de notre conversation. Sans omettre la liste, à cette date, de mes intervenants.

Il se trouve que n'ayant jamais rien eu à cacher, au cours de cette enquête, et, contrairement à Jean-Claude Blanc, n'ayant pas goût à jouer les agents troubles, j'ai toujours avancé franchement, disant ce qu'était mon entreprise, dans quel état d'esprit je la menais. J'aurais simplement préféré qu'il n'y ait pas d'intermédiaire entre Didier Deschamps et moi. Et surtout pas un vilain petit rapporteur.

52 Voir chapitre 39, « Dans la tête de Didier Deschamps ».

CHAPITRE 23
Mauvaise passe
(2007)

« L'espoir, cette lente agonie. »
Michel Déon

Les dirigeants ont bien tenté de le cacher. Le secret n'a pas été gardé très longtemps : Deschamps, l'entraîneur comblé par cette remontée nette et sans bavures, ne serait pas si heureux à Turin, au point qu'il songe à partir.

Longtemps ce ne fut qu'une rumeur, comme celle qui concerne le transfert de Gianluigi Buffon. Une rumeur ridicule. Deschamps a un contrat de deux ans à honorer, il est dans les meilleures conditions pour obtenir une révision de son salaire et même, s'il le souhaite, une prolongation de son contrat. Pourquoi voudrait-il s'en aller ?

Tout le monde dément, et quand tout le monde dément, c'est mauvais signe. Peu à peu, les langues se délient. Déjà, il apparaît que le recrutement souhaité par l'entraîneur paraît ambitieux à ses dirigeants. Il va falloir assumer une nouvelle saison sans Coupe d'Europe, donc attention aux dépenses trop importantes. Deschamps, lui, ne se voit pas végéter en milieu de tableau de la série A avec un effectif qui manque de carrure. Il veut jouer les premiers rôles tout de suite, en tout cas livrer la bataille pour la qualification en Ligue des champions. Et pour cela, il faut se renforcer. D'ailleurs, ironise-t-il, à quoi bon se lamenter sur la perte des recettes générées par la Ligue des champions si nous ne nous donnons pas les moyens de la retrouver le plus tôt possible !

Comme souvent avec Deschamps, l'argument est incontestable, et frappé au coin du bon sens. Il porte en partie, mais très vite, les uns et les autres devront reconnaître que le problème ne tient pas au recrutement.

On sent l'entraîneur mal à l'aise, pas très heureux alors que tout lui sourit, certains le jugent même déprimé. D'autres affirment qu'il était à peu près dans le même état lors de sa dernière année à Monaco... Ça promet.

À l'origine du malaise, les relations très tendues que le Français entretiendrait avec le directeur sportif, Alessio Secco[53].

Entre les deux hommes, des divergences concernant la stratégie à adopter en matière de transferts, des désaccords qui sont de notoriété publique et qui ont fini par nourrir la rumeur. Le malaise et l'incertitude quant à la présence de l'entraîneur pour la saison prochaine gagnent peu à peu les tifosi qui lui sont infiniment reconnaissants, et n'hésitent plus à critiquer l'équipe dirigeante, notamment Alessio Secco.

Le 9 mai, Jean-Claude Blanc, directeur général du club et soucieux de faire taire les rumeurs, se fend auprès de l'AFP d'un communiqué qui se veut rassurant :

« Du fait de ses grandes qualités humaines et professionnelles, de ses qualités de formateur, de sa jeunesse, c'était un choix délibéré de s'engager sur la durée avec lui. Il faudra résister aux mauvaises passes, mais la stabilité est le meilleur garant de la régularité et de la progression. »

53 On notera qu'à Marseille, trois ans après, ce sera avec un autre directeur sportif, José Anigo. Et pour des raisons à peu près similaires.

En cette fin de saison sous haute tension, il devient évident que les jours à venir vont être décisifs. La presse italienne spécule : Secco, qui militerait activement pour un retour de Marcello Lippi à la place du Français, est-il à l'origine du malaise ? Ou s'agit-il d'une stratégie de Deschamps consistant à mettre la pression sur les dirigeants, à imposer sa vision en matière de transferts et à s'assurer d'obtenir une équipe très compétitive ?

En l'absence d'une prise de position du principal intéressé, il est de plus en plus ardu de savoir à quoi s'en tenir.

On a surtout la sensation que chacun fourbit ses armes.

C'est le clan Deschamps qui, à la surprise générale, tire le premier. Et d'une manière très inattendue.

Le 15 mai 2007, son agent, Jeannot Werth, publie dans les colonnes de *France Football* un long article pour évoquer clairement la position de son client et ses désirs pour l'avenir.

Du jamais-vu.

Le contenu est aussi détonant que la forme. Jeannot Werth semble accréditer la rumeur de malaise et laisse planer le spectre d'un départ de l'entraîneur français :

« Il y a un manque de reconnaissance de son travail. On ne sent pas une confiance totale. Quel avenir le club envisage-t-il avec lui ? Quel est le projet économique et sportif ? Nous n'avons pas de réponses à ces questions. Si la Juventus souhaite continuer avec Didier Deschamps, cela doit passer par un renforcement de son statut, à la fois sur le plan contractuel et sur la définition de son champ d'intervention. »

Les mots sont choisis mais le message semble clair : en dépit des succès qu'il rencontre avec les *bianconeri*, le Français ne serait pas totalement épanoui au sein du club, pas reconnu à sa juste valeur. Et si ça ne change pas, la Juventus devra se passer de ses services.

De plus en plus est évoquée la piste lyonnaise. L'OL, multiple champion de France, cherche à remplacer son entraîneur et songe très sérieusement à Deschamps. Une rencontre avec Jean-Michel Aulas aurait déjà eu lieu.

C'est un atout de plus dans la manche du Français, qui, par ailleurs, n'a pas manqué de propositions depuis son départ de Monaco. On se sent plus fort pour négocier lorsque l'on est désiré ailleurs.

L'Équipe, de son côté, pointe les désaccords en matière de recrutement comme étant le principal point de rupture entre les dirigeants turinois et Deschamps. Et précise que la plus grande part du malaise est due aux relations exécrables avec le directeur sportif, Secco. Pas seulement pour ce qui concerne le recrutement.

Secco argumente et nie toute dissension avec l'entraîneur : « Lorsque j'entends parler de divergences de vue entre Deschamps et moi, cela me fait rigoler. C'est moi qui ai conduit les négociations pour amener Deschamps à la Juventus. »

C'est possible, comme il est possible qu'en un an les relations entre deux hommes changent.

Du côté de la direction, on cherche à calmer les choses, sans toutefois démentir de façon catégorique qu'il y a problème. Désormais, le malaise Deschamps s'étend à tout le club. Les rumeurs succèdent aux rumeurs et il devient difficile d'éteindre les divers départs de feu.

Entre autres, persiste l'idée que Secco travaille à faire revenir à la Juve Marcello Lippi, ancien entraîneur emblématique du club, devenu entre-temps sélectionneur champion du monde avec l'Italie, qui souhaiterait redevenir entraîneur.

Pourrait-il remplacer Deschamps ?

L'idée paraît suffisamment sulfureuse pour que Jean-Claude Blanc, l'administrateur omniprésent, mué en pompier de luxe, vienne une fois de plus tenter d'éteindre le début d'incendie en s'exprimant dans les colonnes de *L'Équipe* :

« Je certifie que Marcello Lippi ne reviendra pas à la Juve, ni comme entraîneur, ni comme directeur technique [...]. Je peux vous affirmer, vous assurer, avec sérénité, tranquillité, que Didier Deschamps sera encore l'entraîneur de la Juventus la saison prochaine [ ]. Notre objectif, c'est de revenir au sommet de l'Europe. Avec Didier aux commandes de l'équipe. »

Il ajoute, comme un rappel à l'ordre destiné cette fois à son compatriote : « Didier a un contrat jusqu'en 2008. Le respect d'un contrat vaut tout autant pour un entraîneur que pour un joueur. »

Le problème avec Jean-Claude Blanc, c'est qu'il y a ce qu'il dit et ce qu'il fait. Ou laisse faire. Entre ses superbes déclarations très autoritaires et ses actes, suffisamment flous pour laisser planer le doute, personne ne s'y retrouve.

Toujours est-il que chaque déclaration pèse désormais trois tonnes et permet d'éclairer un peu mieux l'intrigue en train de se nouer. Ainsi que la manière dont s'organise la distribution des rôles.

Deschamps est dans sa partie. Celle qu'on le verra jouer plus tard à l'OM : le talentueux entraîneur capable de fédérer une équipe autour de sa personne, moissonnant les succès sur le terrain, mais empreint d'une profonde défiance à l'égard des cols blancs, ces dirigeants qui ne le reconnaissent pas à sa juste valeur.

À cet instant de l'histoire, il se confirme qu'il est décidément un homme de conflits. À tort ou à raison. Pas forcément qu'il les provoque... En tout cas, il ne les évite pas. Jamais.

Alessio Secco est le personnage antagoniste. L'adversaire, au sens biblique du terme, c'est-à-dire le diable. En d'autres temps, José Anigo reprendra le rôle. Jean-Claude Blanc – comme le fera Vincent Labrune à Marseille – arbitre les passes d'armes. Avec la même inconsistance.

Un absent de marque fait même un retour occulte. Luca Moggi, le dirigeant par lequel le scandale est arrivé. L'homme qui achetait des arbitres et des matchs, auquel la Juventus doit sa descente aux Enfers. Il a été interdit d'exercer et n'est plus censé avoir le moindre contact avec son ancien club. Ça ne l'empêche pas d'interférer en secret, et d'apporter ses bons conseils. En témoigne une conversation téléphonique avec Alessio Secco dont la presse italienne fait ses choux gras. Autoritaire, il invite Secco à tenir un discours plus favorable à Deschamps pour que l'entraîneur ne laisse pas tomber le club[54].

Ce qui va justement dans le sens de ce que veut Jean-Claude Blanc, lequel a rendu son arbitrage que – pour un temps – Deschamps ne conteste pas.

« J'ai un contrat avec la Juve jusqu'en 2008. Les contrats sont faits pour être respectés. Je respecte énormément la Juve. On verra. Ce que je peux dire, c'est que ma famille se plaît à Turin, que je n'ai pas eu de contact avec l'Olympique lyonnais. Je souhaite entraîner la Juve en série A, mais avec un groupe très compétitif. »

Il désavoue ainsi son agent et les déclarations qu'il a pu faire, sans que quiconque imagine un instant que Jeannot

---

54 Conversation du 10 avril 2007 :
Moggi : Tu m'entends ? Tu dois faire quelque chose maintenant.
Secco : Oui, quoi ?
Moggi : Tu dois dire que toutes les critiques lancées envers Deschamps sont absurdes. Nous sommes premiers au classement et avons eu beaucoup de blessés.
Secco : Entendu.
Moggi : L'entraîneur fait de bonnes choses, il reste avec nous. Il a pratiquement la confiance de tous les joueurs. Toute cette histoire est fausse, tu le sais.
Secco : Oui.
Moggi : Tu ajoutes qu'ils veulent juste nous créer des problèmes.
Secco : D'accord.
Moggi : Tu le fais, car c'est le plus important, entendu ?
Secco : Oui, oui, j'ai compris.

Werth ait décidé tout seul, sans en référer à son client, d'écrire un article qui engageait inexorablement son avenir.

Nous verrons plus loin que la vérité de toute cette opération est encore plus tordue qu'on pouvait l'imaginer [55].

En tout cas, les mots ne signifiant plus grand-chose, qu'ils soient prononcés par les uns ou les autres, ce galimatias permet à chacun de rester sur ses positions, sans que l'on sache ce qu'est vraiment la position de chacun. Bref, on n'y comprend plus rien et, comme souvent, ça permet de calmer le jeu.

La trêve ne durera qu'une dizaine de jours. Le 25 mai, la chaîne de télé italienne Sky Tg24, annonce, sans citer ses sources, le départ de Didier Deschamps qui aurait « démissionné après une réunion houleuse avec les dirigeants ».

Le lendemain, *La Stampa*, le quotidien du groupe Fiat qui est, comme la Juve, une propriété de la famille Agnelli, relaie l'information et indique que l'entraîneur français aurait choisi de partir, du fait de ses mauvaises relations avec le directeur sportif du club, Alessio Secco.

Cette fois, les choses sont claires, pense-t-on. Il n'y a plus beaucoup de mystère…

On se trompe, car, immédiatement, le club dément l'information par le biais d'un communiqué publié sur son site officiel :

« La Juventus n'a reçu aucune communication d'une démission de la part de Didier Deschamps, indique le club. L'entraîneur sera donc, comme prévu, sur le banc lors du match de ce jour, contre Mantoue. L'administrateur délégué Jean-Claude Blanc poursuivra les discussions déjà commencées au cours de la semaine pour clarifier rapidement la situation avec l'intéressé. »

55 Voir chapitre 27, « Deschamps version Jeannot Werth ».

Vrai ou pas, le départ éventuel de Deschamps relance l'hypothèse de son arrivée à l'Olympique lyonnais. Une hypothèse renforcée par le fait que la veille le club français, sextuple champion de France, a officiellement annoncé le départ de son entraîneur, Gérard Houllier.

Peu importent les communiqués et autres déclarations : les journalistes et le public ayant compris que, dans ce jeu de rôle, les mots n'ont aucun sens, font comme s'ils n'avaient rien entendu.

On spécule donc sur l'avenir de Deschamps à Lyon et aussi sur sa succession à Turin. À nouveau, et en dépit des précédentes déclarations de Jean-Claude Blanc (encore des mots, toujours des mots, rien que des mots...), le nom de Marcello Lippi circule sur toutes les lippes transalpines.

Ce même jour, les *bianconeri* affrontent donc Mantoue pour le titre de série B, un match qu'ils remportent 2-0.

Deschamps a pris place sur son banc d'entraîneur pour assister à la rencontre. Fidèle à ce qu'avait annoncé Jean-Claude Blanc. Mais, fait étrange, pour la première fois de la saison il ne s'exprime pas à la conférence d'après-match et ne répond pas non plus à la chaîne qui diffuse la série B.

Ensuite, les choses s'accélèrent puisque, par l'intermédiaire de Giovanni Cobolli Gigli, la direction du club fait savoir à l'agence Ansa qu'elle ne retiendra pas Deschamps :

« S'il veut s'en aller, nous ne le bloquerons pas. Il n'y avait aucun signe. [...] Franchement, nous ne pensions pas qu'il donnerait sa démission. Dans le cas de Deschamps, je ne crois pas avoir commis de fautes. S'il devait s'en aller, ce serait une déception. Mais nous chercherons la meilleure solution afin que la Juventus soit forte et compétitive. »

Chronique d'un départ pas franchement annoncé, mais bien réel, ce même soir, la direction du club diffuse un communiqué qui officialise l'événement :

« L'entraîneur et le club, constatant que les conditions ne sont plus réunies pour des rapports procurant une satisfaction réciproque, ont donc décidé de séparer leurs routes de manière amicale. »

Ah, l'amitié ! Quoi de plus beau, de plus fort ?

Cette fois, le divorce, en toute amitié, est consommé entre le Français et la Vieille Dame.

Didier Deschamps a 38 ans, c'est un jeune et talentueux entraîneur et il est à nouveau disponible. Une bonne nouvelle pour ces clubs comme l'Olympique lyonnais qui lorgnent sur les services du technicien.

Le lendemain, sur les ondes de RMC, il revient sur les raisons de cette rupture :

« Un entraîneur s'adapte ou ne s'adapte pas. Je ne voulais pas décider de tout, mais j'ai rencontré des difficultés cette saison, et je voulais savoir comment ça allait s'organiser la saison prochaine. À partir de là, un entraîneur a besoin de travailler dans un climat de sérénité. Ayant analysé la situation, j'ai pris ma décision. Et d'ajouter : D'un côté comme de l'autre, il n'était plus possible de travailler ensemble. »

Deschamps ne cite pas de nom, mais on aura compris que ce dernier commentaire évoque les rapports houleux qu'il entretenait avec Alessio Secco.

Au moment de son départ Deschamps semble habité par la certitude que son avenir turinois est bouché. Quelques années après, au cours d'une interview accordée à la chaîne anglaise Sky Sports, en novembre 2012, le tout nouveau sélectionneur de l'équipe de France revient, un brin nostalgique, sur cette période :

« Ça reste une saison incroyable. Quand la Juve fait appel à moi, l'été précédent, je ne sais pas même pas dans quelle division et avec quels joueurs je vais repartir [ ]. Heureusement, nous avons réussi à garder quelques grands joueurs, comme

Buffon, Del Piero, Nedved et David Trezeguet, et j'avais une équipe pour remonter tout de suite [ ]. C'était pour moi l'occasion de redonner à la Juve tout ce qu'elle m'avait offert, et un vrai motif de fierté. Je sais que les supporters me seront à jamais reconnaissants pour cette saison-là. Dommage, alors, que je fasse ma plus grosse connerie en décidant de partir Mais ça, je ne l'ai su qu'après. »

Arrivé sur un coup de cœur à l'été 2006, il en repartait sur un coup de tête un an plus tard. Pour quelle raison ? Les coups de tête ont ceci de commun avec les coups de cœur qu'ils ne s'expliquent pas toujours et que pour la plupart ils échappent à la raison.

CHAPITRE 24

La solitude est un cercueil de verre

(2007-2008)

« C'est extrêmement pénible de se sentir
à la fois vivant et seul. »
Peter Handke

Lorsqu'il quitte la Juve, le 26 mai 2007, Didier Deschamps est enfin libre, à moins qu'il ne soit déjà seul. C'est selon.

La raison voudrait qu'il prenne une année sabbatique, histoire de se reposer et de recharger ses accus, et non qu'il cherche à retrouver tout de suite un club. La suite montrera qu'après son épuisante saison à la Juve il a peut-être la volonté de retrouver un club mais n'a pas, à ce moment, la capacité physiologique, psychique et émotionnelle pour se lancer dans un nouveau défi.

Il ne doit pas, il ne peut pas, mais voilà, Deschamps n'aime pas rester sur un échec. Rien que le mot résonne dans sa tête comme une insulte.

La fin de son histoire avec la Juve est un échec d'autant plus marquant que ses dirigeants ont habilement forcé sa décision en lui manquant de respect, juge-t-il.

Certes, c'est lui qui est parti, sans un sou d'indemnités, alors qu'il lui restait un an de contrat. Mais il n'imaginait pas d'autre solution.

On lui devait au moins de la reconnaissance, et il n'en a pas vu poindre. C'est toujours chez lui la même somme d'émotions diverses et convergentes qui tendent à la même conclusion : on m'a manqué. On ne m'a pas offert ce à quoi j'avais droit. Et le pire, c'est que lorsque j'ai mis mon départ dans la balance, personne ne m'a retenu ! Manque de respect. Ingratitude.

Plus qu'une plainte en bonne et due forme, c'est un constat. Amer.

C'est ce qui explique sans doute que, plus qu'à se reposer, il pense, semble-t-il, à reprendre un club très vite. Quand on tombe de cheval… C'est ce que tout le monde doit croire, lui le premier.

D'ailleurs, s'il n'y avait pas pensé, d'autres l'auraient fait pour lui.

Quelques semaines avant que son divorce avec la Vieille Dame soit officiellement annoncé, les rumeurs de son départ s'accompagnent déjà de pronostics quant à la suite de sa carrière. On le voit notamment comme le successeur idéal de Gérard Houllier à l'Olympique lyonnais, lequel vient de remporter son sixième titre de champion de France consécutif. De quoi attirer un jeune entraîneur ambitieux.

Libéré de ses engagements à Turin, Deschamps, contre toute attente, n'est pas choisi par Jean-Michel Aulas, qui installe pour deux saisons Alain Perrin aux commandes de son équipe.

Pourquoi avoir laissé passer cette occasion ? Comment Aulas a-t-il pu changer d'avis ?

Les commentaires vont bon train mais le choix reste hermétique, c'est ce qui arrive lorsque les commentateurs manquent d'informations. Pour tout le monde, à l'époque, c'est Aulas qui a renoncé à Deschamps. Le contraire n'est même pas envisagé.

Et d'avancer l'hypothèse que le jeune entraîneur s'est grillé en quelques années. Malgré ses bons résultats, il a commencé de se faire une (mauvaise) réputation dans le milieu.

À Turin, comme à Monaco, les choses se sont mal terminées, et comment ne pas remarquer que sa manière de partir brutalement en cours de contrat indique, au mieux, une forme d'instabilité.

Selon Jeannot Werth, son incontournable agent depuis 1989, si Deschamps n'est pas allé alors à l'OL, c'est de son fait[56] : « Avec le départ de Gérard Houllier, Jean-Michel Aulas était coincé. Il lui fallait trouver un très bon entraîneur, digne de son club qui venait de remporter son sixième titre consécutif de champion de France. Didier Deschamps, libre de tout contrat, était bien sûr un choix idéal[57]. » La vérité, c'est que cette place dont il laissera entendre un an plus tard qu'elle est la sienne… il n'en veut pas vraiment. Après cette année éprouvante à la Juve, il est dans le même état qu'après ses trois ans et demi à Monaco. Carbonisé.

Comme après Monaco et comme ce sera le cas après Marseille, il a pris sur la fin, au moment où ça se passait mal, une dizaine de kilos, qu'il va perdre, chaque fois, dans une cure coûteuse mais efficace en Italie.

Puis il revient aminci, apparemment en pleine forme et prêt pour de nouvelles aventures.

---

56 Entretien avec l'auteur.

57 Jeannot Werth : « Le même Aulas avait déjà tenté d'enrôler Didier en juin 2005, alors qu'il était en fin de contrat avec Monaco. Il m'avait approché et j'avais soumis l'idée d'une rencontre à mon client. Réponse : "Je suis bien à Monaco, qu'est-ce que j'irais faire à Lyon ?" En septembre de la même année, il décidait de quitter la principauté, brutalement, et il enchaînait avec un break de dix mois, le premier de sa carrière d'entraîneur… » (entretien avec l'auteur).

Au désespoir de son agent, il refuse pourtant tout ce qui se présente. « Nous avions des propositions de partout, Bordeaux, Saint-Étienne, Lens, Lyon… rien que pour la France. Il y avait aussi l'Allemagne, l'Angleterre avec Manchester City… À chaque fois, il trouvait un prétexte pour refuser. Il ne voulait pas aller à Manchester parce qu'il n'y avait pas d'école française pour son fils, en Allemagne parce qu'il refusait d'apprendre une nouvelle langue, quant aux clubs français… il a fini par accepter de rencontrer Gervais Martel, le président de Lens, sans conviction, parce que j'avais insisté, mais il ne s'y voyait pas, et pas plus à Saint-Étienne. Je crois qu'il ne se voyait nulle part ailleurs que dans sa maison de Cap-d'Ail. Sans doute pour des raisons familiales. »

Là-bas, sur la Côte d'Azur, la vie est si douce et la mer si belle. Le président de l'Olympique lyonnais et son glorieux palmarès n'ont donc pas eu plus de succès.

« C'était très dur pour moi, enchaîne Jeannot Werth. Comment travailler avec un client qui, lui, n'a pas envie de travailler ? On prend des contacts, on voit les gens, on étudie leurs demandes, les avantages et les inconvénients et puis, au dernier moment, rien ne se fait. Votre client n'a pas envie[58]… »

Cette trouble période marque une manière d'éloignement, décidé – inconsciemment ? – par Didier Deschamps. Pas à l'égard d'une personne ou d'un club. Il semble s'éloigner de tout le monde, et même de son milieu naturel.

Insensiblement, il se coupe de tous. Déjà, il a marqué les esprits en filant de la Juventus un peu comme il l'avait fait à Monaco. En alimentant des polémiques, un climat de tension, et en laissant chaque fois son club en crise morale, entre tiraillements et rancœurs.

58 Entretien avec l'auteur.

Dans sa maison de Cap-d'Ail, entouré de sa femme et de son fils, il laisse couler les jours, comme en proie à une douce léthargie.

Il lit, un peu, surtout des journaux. *L'Équipe*, bien sûr, mais la politique l'intéresse et il est à l'écoute de tout ce qui se passe.

Jeannot Werth, son agent, domicilié en Suisse, le voit rarement mais c'est sûr que Didier n'est pas demandeur...

À cette époque, il n'est demandeur de rien. Sa solitude, c'est surtout cela : la liberté de n'avoir plus rien à partager.

Avec qui parle-t-il ? Sa femme ? son fils ? On a du mal à croire qu'avec eux il évoque régulièrement son avenir dans le football, sa stratégie – s'il en a une – pour revenir.

Jean-Pierre Bernès, son ami depuis longtemps, aujourd'hui agent de joueurs et d'entraîneurs, n'est jamais très loin, et pas seulement parce qu'il vit près de Marseille, à deux heures de Cap-d'Ail. Ils ne se sont jamais quittés, restent proches en tout, ça, on le découvrira plus tard.

Avec Perrin aux commandes, l'OL va paradoxalement réaliser le seul doublé coupe-championnat de son histoire et vivre l'une des saisons les plus chaotiques depuis la création du club. Pour des raisons inhérentes au fonctionnement de l'entraîneur, et à son comportement jugé inapproprié, Alain Perrin, qui vient pourtant d'apporter à l'OL son septième titre de champion de France, est licencié à la fin de la saison.

En douze mois, Didier Deschamps n'a pas beaucoup évolué pour ce qui concerne ses contacts avec des clubs. Il a passé des accords avec RMC et Canal Plus pour devenir consultant, mais ça ne fait pas une fin. Surtout dans son cas.

Quand il sent que l'aventure Perrin à Lyon est en train de s'achever, il force quelque peu sa nature pour faire, très finement, des appels du pied à Aulas.

Début mars 2008, sur les ondes de RMC et alors qu'on le questionne sur l'éventualité d'un départ de l'actuel entraîneur lyonnais, qui laisserait ainsi une place vacante, Deschamps commente :

« Qui ne serait pas intéressé ? J'ai eu quelques contacts lorsque j'ai démissionné de la Juventus, mais ça ne s'est pas fait en raison d'un problème de timing. Moi, je ne suis pas entraîneur pour entraîner, mais pour gagner. Il y a donc forcément plus de chances de jouer la gagne avec Lyon. »

Une déclaration très astucieuse qui, tout en donnant un peu plus de lumière au rendez-vous manqué de la saison dernière, laisse entendre que Perrin n'aurait été qu'un choix par défaut. Ce qu'il veut faire passer comme message, c'est qu'il a refusé Lyon – pour une question de mauvais timing (?) – et n'aura donc pas de mal à récupérer cette année une place qui lui revient de droit.

Mais Deschamps n'ira jamais entraîner l'OL. En tout cas jusqu'à une prochaine fois.

Il semble que Jean-Michel Aulas, deux fois éconduit, ait décidé de ne pas remettre ça. Il n'y aura pas de troisième avance. Ni de rencontre.

Les Lyonnais remportent le championnat en mai 2008 et Perrin est licencié le mois suivant, puis remplacé par Claude Puel.

À cette période, on parle également de l'intérêt que les Blues de Chelsea porteraient au technicien français. Mais la piste ne se concrétise pas et Deschamps doit bien se rendre à l'évidence, ses diverses volte-face et autres ruptures de contrat, son manque d'engouement ont fini par inquiéter le monde du football. Il apparaît talentueux, certes, volontaire et gagneur mais peut-on compter sur lui à long terme ? En un mot, est-il fiable ?

Globalement, la réponse doit être « non » puisque Deschamps, l'entraîneur qui montait irrésistiblement il y a encore un an, est confirmé... dans ses fonctions de consultant pour Canal Plus et de coanimateur radio avec Luis Fernandez dans l'émission « Luis attaque », sur RMC. Pour ce qui est de son vrai métier, il est au chômage technique.

Quelque peu abasourdi et déprimé par cette situation qui se prolonge au-delà de ce qu'il envisageait, il découvre à quel point l'absence peut bouffer le présent.

Après une année d'inactivité – bien assez pour recharger les batteries – il sait qu'il ne peut pas se permettre de prolonger cette situation déstabilisante.

Sait-il, aussi, qu'il en a découragé plus d'un avec ses atermoiements, ses ruptures de contrat, ses départs précipités, ses récriminations récurrentes, son incapacité à travailler autrement qu'en cellule hermétique, entouré de happy few ?

Ce qui ne semblait pas irréversible à l'été 2007 paraît le condamner à l'été 2008 dans l'esprit des décideurs.

Plus que jamais la solitude est un cercueil de verre[59].

Il lui faut désormais attendre une sorte de catastrophe semblable à celle qui avait frappé la Juventus deux ans plus tôt pour espérer retrouver un poste digne de lui.

On ne peut pas dire que ce genre d'espérance soit très glorieux et indique une ambition démesurée. Mais il n'en est plus là...

De toute façon, côté clubs, c'est le calme plat. Et on sait que sa cote est à la baisse.

Dans l'été, il n'y aura rien, il lui faudra alors attendre l'automne, ou le début de l'hiver, quand les clubs qui ont le plus mal démarré commencent à licencier leurs entraîneurs.

---

59 *La solitude est un cercueil de verre* est le titre d'un roman de Ray Bradbury publié en France en 1969 (éditions Albin Michel).

Bien sûr, ce sont rarement les plus grosses cylindrées qui cherchent des solutions de secours, mais sait-on jamais…

Plongé dans son malaise, il veut espérer qu'un recours se présente au dernier moment.

En fait de recours, c'est un petit miracle qui va se produire

Chapitre 25

Le gardien des ruines

(Juin 2008)

« L'homme des cavernes
plus quelques névroses. »
Félicien Marceau

Ce n'est peut-être pas un miracle, en tout cas ça pourrait être la chance de Didier Deschamps, entraîneur de 40 ans (il les aura en octobre), aussi désœuvré qu'un marchand de parasols en Écosse. Depuis quelques mois l'équipe de France, dirigée (si l'on ose dire) par Raymond Domenech, va mal, très mal.

Sortis piteusement au premier tour de l'Euro 2008[60], les Français ont été très médiocres sur le terrain, donnant l'image d'une équipe peu soudée, mal organisée, avec des joueurs finissants et des jeunes sans enthousiasme. Le seul Ribéry a échappé aux critiques, survolant ses partenaires, mais il a été gravement blessé dès le deuxième match. Le désastre pouvait commencer.

Plus grave, l'attitude des joueurs. Minés par un ego surdimensionné, divisés en bandes, dans la plus pure tradition des voyous, méprisant leur public, les supporters et les

60 Match nul avec la Roumanie, défaites face à l'Italie et la Hollande.

journalistes, ils sont visiblement peu conscients du privilège de pouvoir endosser le maillot tricolore. L'humilité n'est pas leur fort. C'est même leur talon d'Achille. Vaniteux comme ça ne s'invente pas, ils n'ont pas compris qu'il leur faudra du temps pour devenir peut-être, un jour, ce qu'ils croient être déjà. À l'image d'un Nasri ou d'un Benzema, ils promènent des sourires moqueurs et des regards frondeurs sur tout et tous. Lâchent à tout bout de champ le mot « respect » comme s'il était devenu leur mot culte mais ne semblent pas en connaître la signification. S'il est vrai que la bonne éducation est l'image reflétée de l'âme, ceux-là sont des âmes grises.

Nasri vient s'asseoir ostensiblement dans le bus (déjà une histoire de bus) à la place occupée depuis des années par Thierry Henry, les Blacks sont hostiles aux Beurs, qui frondent les Gaulois... Pour ceux qui n'ont pas la « chance » de vivre au quotidien les délices de la cohabitation dans les banlieues parisiennes, marseillaises ou autres, cette équipe de France, qui n'est pas une équipe et représente si mal la France, en donne un saisissant aperçu.

C'est la génération 1987 dans toute sa splendide misère. Et, attendez, vous n'avez pas tout vu, Jérémy Ménez, qui est de la même année, manque encore à l'appel. Il a le regard de féroce bovidé qu'arbore, les soirs d'overdose, le gracieux Samy Naceri. À part que lui n'a pas besoin de boire, ni de se shooter, il est comme ça au naturel. Ménez va arriver et vous allez en entendre parler !

Cette joyeuse bande – quelques anciens ne sont pas si mal non plus – fait horriblement penser au jugement de Félicien Marceau sur la particularité du héros simenonien – on y revient – : « L'homme des cavernes, plus quelques névroses. »

Son sélectionneur, Raymond Domenech, est tenu pour principal responsable du chaos qui règne alors en équipe nationale.

Mauvaise sélection, mauvaises associations sur le terrain, décisions maladroites, choix peu stratégiques dans la composition de l'équipe. Ça, c'est pour le côté technique et sportif, et c'est déjà beaucoup. Car il y a bien longtemps que l'équipe de France joue mal, ce n'est pas arrivé du jour au lendemain, en plein Euro.

En fait, si l'on excepte le mondial 2006, où les Français, dopés par le retour de Zidane, Thuram et Makelele, atteignirent la finale, l'équipe de France de Domenech n'avait jamais fait d'étincelles. C'est un euphémisme.

En 2004, l'éternel sélectionneur des espoirs succède à Jacques Santini, démissionnaire. L'équipe de France a échoué en quarts de finale de l'Euro, battue par le futur vainqueur, la Grèce.

D'entrée, le nouveau sélectionneur se charge de mettre l'ambiance, énonçant ce qu'il croit être un audacieux défi : avec lui, la politique de l'équipe de France ne se fera pas à Madrid, Londres ou Turin.

Certes, les propos sont quelque peu abscons, comme il se doit avec Domenech, mais les suiveurs avisés ont vite fait de décrypter le message. À savoir qu'il n'ira pas demander leur avis aux joueurs français évoluant à l'étranger et, en tout état de cause, il compte supprimer leur influence.

Se sentant sans doute visés – on se demande bien pourquoi –, Zidane, Makelele et Thuram annoncent bientôt leur retraite internationale. Ils se consacreront désormais à leurs clubs respectifs, qui ont sans doute beaucoup plus besoin d'eux.

La France se lamente, les sportifs se désolent et les amoureux de l'équipe de France sont effondrés : on vient de détruire les Bleus en les amputant de trois joueurs magiques et indiscutables titulaires. Dont le joyau Zidane, le meilleur joueur du monde.

Personne ne s'élève contre les trois retraités et ne fustige leur décision. Tout le monde a compris qu'il y a un seul coupable dans ce drame national, Domenech. Non seulement il ne les a pas retenus mais il les a poussés à partir.

Comme entrée en matière, on peut dire que le nouveau sélectionneur a fait fort. En fait, en jouant les fiers-à-bras et les grandes gueules réunies, il a donné un premier aperçu de son talent de comique involontaire. Envoyer Zidane à la casse, il fallait le faire !

Sûr de lui, ironisant sur tout, il entreprend son travail d'embrouilleur professionnel qui répond aux questions par d'autres questions, ou inflige des réponses pleines de vide, accompagnées toujours de ce petit sourire en forme de rictus (à moins que ce ne soit le contraire) de celui qui se croit tellement plus intelligent que ses interlocuteurs. Le personnage est détestable dans son arrogance et son mépris envers les autres, notamment les journalistes sportifs[61], il ne reste plus qu'à l'attendre sur le terrain du jeu et des résultats.

Là aussi, nous ne sommes pas déçus. Inconsistante, sans plan de jeu et sans âme, l'équipe se traîne dans les matchs de qualification au mondial dans un groupe pourtant on ne peut plus abordable. Elle fonce droit dans le mur et son sélectionneur n'a pas la moindre idée pour éviter le choc. Si, après tout, il en a une (allez donc savoir si elle lui a été soufflée ou imposée), faire revenir les trois exilés. Avec l'aide de Dieu, qui serait venu parler à Zidane, une nuit, la visite que Domenech s'offre à Madrid comme on va en pénitence (décidément il n'a peur de rien) porte ses fruits. Royal, Zizou absout le pécheur, appelle Thuram et Makelele à la rescousse pour aller sauver la patrie, ce qui est réussi au-delà des espérances les plus folles.

61 Dont on se demande encore pourquoi en six ans ils n'ont jamais quitté ensemble une conférence de Domenech, ce qui aurait mis fin à ces numéros de cirque.

En juillet 2006, Zidane s'en va définitivement sur un dernier coup de boule, moins heureux que ses deux coups de tête de la finale 1998 contre le Brésil. Makelele le suit, mais Thuram, qui a pris goût au revenez-y, en reprend pour deux ans. Mauvaise idée.

Dépouillée du charme zidanien, l'équipe de France façon Domenech repart dans sa tristesse, ses errances. Après des matchs de qualification poussifs, l'Euro 2008 vire à la catastrophe.

Pire, en dehors du terrain, Domenech a continué à mener sa stratégie de communication chaotique, méprisant les journalistes et indirectement le public. Plus ça va mal, plus le sélectionneur fait savoir, dès qu'il en a l'occasion, qu'il n'a de comptes à rendre à personne. En cela, il cherche visiblement à imprimer son propre style. On aurait tellement aimé qu'en quatre ans il travaille plutôt à imprimer un style à son équipe.

Ces derniers mois, chacune de ses sorties a fait un tollé, les couacs ont été légion et Domenech est unanimement contesté dans ses fonctions d'entraîneur, par les médias et par le grand public. Comme pour clore en beauté ces quatre ans à la tête des Bleus, il réussit, quelques minutes après la triste élimination de la France, à se servir du micro tendu pour demander sa compagne en mariage, en direct à la télévision[62] !

Le comble du loufoque était atteint et même dépassé. Cette fois, le sélectionneur avait fait le tour du vide. De son vide sidéral.

---

62 La compagne de Raymond Domenech, Estelle Denis, animait sur M6 pendant l'Euro une émission quotidienne qui lui permettait de revenir avec ses invités sur les événements du jour. Ce soir-là, l'ambiance était à la catastrophe, et tout le monde était déconfit après l'élimination de la France. C'est au cours de son interview d'après-match par le journaliste de M6 que Domenech s'est adressé directement à Estelle Denis, visiblement surprise et gênée, lui demandant de l'épouser.

On pense alors, dur comme fer, que cette dernière sortie était vraiment la dernière. Terminé, Domenech, il pourra aller se marier tranquille.

Son remplacement est devenu une question d'intérêt public et chacun y va de son pronostic quant au choix d'un successeur capable de rassembler les Bleus et de leur redonner un cœur.

Le nom de Deschamps circule sur toutes les lèvres, au point que Gérard Houllier ou Jean Tigana, d'autres possibles, font figure, face à lui, de poids légers. Peu à peu il s'installe en favori, même si l'on évoque aussi Laurent Blanc ou Arsène Wenger, le manager d'Arsenal.

Laurent Blanc s'était déjà porté candidat pour le poste, en 2004, face à Domenech. Son statut de champion du monde 1998, sa formidable carrière de joueur n'avaient pas suffi à convaincre, car il n'avait jamais entraîné jusque-là.

Depuis 2004, il a fait du chemin et la question de savoir s'il est en mesure ou non de prendre les rênes de l'équipe nationale ne peut plus se poser de la même manière. En effet, il vient de qualifier Bordeaux en Ligue des champions, cela dès sa première année en tant qu'entraîneur. Un véritable tour de force qui augure d'une belle saison à venir et laisse donc penser qu'il sera difficile pour l'ancien libero d'abandonner son équipe en pleine ascension.

Quant à Arsène Wenger, indiscutable vu son expérience, son palmarès et sa philosophie du jeu, il serait l'homme idéal… à condition que le poste l'intéresse. Arsène, qui tâte de temps à autre du commentaire télévisé, ne s'est jamais privé de formuler (à juste titre) quelques acerbes critiques à l'encontre du sélectionneur, ses mauvais choix et surtout ce jeu médiocre et ennuyeux que produisent les Bleus sur le terrain.

En revanche, il ne s'est pas non plus positionné comme prétendant à la fonction. Certes, il gagne 110 000 livres par semaine, à Arsenal, où il construit depuis 1996 quelque chose de grand et solide, mais ce serait quelque peu réducteur de mettre en avant, comme on le fait si souvent, dans ces occasions, l'attrait financier, pour tout expliquer. Au niveau de notoriété et de fortune où se situe Arsène Wenger, ce n'est plus l'argent qui compte mais les meilleures conditions pour exercer son métier. Lequel est avant tout une passion.

À force de parler d'argent, nous finissons par y penser beaucoup plus que ceux qui le reçoivent. Et nous en oublions, paradoxalement, qu'ils en gagnent tellement qu'il ne peut plus être leur priorité.

La passion. C'est ce qui reste quand on se trouve là-haut, sur les cimes de son sport et de son métier. Le reste, on l'a déjà. Mais le feu de la passion, lui, brûle encore. Il reste toujours quelque chose à gagner, en tout cas pas de l'argent, et l'espoir de monter encore plus haut.

Surtout, savoir qu'entraîneur et sélectionneur, ce n'est pas le même métier. Un entraîneur travaille 365 jours par an, dirige 60 ou 70 matchs, se déplace sans cesse dans le cadre de son championnat et de la Coupe d'Europe, gère semaine après semaine les méformes, les blessés, les suspendus, la frustration des remplaçants, reconstruisant une nouvelle équipe semaine après semaine, et doit composer (en dehors de ses patrons, des autres dirigeants, du staff...) avec des joueurs qu'il n'a pas toujours choisis et qui ne sont pas forcément tous les meilleurs à leur poste. C'est stressant, épuisant, mais tellement haletant.

Le sélectionneur doit assurer une douzaine de rencontres par an, des stages d'avant-match, plus longs lorsqu'il s'agit de préparer une phase finale, il va voir de temps en temps un match de championnat pour constater l'état de forme de joueurs sélectionnables... Surtout, il a à choisir parmi les meilleurs joueurs du pays et – cerise sur le gâteau –, quand il ne veut pas sélectionner tel ou tel joueur, il ne le prend pas. C'est aussi simple que cela. Pas de président pour souligner, plus ou moins aimablement, qu'au prix payé pour un joueur, et au vu de son salaire, il est impératif de l'utiliser. En dehors de quelques pics d'intensité, il n'y a pas de quoi se relever la nuit pour recomposer son équipe en toute hâte.

D'un côté une vie aux aguets, sans répit, baignée dans une surtension hallucinante. De l'autre, un job d'âge mûr, rarement aussi bien exercé (sauf exception) que par des vieux de la vieille, revenus de tout. On pense, entre autres, à l'Espagnol Del Bosque, au Français Jacquet, à l'Italien Lippi, tous trois devenus champions du monde avec leur pays après avoir réalisé de belles et parfois très grandes choses en club.

Pour toutes ces raisons, Ferguson ne s'est jamais résolu à quitter son Manchester pour devenir sélectionneur, Mourinho y pensera peut-être dans quinze ou vingt ans, quand il aura tout gagné dix fois en club et fait cent fois le tour du monde, pareil pour Guardiola, Benitez et tant d'autres. Et Arsène Wenger, bien sûr, dopé par sa passion, le stress qu'elle procure, la violence des émotions, la sensation d'écrire l'histoire au jour le jour. Alors, quitter tout cela pour ce qui ressemblerait, comparé à sa vie, à une préretraite, non.

Le champ est donc libre pour Deschamps, qui a, lui aussi, la faveur des journalistes, le respect des supporters et peut en plus compter sur le soutien inconditionnel des anciens de 1998. Il sera vite acquis, pourtant, que ce soutien va devenir son plus gros handicap. Jusqu'à se transformer en poison mortel.

Pendant un temps, Didier Deschamps n'a rien dit. Puis il n'a pas dit grand-chose. Il est adroit, dans ce genre de situation. Ne pas trop en faire, ne pas trop en dire. Il sait que la place de sélectionneur lui tend les bras puisque, bien sûr, Domenech ne restera pas. Il ne peut pas rester. D'ailleurs, si lui-même s'était retrouvé dans une telle posture, il serait parti depuis bien longtemps.

Il ne s'avance pas trop mais laisse passer l'information capitale : si Domenech était démis – et comment imaginer que ce ne soit pas le cas ? –, il ne voit pas qui d'autre que lui pourrait le remplacer.

Tout cela coule de source et l'idée fait son chemin, dans la presse, dans le public, dans le milieu du football. C'était une évidence, ça devient une vérité. Il suffit de ne pas faire d'erreur.

Les jours passent, tout est en place, pourtant rien ne se décide. Domenech est toujours là. À terre, certes. Criblé de balles. Mais vivant. Pire, on nous suggère maintenant que son sort n'est peut-être pas scellé. Des voix s'élèvent même pour rappeler qu'il fut il y a deux ans un brillant finaliste de la Coupe du monde. En oubliant dans quelles conditions, tout à fait indépendantes de sa volonté…

Et puis, il est annoncé que, à la suite de la débâcle de l'Euro, l'avenir de l'actuel sélectionneur doit être sérieusement discuté lors du conseil fédéral prévu le 3 juillet. Le sort de Domenech est désormais entre les mains des dirigeants de la Fédération française de football qui doivent voter pour ou contre son maintien à la tête des Bleus.

Ce sont eux qui décideront si le fossoyeur de l'équipe de France en deviendra le gardien des ruines.

Chapitre 26

La conjuration des imbéciles

« Les gens qui ne veulent rien faire de rien,
n'avancent rien et ne sont bons à rien. »
Beaumarchais

On sait que le résultat de ce vote dépend pour beaucoup de la position prise par Jean-Pierre Escalettes.

Surgi du monde amateur pour diriger le football professionnel en amateur, ce président vieillissant et bouffonnant donnera la pleine mesure de son incompétence deux ans plus tard, en Afrique du Sud. En juillet 2008, il va s'évertuer à en offrir un brillant aperçu.

L'attentisme de la fédération, la simple idée que soit organisé un vote pour décider ou non d'une éviction qui semblait acquise, tout cela inquiète et va pousser Deschamps et son clan à commettre une lourde erreur.

Déjà très excités après la catastrophe de l'Euro, les champions du monde 1998, Zidane, Dugarry, Lizarazu en tête, avaient laissé entendre qu'il serait bon de chercher une solution de remplacement au problème du sélectionneur.

Désormais, ils se mobilisent sur le thème : Deschamps doit remplacer Domenech. C'est clair, net et très dangereux. Car ça fait peur à tous les pachydermes de la fédération ronronnant, quand ils ne ronflent pas, sur leurs monceaux de privilèges. Qu'est-ce que c'est que cette bande de petits cons qui, sous prétexte qu'ils ont gagné une Coupe du monde – la belle affaire –, veulent se mêler des affaires de l'équipe de France ? Que nous resterait-il ? Que deviendrions-nous si on les laissait faire ?

Et chacun de se chercher des renforts dans la bataille qui se dessine entre les pardessus frileux de la FFF et les lobbyistes insolents de France 1998.

Il y a fort à parier que si le clan Deschamps ne s'était pas manifesté, Domenech aurait été démis de ses fonctions. Et on aurait envisagé de le remplacer par quelqu'un du sérail. Là, ça devenait plus compliqué puisque l'ennemi était à la porte, prêt à prendre le pouvoir. Il fallait coûte que coûte sauver le soldat Domenech. Ni pour lui ni pour ses idées. Pour protéger le confort de ses supérieurs.

La bataille rangée entre, d'un côté, la FFF et la DTN (direction technique nationale), et le clan Deschamps, de l'autre, peut commencer.

Bien sûr, personne n'imagine que le favori de France 1998 est totalement étranger au mouvement qui s'active en sa faveur. On le soupçonne même de tout diriger en sous-main, avec cet art de la stratégie de communication qui lui est propre.

Véritable bras armé de sa candidature, les champions du monde 1998 vont tout mettre en œuvre pour influer sur la décision que s'apprête à prendre la DTN.

Ainsi, Zidane déclare, à l'AFP le 15 juin 2008 : « Raymond Domenech sera fixé sur son sort le 3 juillet au matin. On verra bien s'il y a un nouveau sélectionneur. Celui qui pourrait le remplacer, c'est Didier Deschamps, il a toutes les qualités. Il serait légitime s'il prenait la succession. »

Même enthousiasme du côté de Bixente Lizarazu, Emmanuel Petit ou encore Christophe Dugarry, qui militent activement pour la promotion de leur ancien capitaine.

Malheureusement pour eux, les footeux n'ont « que » leur étoile de champion du monde et leur popularité à mettre dans la balance. Alors que le pouvoir en place a des ramifications partout, et notamment à la DTN. C'est ainsi qu'Aimé Jacquet, Gérard Houllier, Noël Le Graët, Michel Platini vont étonnamment plaider pour le maintien de Domenech.

Ce n'est une surprise que pour ceux qui ignorent que ça se combine ainsi, depuis bien longtemps, à la fédération. Depuis Michel Hidalgo en 1976, en passant par Gérard Houllier, Aimé Jacquet, Roger Lemerre, et donc Raymond Domenech, la plupart des sélectionneurs de l'équipe de France sont d'abord passés par la DTN. C'est d'ailleurs Aimé Jacquet qui avait imposé Domenech à la tête des Bleus en 2004. Et qui va contribuer à le maintenir, en 2008. Contre toute logique, et surtout au mépris de sa connaissance du football.

Il aura beau jeu, saint Jacquet, de pleurer en 2008, en direct à la télévision, quand notre équipe de France en particulier, et notre pays, en général, seront devenus la risée du monde, après l'épisode du bus de Knysna.

Il fallait y penser plus tôt.

Le 3 juillet 2008 se tient donc le huis clos du conseil fédéral. Domenech, sommé de s'expliquer sur l'échec de l'Euro, donne sa version, puis réaffirme sa volonté de poursuivre sa mission à la tête de l'équipe de France, avant de s'éclipser pour laisser ses juges deviser de son devenir et de celui des Bleus.

À la surprise générale, il est reconduit dans ses fonctions et cette décision est approuvée presque à l'unanimité avec dix-huit voix pour une seule abstention. Personne n'a voté contre son maintien !

Décidément, dans la vie, tout peut arriver. Et parfois rien.

Ce n'est pas une volte-face, dans la mesure où aucune déclaration n'avait pu laisser entendre que le sort de Domenech était scellé d'avance. Cependant et compte tenu du profond désamour que les médias, le milieu du football, ainsi que le grand public ont manifesté pour son travail, on peine à comprendre par quelles contorsions intellectuelles les membres du gouvernement de la FFF ont trouvé bon, comme un seul homme, de le reconduire.

Quelques semaines plus tard, *L'Équipe* reproduit le procès-verbal de la séance, qui consigne toutes les déclarations formulées par les membres du conseil avant leur prise de décision, apportant un peu de lumière sur les raisons qui ont pu amener la FFF à reconduire le sélectionneur.

Ce qui ressort en premier lieu, c'est l'indéfectible volonté du président de la fédération de maintenir un sélectionneur issu du sérail. Il croit infliger ainsi un cinglant camouflet à ces lobbyistes de 1998 dont la campagne de communication l'a, il ne le cache pas, quelque peu irrité.

« La fédération est une famille, pas un club. La campagne des anciens de 1998 a été trop insistante, parfois indécente. L'équipe de France est le patrimoine de la fédération, pas celui d'un clan. »

Avec un peu plus de jugeote, il aurait pu considérer que l'équipe nationale était surtout, et avant tout, le patrimoine des Français.

Depuis, Jean-Pierre Escalettes est retourné dans l'ombre dont il n'aurait jamais dû sortir. Plus que quiconque, il a été le grand responsable de la mascarade sud-africaine. Après Knysna, il ne sera plus rien qu'un fantoche que l'on démissionnera « à l'insu de son plein gré ».

Quant aux anciens de 1998, qu'il fustigeait le 3 juillet 2008, depuis ils sont toujours champions du monde et deux d'entre eux – Laurent Blanc en 2010, Didier Deschamps en 2012 – ont pris les rênes de l'équipe de France, commençant de la redresser et surtout de lui composer un visage plus honorable.

L'équipe de France n'appartient pas à un clan, comme disait Escalettes. C'est pourtant bien un clan qui a refusé, au nom de ses minables intérêts, la chance que représentait Deschamps.

Le cynisme n'étant pas l'apanage du président de la FFF, le procès-verbal de la réunion du 3 juillet révèle les propos tenus par Bernard Saules, représentant des arbitres, au conseil de la FFF : « Il y a au moins un avantage à le maintenir : il restera en position de fusible. »

Les membres du conseil ne nourrissaient décidément aucun espoir que la situation s'améliore, mais préféraient sombrer avec un sélectionneur estampillé « DTN », plutôt que de prendre le « risque » de réussir avec un Deschamps qui ne l'était pas. Et qui, en plus, avait eu l'outrecuidance de faire monter sa garde rapprochée pour peser sur la campagne.

Du côté de la garde rapprochée, justement, ces déclarations passent mal. Si Deschamps lui-même persiste, comme il le fait depuis le début, à garder le silence, ses soutiens réagissent par l'intermédiaire de Zidane. Et notamment aux déclarations d'Escalettes :

« Je trouve scandaleux qu'un président de fédération puisse dire ça. Quand il parle des champions du monde de 1998 qui ont essayé de faire pression, tout est faux. Chacun a le droit de s'exprimer et de parler de l'équipe de France. Personne [à France 1998] ne s'est réuni. Ses propos sont déplacés et irrespectueux par rapport à nous et ce qu'on a fait. Il [Escalettes] s'est caché derrière ça pour maintenir le sélectionneur. »

Curieuse bataille qui ne laisse finalement que des perdants au bord du chemin. L'équipe de France d'abord, c'est une évidence. Deschamps et ses copains, qui devront encore ronger leur frein. La FFF, qui se serait honorée en prenant enfin une décision pleine de bon sens. Le Graët (patron de la ligue et futur président de la FFF), Jacquet, Houllier, Platini, dont on se demandera toujours quel élan tordu les a poussés à soutenir Domenech. Le public en général, les amoureux du football et de l'équipe de France en particulier, qui vont devoir assister, impuissants, au délitement de leur équipe nationale, jusqu'au pourrissement sud-africain.

Domenech enfin, dont on a sauvé la tête pour ne surtout pas voir celle de Deschamps arriver. On l'a maintenu sans lui montrer d'estime, lui ôtant le peu de crédibilité qu'il lui restait. Il n'avait plus aucune arme, et même plus le respect de ses joueurs. Rien d'étonnant, alors, à ce que les plus mal élevés, les plus irrespectueux d'entre eux, se croient désormais tout permis. Puisque le sélectionneur ne représentait plus rien, il devenait aisé de faire n'importe quoi. Et ce fut Knysna. La honte du football français.

Deux ans plus tôt, on pouvait penser que Didier Deschamps avait perdu la partie. Ça n'était plus aussi évident.

Malgré tout, en cet été 2008, il a la tête lourde et le moral en berne. Déjà, il n'a jamais été de ceux qui tirent des plans sur la comète. Alors, là, il s'agirait de quêter des promesses dans le brouillard.

En dehors du mirage bleu, rien ne se présente.

Même le fidèle Jeannot Werth commence à chanceler sous le poids des désillusions. L'équipe de France n'en est qu'une de plus.

À l'horizon, c'est le désert. Avec son client réfugié dans sa maison de Cap-d'Ail, sur la Côte d'Azur, et qui ne semble pas vouloir en sortir, ni de son autarcie, Jeannot Werth pourrait désespérer. Il n'en est rien. Il y croit encore.

CHAPITRE 27

Deschamps version Jeannot Werth[63]

« Chacune de nos vies inassouvies, vois-tu,
Pend flasque, rapiécée, décousue.
Nous n'avons eu ni soupirs profonds, ni rires libres,
Ni faims, festins, désespoirs – ni bonheur. »
Robert Browning

Un jour, José Anigo, qui « collaborait » depuis trois mois avec Didier, à l'OM, m'a dit : « Comment tu as fait pour passer vingt ans avec lui ? »...

J'ai souri, j'ai même dû rire, je crois. Au fond de moi j'étais un peu triste. C'était vers la fin de l'année 2009. Nous étions séparés depuis un an et nous ne nous étions plus parlé depuis. Plus aucun contact. Rien.

J'ai ri légèrement, parce que c'était vrai. Et ça m'a rendu triste, pour la même raison.

Celui dont José Anigo me parlait était un étranger familier. Je veux dire par là que José évoquait le Didier Deschamps que je connaissais bien, et qu'en même temps, ce Deschamps était un étranger pour moi. Depuis plusieurs années.

J'ai aimé spontanément le jeune homme de 21 ans dont je suis devenu l'agent au début de l'année 1989. Il était ambitieux, mais

63 Entretiens avec l'auteur réalisés les 8 mars, 13 avril et 17 septembre 2013. Toutes les autres citations de Jeannot Werth dans le livre sont issues de ces entretiens.

clair dans sa tête. Je crois qu'il s'est senti en confiance avec moi et c'était réciproque. Il jouait à Nantes, alors, et nous avons entamé rapidement une relation sereine. Quand j'allais le voir, je descendais chez lui, je partageais les repas du couple. Tout était en harmonie. Quand s'est organisé son transfert à Marseille, à l'automne, il a apprécié la façon dont j'ai défendu ses intérêts. Jeune et innocent, il a compris, à l'arrivée, que si je n'avais pas été là, il se serait fait « croquer » par Bernès, l'envoyé spécial de Tapie. L'OM lui proposait de tripler son salaire, s'appuyant sur son désir de les rejoindre, j'ai obtenu le double de ce que proposait Bernès, soit 250 000 francs (40 000 euros). Je connaissais la musique, j'avais déjà traité des transferts de joueurs à l'OM, on ne pouvait pas m'abuser.

En revanche, à la fin de la transaction, il n'y avait pas d'honoraires prévus pour moi. Bernès avait « généreusement » régalé son ami Migliaccio, dont je me demande toujours en quoi il était intervenu. Tout de suite, Didier m'a dit qu'il allait trouver un moyen de compenser. Sur ses propres deniers.

Une fois qu'il a été à Marseille, notre relation harmonieuse a persévéré. Chaque fois qu'il avait un souci, j'étais là pour l'aider. C'est le rôle d'un agent. Il n'hésitait pas à m'appeler pour un conseil. Il avait conscience que je cherchais toujours le mieux pour lui. Dans le moment, et aussi en regardant plus loin. C'est parce que j'avais fait fixer une clause libératoire assez basse qu'il a pu être transféré dans les meilleures conditions à la Juventus en 1994.

Il jouait en Italie quand son fils, Dylan, est né, en 1996. Notre relation restait bonne, même si je ne le voyais plus aussi souvent. Quand j'allais à Turin, il m'arrivait de dîner chez lui mais je dormais à l'hôtel. Avec l'arrivée d'un enfant au foyer, la vie des Deschamps avait changé. Mais quand je venais à Turin, le couple était toujours ravi de me voir.

Ce n'est que quelques années plus tard, Didier étant devenu entraîneur, que j'ai commencé à sentir une légère différence dans le comportement de Claude à mon égard.

À l'époque, je ne vivais plus maritalement, et quelque part, je pense que ça la gênait. Les temps avaient changé et les Deschamps s'investissaient moins, ils étaient moins prêts à sacrifier des soirées au football.

On ne peut pas essayer de comprendre Didier Deschamps si on ne tient pas compte de la personnalité de sa femme. Sans être envahissante, en toute discrétion, elle est présente dans tous les moments de sa vie. Dans tous les domaines. Il ne décide rien sans en parler avant à Claude. Souvent, elle l'amène à changer d'avis. Il lui fait une confiance totale, c'est sûr, mais il y a autre chose. On peut imaginer qu'il va vers elle parce qu'il ne se sent pas sûr de lui. Quand il vous a dit « non », pour telle ou telle chose et qu'il vous rappelle vingt minutes après pour vous dire que, finalement, c'est « oui », vous pouvez être sûr qu'il a parlé à Claude entre-temps. Je l'ai vécu souvent.

J'ai ressenti tout au long de ces années qu'il était plus souvent en demande qu'elle ne s'octroyait un droit d'ingérence.

Entre autres, Claude se comporte très régulièrement en attachée de presse. C'est elle qui est chargée de récolter tout ce qui se dit ou s'écrit sur Didier, avant et après chaque match. Ils y ont toujours été très sensibles, depuis l'époque où il était joueur. Ça n'a pas changé. Après chaque rencontre télévisée, il téléphone à Claude pour savoir ce qu'ont dit les commentateurs. Quand je dis « après le match », c'est vraiment juste après ! Comme s'il n'y avait pas d'autre urgence.

Quand il était entraîneur à l'OM, je sais que ça énervait beaucoup Anigo de le voir téléphoner à sa femme tout de suite après un match diffusé sur Canal Plus, pour qu'elle lui fasse son rapport sur ce qui avait été dit. Avant même de rejoindre la conférence de presse. Ça prouve qu'il n'a pas changé, du moins là-dessus,

Autant que je me souvienne, notre relation n'a connu ni ombre ni coup de gueule, pendant douze ans. C'est beaucoup.

Pas de moments forts, non plus. C'est peu.

Je ne parle pas de moments inoubliables qui marquent toute une vie – il ne faut pas exagérer – mais de ces quelques instants bénis qui relient les êtres, de gentilles connivences, de ces choses en commun qui font veiller un peu plus tard, de ces partages autour de petits riens. C'est sans doute ça, l'amitié. Et c'est sûrement ce qui nous a manqué.

Quand il est allé à Chelsea, je l'ai senti encore plus éloigné, pas seulement géographiquement. Il était mal dans sa nouvelle vie et c'était incompréhensible pour qui ne regarderait les choses qu'en surface.

Un nouveau club, en pleine ascension, dont il était un titulaire indiscutable, un contrat magnifique sur trois ans, ce qui était très avantageux pour un joueur de 31 ans, la ville de Londres comme point de chute… D'autres footballeurs, comme Thierry Henry, Marcel Desailly, Franck Lebœuf, Robert Pirès, entre autres, l'ont vécu comme un privilège.

Je crois que le couple n'était pas enclin à profiter des richesses de la vie londonienne, donc Claude s'ennuyait pendant les fréquentes absences de son mari et ne voyait plus que le côté sombre de Londres. Peu de soleil, un manque de lumière récurent, une autre langue, des habitudes différentes… Quand je parlais à l'un ou l'autre, je n'entendais que de la récrimination alors que Didier, en tout cas, avait toutes les raisons d'être heureux sportivement et donc professionnellement. Il me semblait que ce devait être le plus important. Ç'aurait dû.

À quelques mois de l'Euro 2000, j'aurais compris que Didier soit anxieux : il s'agirait sans doute de sa dernière compétition avec l'équipe de France, et quelques blessures l'avaient handicapé ces derniers temps. Ça, c'était un vrai problème. Plus important que des considérations climatiques. Pourtant, alors qu'il aimait toujours autant son métier, il semblait le faire passer au second plan de ses projets d'avenir…

Il m'a demandé de lui chercher un autre club et je lui ai trouvé Valence, ses plages, son soleil, sa Méditerranée. Quand il s'est présenté pour jouer l'Euro, je crois qu'il avait déjà décidé d'arrêter ensuite avec la sélection. Et que les bonnes et mauvaises critiques n'y étaient pour rien…

Il avait déjà commencé d'arrêter sa carrière de joueur, c'est devenu limpide en juin 2001.

Trois mois après, il était entraîneur. À Monaco. Oui, je sais ce que vous pensez, Monaco, ses plages, son soleil, sa Méditerranée… Il y avait surtout pour lui un projet d'une nouvelle vie qui lui allait comme un gant.

Manquant d'expérience, mais ça, on le savait, il a surtout eu la malchance de tomber dans une pétaudière. Le club était en immense difficulté financière – il devait même être rétrogradé en ligue 2 avant de se voir maintenu en appel –, les dirigeants se déchiraient, les actionnaires principaux jouaient à la foire d'empoigne, certains joueurs n'obéissaient plus à personne…

Je sais qu'on ne prête qu'aux riches et que beaucoup de gens ont reproché à Didier d'avoir sabordé le club et créé mille problèmes pour finir par le laisser exsangue à son départ au bout de quatre ans, je peux dire que c'est faux. Il a été beaucoup plus victime de la situation que responsable.

Cela dit, ce passage au métier d'entraîneur a aussi marqué l'entrée en scène d'un nouveau Didier Deschamps. Ça a été très sensible dans nos rapports. Je ne l'ai pas compris tout de suite parce que j'étais alors obsédé par l'idée de l'aider à passer au mieux ce cap difficile.

Après une première année déplorable à tous points de vue, j'ai choisi de m'investir à son côté, d'autant qu'il était demandeur. J'ai commencé à chercher ce qui pouvait être le mieux pour Monaco. C'est comme ça que j'ai fait venir Rothen à Monaco, alors qu'il devait signer à Nantes.

La deuxième année a été meilleure : victoire en Coupe de la Ligue et deuxième place en championnat, qui nous offrait une entrée en Ligue des champions. Je m'activais beaucoup, dépassant souvent mon statut d'agent de l'entraîneur, jusqu'au moment où je suis devenu un rouage du club. Aussi, au bout de la deuxième saison, j'ai décidé de basculer, à mon tour, dans une nouvelle vie. Ce n'était que pour un temps, mais le risque était là.

J'ai décidé de mettre ma propre société en sommeil pour ne plus m'occuper que de l'AS Monaco à travers une « consultance ». Je me suis installé à Monaco en juillet 2003 et n'en ai plus bougé pendant huit semaines !

C'est moi qui ai assuré le recrutement dans sa totalité, j'ai travaillé nuit et jour. C'était pour Didier et moi une nouvelle manière de collaborer, tellement plus intense.

Entre autres, j'ai récupéré Adebayor, et surtout obtenu le prêt de Morientes, attaquant du Real Madrid. Lyon voulait l'acheter, j'ai joué sur l'accord du joueur pour être prêté. À quelques heures de la fin du mercato, j'ai fait en avion privé un trajet Mandelieu-Madrid-Mandelieu pour ramener le joueur que le Real nous cédait pour… dix mois. La superbe affaire. Nous étions parés pour une saison qui allait nous emmener en finale de la Ligue des champions.

Ça, c'est pour le côté positif. J'ai par ailleurs eu quelques raisons de déchanter. Plutôt que d'apprécier mon investissement dans le club, afin d'aider mon client, les médias ont commencé de me tirer dessus, à boulets rouges. En cause, un « dangereux mélange des genres », selon eux. Être à la fois l'agent de l'entraîneur et le consultant du club où il officie, tout en traitant des transferts, ce n'était pas moral !

On n'entend pas les mêmes censeurs s'agiter par les temps qui courent, alors que des questions de morale autrement plus graves pourrissent le football français.

Cela dit, ce n'est pas cette levée de boucliers, aussi injuste soit-elle, qui pouvait m'abattre. Je croyais à ce que je faisais, et je savais pourquoi je le faisais. Pas pour l'argent.

Au contraire, mettre ma société en sommeil, c'était me priver de tout revenu provenant de mon métier d'agent. Conséquence directe, je ne me suis plus occupé de mes autres clients pendant un an, ce qui est risqué. Il y a un dicton qui professe « Ne jamais mettre tous ses œufs dans le même panier », c'est pourtant ce que j'ai fait, j'ai mis tous mes œufs dans le panier Deschamps.

S'il avait pu m'en être reconnaissant !

Quand la presse m'est tombée dessus, il n'a pas réagi. Après m'avoir envoyé au charbon pour lui, il me laissait me débrouiller. Comme si ça ne le concernait pas. En fait, ça ne le concernait pas...

J'avais mis du temps à m'en rendre compte, mais Didier avait changé. Le passage de joueur à entraîneur avait porté un coup fatal au jeune homme qu'il était jusque-là. J'ai peu à peu découvert quelqu'un de différent. Je ne sentais ni amitié ni complicité entre nous. J'avais mis mon cœur sur la table pour l'aider et il fixait, peut être inconsciemment, les limites de nos rapports : en dehors du travail, rien.

Un exemple est très parlant : je suis resté huit semaines à Monaco, non seulement j'ai dû m'installer à l'hôtel, mais j'ai été invité une fois à dîner chez lui. Point final.

En janvier 2004, mon contrat de consultance s'est arrêté. Pour ma société, il était temps. On ne néglige pas ses affaires sans en payer le prix à un moment donné. J'avais perdu des joueurs importants, comme Jérémie Bréchet et Sébastien Squilacci, et il m'avait fallu licencier du personnel... Des moments assez pénibles ont suivi, car ce genre de dégâts apparaît plus tard, au moment où on est reparti à fond.

Ça n'a pas fait ciller Didier. Pas un mot. Pas une proposition pour me venir en aide à son tour. Ça ne le concernait pas.

Sur le plan purement professionnel, il m'a aussi déçu. Il n'écoutait plus mes conseils, mes suggestions, comme lorsqu'il était joueur. Il a pris l'habitude de décider seul dans son coin. C'est tout juste s'il me mettait au courant, une fois que c'était fait.

En 2004, il accepte de prolonger son contrat avec Monaco de deux ans alors qu'il lui reste encore une année à faire. Et que Chelsea lui fait les yeux doux : c'était lui ou José Mourinho, les Anglais ne voulaient pas entendre parler de quelqu'un d'autre !

Ce sera finalement Mourinho, Deschamps préférant prolonger à Monaco... Il n'y gagne rien financièrement et se retrouve un peu plus lié au club auquel il doit désormais trois années.

Résultat, quand il démissionne un an plus tard (« C'est miné de l'intérieur, j'arrête », me dira-t-il), il s'en va sans indemnités... et bien heureux que Monaco ne lui fasse pas payer un dédit.

Après dix mois de chômage, il fonce tête baissée vers la Juventus, qui vient d'être reléguée en série B. Il serait prêt à entraîner la Juventus pour rien ou presque... et les dirigeants le sentent.

Surtout Jean-Claude Blanc, qui lui établit un contrat ridicule, avec un salaire dérisoire par rapport à ce qui se fait en Italie ou ailleurs, pour les entraîneurs. Bien sûr, il obtient une grosse prime en cas de remontée immédiate, mais ça ne compense pas. D'autant que la remontée n'est jamais une formalité dans ce genre de situation.

J'étais opposé à ce départ à la Juve depuis le début. Un champion du monde de football qui a emmené son équipe en finale de Ligue des champions ne se brade pas pour un club de série B ! J'ai d'ailleurs appris qu'en 2004 il avait été en contact avec les Italiens, à mon insu, mais ce n'est pas lui qu'ils avaient retenu. Il ne les a intéressés que lorsqu'ils ont été au fond du trou.

Un an après, lorsque je voudrai renégocier son salaire, je me heurterai à Jean-Claude Blanc. C'est sûr que lorsqu'on a pris tant de retard sur un salaire annuel, on ne peut le rattraper d'un seul coup.

Il aurait dû se méfier, dès le départ. Après avoir signé un contrat avec Deschamps en ma présence, Blanc m'avait dit qu'il ne pourrait pas travailler avec moi sur des transferts vers la Juve. « Vous comprenez, avec les histoires Moggi[64]*, nous devons être irréprochables. »*

Là encore, Didier s'était bien gardé d'intervenir, il était tellement prêt à tout pour aller à la Juve !

Ça ne l'a pas empêché de me laisser aller à la négociation avec Blanc, en 2007, puis de me demander d'écrire cet article dans France Football[65]*, pour tenter de faire basculer les choses de son côté. À travers moi, il s'attaquait au futur recrutement de la Juve, à ses relations*

64 Voir chapitre 23, « Mauvaise passe ».

65 Le 15 mai 2007. Voir chapitre 23, « Mauvaise passe ».

épouvantables avec Secco, le directeur sportif, surtout, il se plaignait de ne pas être reconnu à sa juste valeur.

Sous-entendu « Je ne suis pas assez payé et il faut que ça cesse ». Sinon...

On retrouvait, plus que jamais, le Deschamps décrit par Tapie et quelques autres : « Tout pour sa gueule. »

Et j'ajouterai : en évitant de prendre un minimum de risques.

Car m'envoyer au feu à sa place, avec cette interview de France Football qu'il avait conçue de la première à la dernière ligne, il fallait tout de même le faire.

Quand vous avez évoqué mon nom dans la conversation que vous avez eue avec lui, il vous a dit, je crois, « ... il en a bien profité, lui aussi... » J'aimerais qu'il m'explique en quoi j'ai profité de quoi que ce soit, en dix-neuf ans à travailler pour lui. Je peux dire clairement ce que j'ai fait pour lui, qui, quelquefois, m'a amené à dépasser le cadre de ma fonction. Qu'il dise ce qu'il a fait pour moi !

Pour revenir aux douze mois passés à la Juventus, il a encore donné la preuve qu'il était un mauvais stratège. Comme à Monaco, il a fini par partir en abandonnant sa dernière année, et sans un sou d'indemnité puisqu'il démissionnait. Ça commençait à devenir une habitude.

Nous étions en mai 2007 et je sentais que quelque chose avait affecté nos rapports, depuis son arrivée à Turin un an plus tôt.

En fait, il n'avait pas apprécié que je marque mon désaccord sur sa « stratégie ». Ça ne lui avait pas plu. Même s'il ne me l'avait pas dit pour autant. Didier ne dit pas les choses, il s'enferme, et fait sentir plus ou moins que ça ne va pas.

Enfin, partir de Turin, comme ça, alors qu'il avait toutes les cartes en main, c'était ridicule. S'il n'obtenait pas une juste revalorisation de son salaire, il pouvait encore rester un an, puis décider de continuer à la Juve à ses conditions, ou d'aller ailleurs, les demandes ne manqueraient pas. Il aurait été libre. Mais il ne voulait rien entendre. Pour lui la situation se résumait à prolonger dans de mauvaises conditions ou à partir sans dédommagement.

Assez curieusement, je n'attendais plus grand-chose de notre collaboration mais je commençais à la voir comme telle : sans intérêt, dénuée de sens.

Partagions-nous de bons moments ? Avant, peut-être, mais c'était il y a longtemps. Je ne me souvenais plus très bien. En tout cas pas aujourd'hui, et surtout pas depuis qu'il était devenu entraîneur. De quoi pouvions-nous parler en dehors du football ? De rien. Il semble ne s'intéresser ni à la politique, la lecture, l'histoire, les arts, la cuisine ou les autres sports… Je ne dis pas que c'est le cas, c'est l'impression qu'on a parce qu'il n'en parle jamais.

Il ne parle jamais de sa famille, non plus, et pourtant, il y tient énormément. Même là, son amour a un côté rigide, presque coincé. Si vous êtes avec lui et lui faites remarquer que la jeune femme, assise pas loin de là, est assez jolie, vous vous exposez à une réponse sèche comme un coup de trique : « J'ai une femme, elle me suffit, donc je ne regarde pas les autres femmes. »

Alors, oui, il peut parler football pendant des heures, et ne parler que de cela. Mais il lui faut des interlocuteurs.

Quel être humain peut se contenter de parler de football tout le temps, et de rien d'autre ?

En regardant en arrière, je ne vois pas de grandes joies, pas d'élans, rien de spontané. Toujours de la retenue. Et un peu de tristesse.

Quand Monaco s'est qualifié pour la finale de la Ligue des champions, en 2004, nous nous sommes retrouvés chez lui le lendemain après-midi. Il y avait Claude et moi. Nous étions rentrés dans la nuit. Je n'ai senti aucune joie particulière. Rien. Pas un mot pour dire que nous avions bien travaillé, que ce qui nous arrivait était fabuleux. Comme si rien de spécial ne s'était passé. Pas même un coup de champagne, entre nous. Ce n'est pas tant pour le champagne que pour marquer l'événement. Il s'agissait d'un exploit majeur dans l'histoire des clubs français. Ce n'était pas n'importe quoi. Alors, oui, on était « seulement » en finale, mais cette qualification était aussi une victoire sur le chemin de la victoire, on aurait pu l'arroser.

Deschamps version Jeannot Werth

Si l'on ne doit hurler de joie que lorsque l'on gagne la Coupe du monde, il y en a pas mal qui ne vont jamais se marrer !

J'aurais bien envie de dire qu'auprès de Didier la vie a finalement un goût assez fade. Mais sait-on jamais. Il est capable de vous réserver une de ces surprises que vous n'oublierez jamais…

Chapitre 28

Une année sous silence

« Le malheur, ça s'invente. »
Louise de Vilmorin

À nouveau, il est entré dans une vie qui n'est pas la sienne. Il y a eu les mouvements convenus, juste après l'Euro, quelques semaines d'émoi, de fièvre et d'espérance qu'il fallait dissimuler coûte que coûte. Et puis, plus rien. À l'image de cette dernière année.

L'été 2008 se traîne en longueur. Rien à faire. Sauf à ruminer les raisons de son échec.

D'ailleurs, est-ce vraiment un échec ? Et si c'est le cas, est-ce le sien ?

Il n'a jamais été officiellement candidat au poste de sélectionneur de l'équipe de France, donc personne ne pourra dire que sa candidature a été rejetée. De toute façon, comme Domenech a été reconduit…

Il lit parfois entre les lignes que si Domenech est encore là, c'est à cause de la mauvaise campagne de France 1998 en faveur de Deschamps. Ça le laisse indifférent.

Ce qui l'agace, en revanche, c'est de lire que, de toute façon, son tour viendra, il a tout son temps… Déjà, quand il avait 20 ans, il ne voulait pas entrer dans ces considérations :

« Tu es jeune, tu as le temps », le genre de phrase qui le mettait hors de lui. Il n'avait pas le temps d'attendre et le disait de façon abrupte : « Tout ça, c'est de la connerie, les saisons défilent, il faut en profiter. »

Bien courageux celui qui oserait, à l'entame de sa deuxième saison blanche, le relancer sur son plan de carrière, méticuleusement fixé lorsqu'il venait de commencer à entraîner Monaco.

À l'époque on le comparait à Aimé Jacquet et Marcello Lippi, ses mentors de l'équipe de France et de la Juventus, avec une belle touche d'Arsène Wenger, « en plus nerveux et plus réactif »... N'en jetez plus !

On ne lui parle plus beaucoup de tout ça, désormais. D'ailleurs, peu de monde lui parle puisqu'il ne parle presque à personne. Il aura 40 ans dans quelques semaines et il en serait presque réduit à vivre au milieu de ses souvenirs. Quarante ans. C'est peut-être ça, vieillir. Il ne sait pas qu'il n'y a pas d'âge pour ça.

Il y a Claude, heureusement. Et Dylan. Comme toujours. La vie qui s'agite autour de lui. Les deux amours qui font que l'on ne se demande pas pourquoi on se lève le matin.

Ce n'est quand même pas avec eux qu'il va échafauder des projets footballistiques, il ne faut pas exagérer. Claude a suffisamment dit qu'elle appréciait que le Didier de la maison soit très différent de l'autre.

Depuis pas mal de temps, il ne parle plus beaucoup avec Jeannot Werth, son agent depuis bientôt vingt ans. Il faut dire qu'ils ne sont plus tellement d'accord sur grand-chose. Il a bien senti les réticences de Jeannot à Monaco, à Turin. Un agent, c'est aussi un confident. Il doit vous comprendre.

Pour ça, il y a Jean-Pierre Bernès. Depuis près de vingt ans il est là, lui aussi, plus ou moins visible, plus ou moins présent. Ç'avait plutôt mal commencé quand Bernès, directeur général de l'OM, surtout factotum dévoué et envoûté de son président omnipotent, Bernard Tapie, était venu l'acheter à Nantes. Ce n'est pas bien de tenter de rogner sur les émoluments d'un jeune footballeur ignorant des coûts du marché.

Peu importe, dans certains cas Didier Deschamps sait ne pas être rancunier.

Une relation est née à Marseille, en dépit de l'affaire OM-VA, quand Bernès a fait référence – et pas qu'une fois – à la présence de son ami au moment où se nouait le complot. Ce qui s'appelle « Mettre quelqu'un dans l'embarras ». Heureusement, beaucoup de gens sont sourds et aveugles, donc personne n'est venu titiller ni même interroger le témoin fébrilement dénoncé par son ami.

Deschamps, qui, décidément, sait ne pas être rancunier – à ce degré-là, ça devient un sacerdoce – a tout oublié en un tour de main.

La justice étant moins charitable que lui, les années suivantes furent assez étouffantes pour l'ami Jean-Pierre, entre prison et dépression, dénonciation et rédemption. Pour avoir dénoncé les pratiques de Tapie (appliquées sur le terrain par lui-même) à son nouveau père spirituel, Noël Le Graët, le président de la ligue[66], et à la justice sportive de la Fifa, auxquels il a permis d'éliminer l'encombrant président, il va pouvoir revenir travailler dans le football dont il avait précédemment été banni à vie.

Ah ! les délices de la rédemption élevée au niveau des beaux-arts ! On pourrait même évoquer une forme épanouie de résilience – c'est bon de rire un peu, parfois – puisque, de ses quelques « erreurs », comme il dit, et des trop grands malheurs qui se sont abattus sur lui, il a su tirer assez de force pour se reconstruire et prendre une licence d'agent de joueurs.

66 Président de la ligue professionnelle, de 1991 à 2000. Vice-président de la Fédération française de football de 2005 à 2011. Président de la FFF depuis juin 2011.

Malgré son passé ? ses condamnations ? Oui, oui, on efface l'ardoise, on oublie tout, même que c'est Le Graët et la Fédération française qui l'ont dit. On ne va tout de même pas garder rancune à un type qui a avoué avoir acheté des dizaines de matchs, volé deux titres au moins et corrompu environ 45 joueurs. D'autant que c'était sur ordre de Tapie, et pour le bien de l'OM, ce qui change tout, il faut bien le reconnaître. En plus, il veut être agent de joueurs, donc transmettre son expérience – qui est grande ! – à des footballeurs qui vont aussi profiter de ses compétences – indiscutables !

Jean-Pierre Bernès s'est donc remis au travail avec la sérénité stupéfaite d'un expert-comptable qui retrouverait son cabinet après avoir escroqué des dizaines de clients, ou un banquier qui réintégrerait sa banque bien qu'ayant détourné des fonds par millions.

En vérité, ce n'est pas possible, en tout cas pas dans le monde réel. Ils ont payé pour leur faute, c'est vrai, et ils ont droit à une autre chance, sans doute. Mais ailleurs. Pas là où ils ont sévi. Pas dans le domaine qu'ils ont flétri.

Personne n'imagine que, dans quelques années, Jérôme Cahuzac nous revienne en ministre des Finances cette fois...

Le football n'est pas la vie. Pas la vie réelle en tout cas, et Jean-Pierre Bernès, l'ennemi intime, peut revenir, habillé de neuf, dans la peau d'un agent, là où de rares contradicteurs le verraient plutôt ouvrir un bar-tabac (dixit le vice-président du syndicat des agents), histoire de se reconstruire ailleurs.

En pleine forme, il monte son écurie avec l'aide d'Alain Migliaccio[67], le vieux compère qu'il emmenait avec lui lorsque, dirigeant de l'OM, il traitait un transfert[68]. En 1991, ils avaient ouvert un restaurant à Cassis ensemble. L'agent et le dirigeant

67 Voir chapitre 8, « L'âge d'OM »
68 *Idem.*

de club. Migliaccio, c'est aussi et surtout le sempiternel agent de Zidane, ce qui peut aider au niveau du carnet d'adresses.

En quelques années, la petite société de Jean-Pierre Bernès, Conseil sport, est devenue à peu de chose près une multinationale. Ribéry, Nasri, Ménez, Alou Diarra, Gourcuff, Matuidi… et mieux encore, une batterie d'entraîneurs, Blanc, Fernandez, Galtier, qui sent son OM à plein nez.

Tranquillement, Bernès pose ses pions. De nouveaux joueurs arrivent, d'autres partent. Les rumeurs voltigent autour de l'activité du nouvel agent trouble du football français. On n'aime pas trop qu'il réunisse joueurs et entraîneurs sous une même bannière. Par exemple, Blanc entraîneur de Bordeaux, peut-il faire venir, chez les Girondins, des joueurs eux aussi clients de Bernès ?

La question est d'importance… Ça ne semble pourtant pas affecter une seconde la sérénité de celui-ci. À vrai dire, on est tenté de croire qu'il ne se l'est pas posée.

En tout cas, il avance, prudent. Avec Didier Deschamps, il s'est longtemps contenté de parler football. Il aime et il connaît. Plus que l'on ne pense et moins qu'il ne croit.

Un type qui a osé répéter pendant des années que Tapie, Goethals et lui-même, si on leur donnait n'importe quelle équipe, ils en feraient un vainqueur de la Ligue des champions, ne connaît pas si bien le football.

En revanche, le même, reconnaissant qu'en quatre ans il a tout acheté, les matchs, les titres, les joueurs et les arbitres, prouve qu'il a au moins compris une chose dans le football : si l'on veut être sûr de gagner à tous les coups, il faut payer.

On ne sait s'il évoque ce genre de sujets avec son ami. Lui habite Cassis, pas loin de Marseille, Deschamps est installé à Cap-d'Ail, tout près de Monaco, ils se parlent souvent au téléphone, se voient de temps en temps.

Fait-il partie de ceux qui trouvent que Jeannot Werth ne l'a pas beaucoup aidé dans l'affaire de l'équipe de France ?

Il est bien gentil, Jeannot, mais enfin, avec un agent un peu plus offensif, possédant des relations partout et au plus haut niveau, peut-être que Didier serait sélectionneur de l'équipe de France à l'heure actuelle. En tout cas, il ne serait pas au chômage depuis plus d'un an. Un agent, ça sert à ça, pas seulement à préparer des contrats. Un bon agent doit savoir faire du lobbying, aider son client à obtenir les meilleurs postes, les meilleurs clubs, et ensuite négocier les meilleures conditions.

Le Graët, que certains continuent d'imaginer comme un grand ennemi de Bernès, n'est plus aussi fâché depuis que l'autre a tout déballé.

C'est amusant comme Didier Deschamps aime écouter raisonner Bernès, lui qui n'écoute plus personne. La petite musique ressemble parfois à une tentation – après tout, pourquoi deux amis qui s'aiment tant et se comprennent d'instinct ne finiraient-ils pas par (re)travailler ensemble…

Ils sont en effet quelques-uns à penser que lorsqu'un entraîneur comme Deschamps reste sur le carreau pendant plus d'un an il y a forcément un problème de représentation… Ces quelques-uns ne savent pas ou ne veulent pas savoir tous les refus encaissés en quelques années par Jeannot Werth. L'ignorance, c'est plus commode quand on veut dénigrer quelqu'un.

« Au mois d'octobre 2008, raconte Jeannot Werth, j'étais sur la route qui mène de Bâle à Monaco, où j'allais pour un match, quand j'ai appelé Didier. C'était l'occasion de le voir et je n'y manquais jamais, lors de mes passages en principauté pour discuter avec un de mes joueurs. Tout de suite, Didier m'a dit : “Ça tombe bien, je voulais te parler, viens à la maison.”

« Quelques minutes plus tard, il me rappelait : “J’ai une course à faire en ville, rejoignons-nous plutôt à l’Hermitage[69].” J’ai imaginé que, comme d’habitude, il en avait parlé à sa femme, et qu’elle avait dû juger que, pour ce qu’il avait à me dire, autant aller dans un bar…

« Dès que nous nous sommes retrouvés, il m’a dit sans émotion aucune, comme un passage obligé, que nous allions nous séparer. Il ne voulait plus collaborer avec moi :

« “Pour quelle raison ? Qu’est-ce que tu as à me reprocher ?

– Partir de la Juve, ce n’était pas une bonne idée…

– Je te l’ai dit, je n’étais pas d’accord !

– Oui, mais tu aurais dû me convaincre…” »

Le reste de la conversation n’a aucun intérêt. Quelques banalités puis des chemins qui se séparent.

À lire ce dialogue hallucinant, on se dit que la mauvaise foi peut être aussi un art. Un art martial en l’occurrence puisque Jeannot Werth est K.-O. debout.

Plus tard, quand il aura repris ses esprits, il ne se dira pas qu’il vient de perdre un client. Il réalisera seulement que l’on vient de le déposséder d’une part importante de vingt ans de sa vie. Ce qui est somme toute plus gênant.

Il n’est pas triste. Songeur, oui. Retour en arrière, quelques arrêts sur image. Soudain, l’illumination : ce malaise qui s’était emparé de lui depuis quelque temps, c’était peut-être ça, le délitement d’une histoire dont il ne voyait pas la fin.

« Ça m’a filé un coup, un vrai, et puis après, je dois dire que j’ai ressenti un incroyable soulagement. J’ai compris que j’étouffais depuis longtemps dans cette relation. Depuis quelques mois c’était devenu impossible, mais avant ? Rien de bien palpitant. Pas d’émotions, de fous rires, de passions

69 Célèbre hôtel monégasque.

ou simplement d'intérêt partagé. Et même plus de confiance, depuis longtemps. »

Quelque temps après, Didier Deschamps prenait Jean-Pierre Bernès comme agent.

Elle n'est pas belle, la vie ?

Ça ne pouvait pas se terminer autrement, pour Jeannot Werth, comme pour Jean-Pierre Bernès. Ce dénouement brutal menaçait depuis très longtemps. Nous en sommes convaincus, si la fin a tardé, c'est une preuve de la longue fidélité de Deschamps à son égard. Bernès a toujours été dans sa vie, il était devenu agent en 1999, et la tentation était grande – depuis longtemps déjà – de se lier à lui.

Les dés étant pipés, il n'avait plus de raison de rester avec Jeannot Werth. Il l'a fait. Et on se demande bien au nom de quoi, si ce n'est d'une certaine forme de fidélité.

Le bien, c'est ce qui vous rend heureux après, disait Hemingway. Justement, il n'est pas plus heureux, Didier Deschamps, en cet hiver 2008.

Certes, il a changé d'agent mais son nouvel agent n'a rien changé. Il continue à se morfondre dans sa villa de Cap-d'Ail, quand il ne collabore pas à telle ou telle chaîne de télévision ou station de radio. C'est peu quand on possède son énergie, du dynamisme et l'envie de revivre, à la tête d'une équipe, les matchs passionnés d'un championnat et les soirées brûlantes de la Coupe d'Europe. Il traîne sa peine et son ennui. Les matchs qu'il continue d'aller voir sont une piètre consolation : il n'a jamais pris l'habitude d'être un spectateur.

Chapitre 29

Deschamps version Pape Diouf [70]

Je le connais depuis l'époque où il jouait en équipe de France avec Marcel Desailly. Ils étaient très amis et partageaient beaucoup de choses, notamment leur chambre, lorsque l'équipe était en déplacement. J'étais alors l'agent de Desailly.

J'ai vite sympathisé avec Didier, et une ambiance de plaisanterie s'est installée entre nous. Il a commencé de m'appeler « Monsieur le président », moi, je l'appelais « Monsieur le Premier ministre ».

Ce qui est amusant c'est que je n'ai jamais été son président, même si c'est moi qui l'ai engagé à l'OM en 2009. J'en suis parti quelques jours plus tard et nous n'avons donc jamais travaillé ensemble.

Au printemps 2009, Éric Gerets quittait l'OM et il me fallait trouver l'entraîneur idéal pour le remplacer, ce qui n'était pas tâche aisée. Nous étions à deux doigts du titre, il ne nous manquait presque rien pour y arriver, ça, c'était la situation. Restait à dénicher l'homme de la situation, celui qui nous ferait basculer du côté de la victoire finale. Après l'âpre lutte contre Bordeaux, tout au long de la saison

70 Entretien avec l'auteur réalisé le 7 mai 2013.

2008-2009, il était presque normal de programmer (sportivement s'entend) le titre pour l'année à venir. En France, un nom se détachait nettement à mes yeux, celui de Didier Deschamps. Il avait en plus l'avantage d'être libre.

J'avais déjà songé à lui trois ans plus tôt, quand Jean Fernandez avait quitté l'OM. Il avait quitté Monaco et pas encore rejoint la Juventus, donc disponible.

Son agent de l'époque, Jeannot Werth, est un homme que j'estime, et nous avons vite noué un dialogue. Didier était d'accord pour que l'on se voie mais, curieusement, j'ai vite eu l'impression qu'il n'avait pas vraiment envie de s'engager avec l'OM. Il était plus désireux de rencontrer Robert Louis-Dreyfus qu'autre chose. Dès le départ j'ai été convaincu qu'il ne viendrait pas. En effet, après quelques jours, il nous a dit qu'il ne souhaitait pas s'engager avec l'OM.

Sincèrement, ça ne me gênait pas plus que ça, car, à le voir assez peu concerné, j'étais revenu sur mon idée première. Il n'était finalement pas l'homme de la situation. En tout cas pas encore. Je ne lui ai d'ailleurs même pas demandé la raison de son refus de venir. Tout ce que j'avais besoin de savoir, c'est qu'il n'y avait pas une envie folle, de part et d'autre, de faire un bout de chemin ensemble. Je sentais ça, et quand je sens les choses, je n'ai pas besoin d'explication.

Il pouvait y avoir plusieurs raisons à sa retenue. Déjà, le départ de Jean Fernandez s'était fait dans des conditions ambiguës[71]*. Avait-il été réellement menacé ? Et puis, Marseille n'avait pas encore assis sa réputation sportive, le club était secoué par moments par de mauvais vents… Tout cela faisait que Didier Deschamps était peut-être, à ce moment-là, trop « important » pour nous. C'est en tout cas comme ça que j'ai senti les choses. Je n'ai donc pas insisté.*

La deuxième fois, tout avait changé. Nous sortions d'un championnat que nous avions animé de bout en bout, peut-être plus que le vainqueur, l'OM était redevenu compétitif, l'entraîneur, Eric Gerets,

71 Pour expliquer le départ brutal de l'entraîneur, on a à l'époque évoqué des menaces mafieuses envers Jean Fernandez. Non confirmées par lui, on s'en doute.

sans doute le plus emblématique de la ligue 1, nous quittait : tout était réuni pour que Deschamps soit séduit par l'idée de devenir notre entraîneur, avec peut-être un titre de champion au bout

D'ailleurs, il a accepté de me rencontrer sans m'adresser d'abord à son agent, Jean-Pierre Bernès. Dans la plupart des situations, il commence par dire « Voyez mon agent ». Pas cette fois. Il sortait de deux ans sans banc, et devait en avoir assez de ne plus côtoyer le monde du football qu'à travers son job de consultant pour la radio ou la télévision. C'est d'ailleurs l'attachée de presse de Canal Plus, où il officiait, qui m'avait donné son numéro de téléphone.

Je l'ai appelé, persuadé qu'il me dirait « oui », et je ne m'étais pas trompé. Je me trouvais alors sur un lit d'hôpital, après une opération à l'œil.

Tout de suite, je lui ai dit : « Voilà, Desch, Gerets va partir, et je voudrais que tu viennes chez nous. Bien sûr, je te demande que cette conversation reste entièrement confidentielle pour le moment. »

Il s'est montré surpris et heureux que l'OM pense à lui. Et il ne m'a pas caché que ça l'intéressait. Rapidement, nous sommes convenus de nous voir, à Cap-d'Ail, près de Monaco, où il résidait.

Dans les jours suivants, Eric Gerets m'a confirmé son départ. Plus rien ne s'opposait à ce que je rencontre Deschamps. Je suis allé à Cap-d'Ail avec Julien Fournier, secrétaire général de l'OM[72]*, et, au cours de cette première réunion, nous avons quasiment organisé, point par point, notre future collaboration.*

Peu de temps après, j'ai souhaité le revoir. Seul à seul. Nous avons choisi de nous retrouver dans un hôtel de Mougins, à mi-chemin entre Marseille et Monaco.

Là, nous avons passé quatre ou cinq heures à discuter. De mon côté, j'essayais de tout appréhender pour éviter de laisser traîner la moindre ambiguïté avant que nous commencions de travailler ensemble.

---

72 Licencié après le départ de Pape Diouf, il est aujourd'hui directeur général de l'OGC Nice.

Surtout, nous avons défini méticuleusement ce que seraient nos rapports dans l'avenir. C'était très important pour moi. Comment nous allions travailler ensemble, comment nous allions travailler vis-à-vis du conseil de surveillance, vis-à-vis de l'actionnaire, tout était là. Je n'avais pas encore prévenu Robert Louis-Dreyfus, car je voulais que personne ne soit encore au courant, en dehors de Julien Fournier. Je ne l'avais même pas dit à Anigo. Je ne voulais surtout pas que l'information se retrouve dans les médias. Il était encore trop tôt.

C'est dans la deuxième quinzaine d'avril que Gerets a annoncé officiellement son départ. Dès le 1er mai, je me suis rendu à Lugano, en Suisse, pour voir Robert Louis-Dreyfus. Il était extrêmement malade, comme tout le monde sait, mais il n'était pas encore à l'article de la mort. Je lui ai dit que j'avais trouvé un nouvel entraîneur, « C'est Didier Deschamps, et la seule chose que je vous demande, c'est de ne l'annoncer à personne, et encore moins à Labrune. Personne ne doit le savoir ».

Il a tenu parole. C'est ce jour-là que j'ai appelé Deschamps du bureau de Robert, et je les ai mis en relation. « Je suis heureux que vous veniez à l'OM », a dit RLD.

C'est seulement après ça que Bernès est entré en jeu pour faire la jonction technique. Le salaire de Didier était déjà fixé, mais il y avait encore pas mal de points à régler, notamment le contrat de son adjoint – qui arrivait avec lui –, Guy Stéphan. Tout allait très vite puisque nous avons même commencé d'envisager l'équipe pour la saison prochaine.

Ça, c'était le 1er mai 2009. Le mois suivant, je suis retourné à Zurich voir RLD, dont la santé s'était gravement détériorée. Il était à l'agonie. C'est là que je lui ai dit que j'allais quitter l'OM. Trop de manigances dont je ne voulais pas parler à cet homme malade. Autour de lui, on parlait beaucoup en son nom, on lui faisait dire qu'il allait me licencier. Jamais cette idée ne l'a traversé. Il avait confiance en moi.

Imaginez ce patron à la tête d'une société qui vaut 50 milliards d'euros. Il sait qu'il est tellement malade qu'il n'a plus que quelques semaines à vivre, au mieux. Il a une femme et de jeunes enfants qu'il adore, et sait qu'il ne sera bientôt plus là pour les protéger. Et voilà qu'au milieu de toutes ces pensées déchirantes, cet homme viendrait se soucier de destituer le président de son petit club de football, lequel représente une goutte d'eau dans l'océan de ses affaires ! Personne de sensé ne peut croire à une telle fable.

La vérité est que, Labrune en tête, on s'organisait pour prendre le pouvoir, à mon détriment, et dans le dos du patron à l'agonie. Mon voyage à Zurich leur a permis de dire que j'avais été convoqué pour être viré ! C'est moi qui ai dit à Robert : « Ça devient trop compliqué à l'OM, je crois que je vais partir. »

Alors, il s'est mis à pleurer.

Lorsque je suis arrivé ce jour-là, j'ai trouvé un RLD qui, pour la première fois, renonçait face à la maladie. « Là, c'est fini. » Et, en effet, il est mort huit ou neuf jours plus tard.

On pourra toujours dire que je suis parti trop tôt. Mais, sincèrement, à partir du moment où Robert était malade, avec l'issue fatale qui se profilait, quel aurait été mon avenir à l'OM ? Trop de détestation envers moi, trop de jalousies. J'étais trop populaire à Marseille pour que les hommes de l'ombre n'en souffrent pas. Labrune et ses complices s'employaient à avoir ma peau depuis pas mal de temps, ils y auraient réussi après la mort de Robert. Sans doute que j'ai baissé les bras, parce que je trouvais ce combat tellement dérisoire, par rapport à la mort d'un homme que j'aimais et respectais.

Longtemps, j'y ai cru, malgré tout, tant que Robert y croyait, tant qu'il m'accueillait en disant : « Elle ne m'aura pas, cette saloperie. » Le jour où il m'a dit : « Là, c'est fini », j'en ai moi-même fini avec l'OM.

L'un de mes grands regrets aura été de laisser Didier Deschamps en plan, après que nous ayons si bien préparé le terrain tous les deux, en vue des années à venir. J'étais fier de n'avoir rien laissé au hasard.

Depuis quelques années, j'avais bien sûr entendu parler de Didier Deschamps, l'entraîneur, de ses immenses qualités, de ses traits de caractère et de ses petits défauts. Je suis allé droit au but, je l'ai fait parler. Je ne voulais rien laisser au hasard… Ça évite les mauvaises surprises. Il a joué le jeu et a livré son propre sentiment. L'essentiel, c'était qu'il sache que c'est avec moi qu'il allait travailler. Il avait en face de lui l'homme qui serait son patron. J'avais besoin de poser ces choses, je crois aussi qu'il avait besoin de cette clarté. Je crois qu'il avait souffert de trop d'interférences à la Juve, d'un surplus de confusion des genres à Monaco. Il n'aimerait pas que ça se reproduise.

J'ai donc essayé de penser à tout. Par exemple, à sa future relation avec José Anigo. Ce n'est pas du tout qu'Anigo faisait opposition à la venue de Deschamps. Il était pour et le disait clairement. J'ai encore le souvenir d'un message de José qui me disait : « Pape, je suis ton idée à cent pour cent, Deschamps c'est l'homme qu'il nous faut. »

Mais connaissant les caractères des uns et des autres, je voulais prévenir tout ce qui pourrait arriver dans le futur. Gouverner, c'est prévoir, n'est-ce pas ? Quelle que soit leur entente au début, ça pouvait se gangrener en cours de route. Il pourrait y avoir des étincelles au fil du temps.

Même chose quand Gerets entraînait l'OM. Il aurait pu y avoir des étincelles si je n'y avais pas pris garde dès le départ. Enfin, il ne pouvait pas y avoir d'étincelles tant Gerets avait pris la mesure des choses… et d'Anigo. Il a serré le jeu d'entrée de jeu, laissant apparaître qu'il n'avait pas d'alter ego au club. Il y aurait Gerets, et puis les autres. Ça clarifie tout de suite la situation. Avec Gerets, il n'y avait aucune ambiguïté : il affichait qu'il était au-dessus de tout le monde, Anigo compris. Et au-dessus de lui, il n'y avait qu'une personne, moi. Il n'y avait pas à discuter et tous l'avaient compris. Mais ça, c'était Gerets.

Je craignais que les choses ne se passent pas comme ça avec Deschamps. Ils n'ont pas le même caractère, Didier est moins brutal quand il s'agit de fixer des lignes. C'est tout à son honneur, mais ça peut aussi aboutir à des malentendus et une certaine confusion. Il me paraissait donc indispensable de prévenir toute polémique.

D'ailleurs – même si ça peut paraître immodeste –, j'ai la conviction que si Julien Fournier et moi-même étions restés à l'OM, jamais ne se serait installée cette guerre latente entre Anigo et Deschamps. J'aurais servi de tampon, j'aurais su parler à chacun d'entre eux quand il y aurait eu des incompréhensions, j'en suis convaincu.

Après, quand je suis parti, il a eu affaire à d'autres présidents avec lesquels il n'avait pas contracté. À partir de là, je pense qu'il se sentait libre de tout engagement. Ses engagements, il les avait pris avec moi.

Il est entré alors dans une spirale que l'on peut critiquer, mais que l'on peut comprendre vu la situation dans laquelle il se trouvait. Il a commencé de dire qu'il voulait tel ou tel joueur, et s'il ne les avait pas, il s'en irait. Il a exigé Lucho, quel que soit son prix, Heinze, malgré son salaire exorbitant.

Encore une fois, ça ne pouvait pas se produire avec moi, car tout était clair, et il connaissait la place de chacun, y compris la mienne et la sienne. J'étais le patron et je décidais. Il savait que je n'ai pas un caractère à me laisser marcher sur les pieds, et que je n'hésite pas, quand c'est nécessaire, à taper du poing sur la table.

Cela dit, le courant est très bien passé entre nous, et depuis notre réunion secrète, chacun savait exactement ce qu'il pouvait attendre de l'autre.

Après mon départ, il s'est retrouvé dans une situation très fausse, il faut bien le reconnaître. Très inconfortable puisque le président qui venait de l'engager n'était plus là. Il avait affaire désormais à des étrangers, et très vite, il les a – à tort ou à raison – sentis hostiles.

N'ayant pas d'engagement moral avec eux, il a fait ce que j'aurais fait à sa place : exiger tout ce qui lui semblait nécessaire, et à chaque fois mettre son départ dans la balance. « On me donne ça, sinon je m'en vais. » Ça peut paraître choquant comme comportement, mais il n'y avait plus de cadre, donc plus de mesure. Et il était sans doute le plus désorienté.

Moi, j'aurais été choqué si j'avais senti qu'il servait des intérêts personnels. Ce n'était pas le cas : il servait les intérêts de l'entraîneur de l'OM, Didier Deschamps. Celui qui a toujours voulu le meilleur. En plus, il était le seul grand entraîneur sur le marché, donc, de ce côté, il jouait sur du velours. L'OM ne pouvait pas se passer de lui.

Il a su jouer de cet avantage avec beaucoup d'aisance tout au long de la première année. C'est sans doute pour cela que les choses se sont si bien passées sportivement. Un titre de champion de France et une Coupe de la Ligue, c'était quand même formidable, pour un club qui n'avait plus rien gagné depuis 1993...

C'est vrai, il y a eu d'entrée le couac de la soi-disant arrivée de Jean-Pierre Bernès comme directeur général, avec la bénédiction de Jean-Claude Dassier, qui allait devenir le président de l'OM

Je ne connais pas bien cette histoire mais je suis sûr que ce n'est pas Deschamps qui a suggéré le nom de Bernès.

Il est simplement dommage que beaucoup au club aient cru qu'il était l'instigateur de cette curieuse idée, dès lors, le mal était fait.

Quand je pense à Deschamps, je pense à la rage de vaincre. Ça concerne l'entraîneur, bien sûr. Quel gagneur. Son seul souci, c'est la victoire, il l'a largement démontré avec Monaco, l'OM, la Juventus. Et il a commencé de le faire avec l'équipe de France. Le match nul en Espagne, ce n'est ni un hasard ni un coup de chance, c'est pour beaucoup le résultat d'un état d'esprit qu'il a su insuffler.

C'est quelqu'un qui aime les responsabilités et les assume. Il a été très tôt capitaine de Nantes, puis de Marseille, de l'équipe de France. Ça non plus, ça n'est pas un hasard.

Il avait sans doute inscrit en lui, depuis l'enfance, le refus de la défaite, je crois qu'il a complété ça grâce à Tapie, qui lui a inculqué la culture de la victoire. Gagner, encore et toujours, ne jamais s'arrêter de gagner, Tapie a ça en lui, et il l'a communiqué à Deschamps.

L'expression « Seule la victoire est belle » semble avoir été inventée pour Didier. Après, pour ce qui est de ses conceptions du football, c'est vrai qu'elles sont très réalistes, et qu'on peut les discuter. Rigueur, solidité défensive, il ne prône pas un football spectacle, mais ça va avec sa soif inextinguible de gagner.

Je ne crois pas qu'il ait pris en main l'équipe de France trop tôt dans sa carrière. On ne fait jamais les choses trop tôt. L'idée qu'un entraîneur ne doive devenir sélectionneur qu'à la fin de sa carrière est une idée reçue. Et fausse. Et puis, il y avait une double opportunité à ce moment précis : Blanc quittait les Bleus et Deschamps quittait l'OM. Peut-être qu'il aurait plutôt pris un club, si l'opportunité s'était présentée, mais il n'a pas eu d'offre.

Je crois qu'il aurait mal vécu de se retrouver hors circuit, une fois encore. Il avait très mal vécu les deux ans de chômage technique, même s'il faisait de la radio et de la télévision. Il n'était pas prêt à recommencer.

Pour ce qui est de l'homme, que je connais finalement moins que l'entraîneur, je dirais, pour détruire une idée toute faite, qu'il peut être joyeux. Il a toujours la plaisanterie au bout des lèvres. C'est aussi quelqu'un qui peut être fidèle, je pense notamment à sa très vieille amitié avec Marcel Desailly.

En tant qu'ancien journaliste, j'ai toujours admiré son sens inouï de la langue de bois. Dieu sait que la langue de bois, pratiquée par des gens un peu lourds, ce peut être très rasoir. Voire assommant. Maniée avec grâce par un Didier Deschamps, elle devient un spectacle.

Chapitre 30

L'été meurtrier

(OM 2009)

« Ils ne s'aiment pas, ils ne se détestent pas.
Ils sont sur terre à la même époque : c'est tout. »
Jean Giono

Ç'a commencé comme un beau roman, une belle histoire. L'histoire de gens qui se rencontrent à un moment précis où ils se sentent isolés. Et en manque. Un peu comme une *love story*. Quoi de plus romantique ?

D'un côté Didier Deschamps, qui n'entraîne plus depuis deux ans, et qui commence à trouver le temps long.

À Marseille, c'est un peu comme toujours : tout va bien et tout va mal. C'est une des maladies de cette ville et de ce club, qui lui ressemble tant. À Marseille, le pire est toujours certain, surtout quand le soleil brille. L'équipe vient de terminer à la deuxième place du championnat, seulement distancée par le Bordeaux de Laurent Blanc. La lutte a été âpre, jusqu'au bout. Mieux, le club semble s'être définitivement concilié son public si versatile. Pape Diouf, le président noir et africain – le premier dans l'histoire du football européen –, modeste Sénégalais sorti de la rue et des métiers obscurs, s'est d'abord élevé dans la presse, à la force de son stylo. Puis, il est devenu agent de joueurs, l'un des premiers. Enfin, il a atteint le Graal de tout Marseillais qui se respecte : président de l'OM. Il a fait mieux, en cinq ans il a conquis l'affection des supporters, porté la parole de son club, et tout ce qu'il disait était respecté. Au-dessus de lui, le laissant libre de ses décisions, enfin heureux de vivre en confiance, après bien des déboires, Robert Louis-Dreyfus. L'actionnaire. Le bienfaiteur, pourrait-on préciser.

Pas loin du président, Eric Gerets, l'entraîneur. Aussi belge que Goethals, « Raymond la science », ce qui n'est pas pour rien dans sa popularité. Il fait jouer l'équipe comme on aime ici, gère ses joueurs comme s'ils étaient tous ses enfants chéris, sait pousser des coups de gueule quand il le faut, ne méprise personne, en balance de bonnes, à tout bout de champ, affiche et son chien et son cigare, avec l'air satisfait d'un monsieur Tout-le-Monde qui aurait réussi. Ils aiment tous Gerets, du jardinier du stade au responsable des ballons, du président aux clubs de supporters. Même les journalistes, qu'il ne déçoit jamais. Et il a des résultats. C'est lui qui a transformé une équipe « moyen plus » en cador du championnat. La Ligue des champions se profile, l'an prochain, les premiers titres depuis 1993, c'est sûr. Le soleil brille…

Sauf que l'on est à Marseille. Bénie des cieux, maudite des dieux. Un paradis à deux doigts de l'enfer. Donc, tout ne va pas si bien. L'actionnaire Robert Louis-Dreyfus est malade. Très malade. Depuis des années il lutte, cette fois il semble que ce ne soit plus qu'une question de semaines… Autour de son calvaire, ça grenouille et ça s'active. Notamment le dénommé Vincent Labrune, président du conseil de surveillance, et tous ses acolytes. Ces gens bien voudraient un peu plus de pouvoir et la maladie de leur patron est une opportunité en soi. Ce n'est pas sa place qui est visée, on s'en doute, mais celle de Pape Diouf, sorte de pièce rapportée dans l'édifice. On lui cherche des noises, des problèmes de gestion, ce n'est pas une très bonne idée, alors on va faire mieux.

L'entraîneur, Eric Gerets, attend qu'on lui fasse signer une prolongation de contrat. Rien de plus normal, au vu des résultats obtenus. Mais celui-ci aussi énerve. Trop populaire, trop charismatique. Et puis, c'est comme Diouf, il parle un peu trop football, qu'il connaît sur le bout des doigts. À la fin, ça devient gênant.

Le président a donc beau alerter tout le monde depuis le mois de décembre, en insistant pour que l'on prolonge le contrat de Gerets, personne n'y fait attention. On comprend, certes, que Robert Louis-Dreyfus ne soit plus en état de réagir avec vivacité sur ce genre de formalités, mais les autres ? Rien. Labrune fait traîner avec une obstination qui transpire la mauvaise foi. Plus Diouf insiste, agite la peur de voir partir Gerets, qui va finir par se vexer, plus le relais de l'actionnaire se désintéresse de la chose. Et au mois de mars l'entraîneur annonce qu'il va sans doute partir, car on ne lui a rien proposé pour rester. Il évoque un manque de respect à son égard et n'a pas tort. C'est le premier accroc dans la belle voilure de l'OM nouveau. Ce qui va se passer ensuite est digne d'une mauvaise série noire.

À la colère des supporters, indignés du traitement infligé à Gerets, il faut bien répondre quelque chose. Le conseil de surveillance répond donc, sans ciller, que le président de l'OM ne lui a rien proposé, donc c'est lui qui ne voulait pas prolonger Gerets.

Colère du président en question, qui commence à comprendre la manœuvre : puisque l'on n'a pas réussi à le déstabiliser avec la gestion du club, on va lui faire porter le chapeau du départ de Gerets. Et par là même se débarrasser de deux importuns.

En Suisse, où il est soigné, RLD voit son état empirer de jour en jour. Il n'est plus apte à suivre les diverses étapes de la guerre entre Diouf et le conseil de surveillance. Il est en tout cas assez lucide pour garder sa confiance au président, qui s'est mis en quête d'un nouvel entraîneur.

Dans un climat meurtrier, le printemps s'écoule, raide et sans joie. Fin avril, Gerets confirme officiellement son départ ; fin mai, Pape Diouf annonce que Didier Deschamps sera le prochain entraîneur de l'OM[73] ; fin juin, le même Pape Diouf, qui n'en peut décidément plus de la guerre larvée, annonce à Robert Louis-Dreyfus qu'il va quitter le club.

Quelques jours plus tard, RLD meurt. Le jeu de massacre peut s'arrêter.

Déstabilisé par le renoncement de l'homme qui l'a engagé, et auquel il fait entièrement confiance, Deschamps, qui n'a pas encore signé, hésite. Pendant huit jours, il va flotter entre deux eaux, entre deux décisions.

Au bord de l'été, il n'a encore rien arrêté. En vérité, il a un choix étriqué : celui de passer une troisième saison sans banc de touche, et ce serait cruel. Ou de s'engager à l'OM, dans un club marqué par les dissensions à tous les niveaux, dont on ne sait pas trop ce qu'il va devenir depuis qu'il a perdu son actionnaire tout-puissant, et n'arrive même pas à se trouver un nouveau président.

Jean-Claude Dassier, l'ancien patron des sports de TF1, récupère finalement le poste dont on se demande pourquoi il ne revient pas directement à Labrune, l'homme qui a orchestré le départ de Pape Diouf.

Patience, patience… Son tour viendra. Aujourd'hui, le risque est trop grand. Dans un an, quand l'OM de Deschamps et Dassier (il faut bien le dire) aura été sacré champion de

73 Après avoir obtenu l'accord de Robert Louis-Dreyfus. Voir chapitre 29, « Deschamps version Pape Diouf ».

France, il sera bien temps de blackbouler le président venu de Paris, trop dépensier, paraît-il, et de s'autoproclamer à sa place. Avec la bénédiction de la reine Margarita, veuve de RLD, et nouvelle actionnaire toute-puissante. Celle dont Pape Diouf, qui en parle toujours avec beaucoup de respect, dit : « La différence entre elle et son mari, c'est que RLD écoutait tout le monde au club, pour s'informer. Elle n'écoute que Labrune. »

On ne peut pas être plus clair.

L'OM. Après tout, c'est quand même mieux que l'oisiveté.

Quelques jours après, une première bombe explose, qui secoue Marseille, assoupie dans la torpeur estivale.

Chapitre 31

Deschamps version Dassier

Avec Didier, j'avais deux beaux souvenirs communs : la finale de la Ligue des champions 1993, OM-Milan AC et la finale de la Coupe du monde 1998, France-Brésil. Les deux fois, il en était le capitaine victorieux, moi je dirigeais le service des sports de TF1, qui retransmettait ces événements. Disons que ça crée des liens. Nous l'avions reçu à l'heure du triomphe, sur TF1, mais je ne le connaissais pas plus que ça pour autant.

Il avait été engagé comme entraîneur à l'OM par Pape Diouf, donc, arrivant après lui, je n'avais pas trop mon mot à dire. Si je l'avais eu, c'est le choix que j'aurais fait. Donc, aucun problème jusque-là.

Les premières difficultés – le mot est faible – sont arrivées avant que j'aie signé mon contrat.

Un soir, un dîner est organisé au San Francisco, un restaurant italien du 16ᵉ arrondissement de Paris. Il y a là Vincent Labrune, Didier Deschamps, son agent, Jean-Pierre Bernès, et moi-même. Tout se passe agréablement, nous parlons de la saison prochaine, Labrune dit beaucoup de conneries, comme souvent quand il parle de football, et je remarque que Jean-Pierre Bernès le corrige patiemment, à plusieurs reprises. C'est un peu le professeur inculquant quelques notions importantes à un élève écervelé. Je suis tellement épaté par la science de Bernès qu'à un moment donné, alors qu'il est train de parler, je le coupe :

« C'est bien de nous dire tout ce qu'il faudrait faire, mais pourquoi tu ne viendrais pas nous donner un coup de main ? »

Je dois dire que j'ai jeté cette idée en l'air sans y croire plus que ça, et surtout sans imaginer les retombées. Personne n'a vraiment réagi dans un premier temps. Deschamps s'est bien gardé de prendre position en faveur de son agent. Bernès était réellement surpris. Quant à Labrune, il semblait trouver l'idée assez bonne... sans être emballé pour autant.

Nonobstant le passé sulfureux de Bernès à l'OM, et ses relations très tourmentées avec les divers dirigeants qui s'étaient succédé depuis, je trouvais que ce serait formidable de l'avoir avec nous. Le connaissant depuis l'époque où il travaillait avec Tapie, j'avais pu apprécier ses compétences. Et puis, il avait grandi professionnellement au cœur de l'OM. Certes, il avait laissé un souvenir mitigé : la plupart des Marseillais ne lui pardonnaient pas d'avoir trahi son club en avouant qu'il avait acheté le match OM-VA sur ordre de Tapie. D'autres, au club même, lui reprochaient de véhiculer, à travers sa personne, une image dévoyée de l'OM. Une image qui, selon eux, ne changerait jamais.

J'étais moins définitif. Après tout, Bernès exerçait la profession d'agent de joueurs et d'entraîneurs, les instances fédérales semblaient le respecter et avoir passé sur ses exactions passées. Le faire revenir à l'OM, dans un rôle qui restait à définir, ne me semblait pas impossible. Je sentais aussi qu'il allait falloir y aller avec des pincettes.

Manque de chance, le surlendemain un grand titre barrait la une de la page des sports de La Provence, le grand quotidien marseillais : « Dassier veut Bernès » !

Plus question de finasser, il allait surtout falloir parer les coups. À l'OM, c'était l'ébullition, José Anigo et Antoine Veyrat ne décoléraient pas. Le pire, c'est que je savais qui avait balancé l'information : Jean-Pierre Bernès. Il était le seul d'entre nous à avoir intérêt à ébruiter une information qui n'en était pas encore une. Il avait tous les réseaux journalistiques possibles. Surtout, il espérait nous mettre au pied du mur. Après ça, espérait-il, nous ne pourrions plus revenir en arrière. Surtout moi. C'était mal calculé, car j'allais tout de suite me retrouver dans la tourmente, une vraie levée de boucliers. Avec pour effet de renoncer très vite à l'idée de faire venir Bernès.

Les dommages collatéraux allaient être plus dramatiques. Ceux qui ne voulaient pas entendre parler de Bernès étaient convaincus que tout avait été fomenté par Deschamps. Anigo le premier se voyait menacé dans sa fonction par l'homme qu'il exécrait par-dessus tout.

Je ne comprenais pas grand-chose à ce pataquès marseillais, si ce n'est que j'avais fait une boulette en appâtant Bernès. Une autre chose m'apparaissait clairement, alors que, jusque-là, je n'y avais pas prêté attention : Bernès, de son côté, était hanté par une obsession, faire virer Anigo ! Je ne savais pas exactement ce qui s'était passé entre ces deux hommes, mais quelle détestation mutuelle ! J'ai rarement vu ça.

Aujourd'hui encore, ça me fait sourire quand on me dit qu'à l'OM il y avait un problème Deschamps-Anigo. Le vrai problème, c'était entre Anigo et Bernès.

Mal à l'aise, Didier finit par prendre son poste sous l'œil méfiant de ceux qui le soupçonnent d'être le cheval de Troie de Bernès à l'OM. Moi, j'essayais d'apaiser les passions.

La première année s'est passée assez calmement, résultats obligent. Pas d'anicroches, ce qui était déjà un petit miracle dans le contexte.

Le jour où j'ai dit à Bernès et Deschamps : « Je ne virerai pas Anigo, il fait bien son travail, et c'est un des hommes forts de l'OM », je crois qu'ils ont compris.

Deschamps et Anigo se disaient « bonjour », échangeaient parfois quelques mots, ça n'allait pas plus loin. J'ai eu beau tout essayer, je n'ai jamais réussi à les faire travailler ensemble. Ils cohabitaient, on ne pouvait pas leur demander grand-chose de plus.

J'imaginais bien que ce n'était pas facile pour Didier, non plus. Il avait la sensation de se trouver en terrain ennemi. En plus, après le rejet brutal de son agent, il a développé une forme de paranoïa. Il prenait tout pour lui. Comme si le club voulait l'isoler un peu plus.

Pour essayer de le rassurer, j'ai validé beaucoup de ses désirs en matière de transferts : j'ai acheté, entre autres, l'Argentin Heinze, Abriel, Rool, et Lucho.

En toute occasion, je prenais sa défense, ce qui me paraissait d'ailleurs normal. Il avait mon soutien absolu et je tenais à ce que ce soit su.

C'est pourquoi j'ai été peiné qu'il ne me rende pas la pareille, quand je me suis fait piéger par une phrase toute bête, un peu trop vite sortie de ma bouche au cours d'une interview. J'avais dit que, en tant que président de l'OM, je ne voulais pas faire une « gestion à l'africaine ». Bien sûr, tout le monde a pensé que je visais mon prédécesseur, Pape Diouf, ce qui était d'autant moins le cas qu'après cinq ans d'exercice il avait laissé le club dans une situation financière particulièrement saine. Peu importe, l'affaire a fait scandale et tout le monde m'est tombé dessus dans un bel ensemble. Quand on a demandé à Didier ce qu'il pensait de mes propos, il a simplement répondu : « Je ne commente jamais les décisions ou les déclarations de mes présidents »… Bon, on a déjà vu plus solidaire ! Sans compter que, dès l'année suivante, il ne s'en privera pas. Mais il était alors personnellement impliqué.

Toujours est-il que nous bouclons cette saison avec un titre de champion de France et une Coupe de la Ligue. Le genre de résultat que nous n'espérions même pas en rêve après tous les chamboulements, tracas et drames de l'été 2009.

Le début de la deuxième saison est gâté par l'affaire du départ de Mamadou Niang. Bien sûr, il avait marqué beaucoup de buts, était devenu le chouchou des supporters, et son entraîneur ne jurait que par lui. Mais il avait 30 ans, une hygiène de vie discutable et je venais de recevoir une très belle offre de Turquie. Si je ne l'avais pas vendu, j'aurais été le roi des cons !

Deschamps l'avait assez mal pris. Il jugeait que j'affaiblissais son équipe et voulait une compensation. Ont surgi alors, pour remplacer Niang, les noms de Gilardino, Luis Fabiano, et même Drogba. Là, ça devenait compliqué.

Depuis un an, il voulait absolument faire venir Alou Diarra de Bordeaux. Je savais que Diarra avait pour agent Bernès, comme Deschamps, et que Bernès poussait à la roue… D'où le risque de tout mélanger… J'ai quand même pris Diarra, encore un trentenaire costaud. Je l'ai fait remarquer à Didier : « Tu ne veux que des grands gabarits, très costauds, et qui ont atteint la trentaine. On ne peut pas dire que tu pratiques l'audace, ni que tu es un découvreur de talents ! »

Avant la fin du mercato, j'ai encore acheté Gignac et Rémy, que l'entraîneur voulait. Pourtant, j'ai trouvé qu'il les accueillait bizarrement…

D'une année sur l'autre, il avait obtenu que son salaire passe de 150 000 à 250 000 euros. Grâce une méthode, expérimentée ailleurs, qui consiste à menacer de quitter son poste. Une technique un peu fatigante… qui ne lui avait pas valu que des succès.

Même si nous avons terminé deuxième du championnat, derrière Lille, en remportant encore la Coupe de la Ligue, cette seconde saison à l'OM a été épuisante pour moi. Labrune s'agitait en coulisse, ça grinçait chez les joueurs, la tension montait entre Deschamps et Anigo. Pour des bêtises, parfois. Mais peu importaient les motifs, ce qui comptait, c'était d'assouvir leur hostilité.

La susceptibilité de Deschamps était un élément avec lequel il me fallait compter. Ainsi, un soir de victoire où j'avais invité Gerets, venu nous témoigner sa sympathie, à rentrer avec nous, il est venu m'apostropher. Et comme je me défendais, ne voyant pas ce qu'il y avait de mal à ça : « Vous seriez content si j'avais pris Pape Diouf dans mon car ? »

En vérité, je n'y aurais pas vu d'inconvénient ni d'inconvenance à mon égard, mais allez donc lui expliquer ça.

Dans les derniers temps de ma présidence, il a pris de plus en plus de libertés avec moi. Comme s'il savait – avant moi – que mes jours étaient comptés.

Un jour, en ma présence, il vient voir Margarita Louis-Dreyfus et lui demande de l'argent ! Je vous rassure, pas pour lui, mais pour le club. Comme ça, froidement, posément, il lui explique qu'elle devrait rajouter 20 millions d'euros dans l'escarcelle de l'OM, pour que le club puisse mieux lutter avec les cadors du championnat. C'était ahurissant. L'entraîneur qui vient parler gros sous avec l'actionnaire, en présence du président, auquel il n'en a pas touché un mot.

Quand j'ai finalement été viré, à la fin de la saison, je suis parti sans avoir eu signe de vie de mon entraîneur. Rien. Pas un mot.

Qu'attendais-je de lui, au fond ? Certainement pas qu'il prenne parti contre mon éviction, ce n'était pas dans ses attributions. Même si je l'ai toujours protégé, comme un président doit le faire avec son entraîneur, je n'attendais pas non plus qu'il monte au créneau pour me défendre. Non, tout ce que j'aurais espéré, c'est qu'il vienne me voir, ou m'appelle, s'il voulait rester discret, quitte à me laisser un message : « Président, on a fait de belles choses ensemble, je regrette votre départ… »

Il faut croire que ce n'était pas le cas.

Chapitre 32

Règlements de comptes

Se débarrasser de Jean-Claude Dassier en lui reprochant une gestion hasardeuse et mirifique, et même mirifiquement hasardeuse, ce n'était pas le plus gros challenge de Vincent Labrune. Certes, nous avons le droit de nous étonner de ce que le reproche principal adressé par Labrune à chacun des présidents qui l'ont précédé se résume à déplorer une mauvaise gestion.

En fait de reproche principal, il serait sans doute plus juste de parler de reproche avoué.

Pape Diouf, en cinq ans, avait remis le club sur les rails de la Ligue des champions, s'était rapproché à le frôler du titre, et avait comblé Robert Louis-Dreyfus par une gestion assez saine pour remettre les comptes de l'OM à l'endroit. Ce qui n'était pas gagné d'avance.

Jean-Claude Dassier a eu le mérite de gérer autant que possible le conflit latent Deschamps-Anigo, de veiller à ce que son entraîneur ne ressente pas trop son isolement au sein du club, enfin, il a été le premier président à gagner des trophées pour l'OM, depuis Bernard Tapie. Dont le titre de champion de France, dix-huit ans après celui de 1992.

Certes, il a dépensé pas mal d'argent, et pas toujours à bon escient, mais c'était généralement sur les demandes pressantes de son entraîneur. Surtout, ses achats étaient entérinés par le conseil de surveillance, dont on se demande bien à quoi il sert s'il n'est pas capable de prévenir des dépenses trop importantes plutôt que de s'en formaliser longtemps après. Un conseil de surveillance n'est pas la Cour des comptes, après tout.

Ce qui apparaît, c'est que Pape Diouf était trop populaire et que Jean-Claude Dassier était forcément associé à la réussite de l'OM depuis le début de son mandat. Et cela gênait les hommes de l'ombre. Diouf parti, il eût été périlleux de briguer sa place tout de suite tant les vents semblaient contraires, alors. La saison 2009-2010 risquait d'être catastrophique, entre la disparition de l'actionnaire, le changement d'entraîneur, un recrutement sans éclat… Mieux valait laisser « Dassier-le-Parisien » se casser les dents sur le chantier improbable, et mieux ramasser les morceaux ensuite, sans s'être sali les mains.

Les choses s'étant passées autrement, avec un titre de champion de France et une Coupe de la Ligue, il fallait trouver d'autres prétextes pour se débarrasser de Dassier. Ce qui fut fait sans bavures.

Seul maître à bord, désormais, Vincent Labrune va donner la pleine mesure de son sens de la désorganisation.

C'est sous son règne que va éclater la guerre Deschamps-Anigo. Elle aura couvé pendant deux ans, jusqu'au jour où le couvercle a explosé.

Pendant ces deux ans, Didier Deschamps ne s'est certes pas fait que des amis à l'OM. À tort ou à raison. Au fur et à mesure des mois, il n'a même plus eu que des ennemis. Problème de caractère, dit-on du côté de la Commanderie. On le juge trop complexe, embrouillé dans ses rapports avec les uns et les autres, susceptible et finalement assez froid.

Et s'il était tout simplement aussi paranoïaque que le disent les uns et les autres ?

En même temps que nous posons la question, la réponse tombe sous le sens : en tout cas, s'il ne l'était pas, il aurait eu plein d'occasions de le devenir, à l'OM.

C'est vrai qu'il a vite cherché à obtenir un semblant de pleins pouvoirs qui l'aurait délesté de Jose Anigo et lui aurait laissé les mains libres sur les transferts. Il est vrai aussi que le départ de Diouf conjugué au rejet de Bernès, c'était beaucoup. D'autant qu'il a vite compris que Dassier était un président sans poids – il était surtout là pour prendre les coups –, et que le vrai patron était déjà Labrune. Refusant cet isolement, il aurait voulu créer un contact privilégié avec l'actionnaire, au moins avec Labrune. Ce qui lui a toujours été refusé, Anigo restant une sorte d'alter ego. Le directeur sportif, incontournable responsable du recrutement.

Le recrutement, on sait que ce n'est pas une science exacte. Anigo a fait des erreurs, il a aussi déniché quelques perles. Deschamps a voulu des joueurs sur lesquels il ne s'est pas trompé, et d'autres qui ont été de lourdes erreurs.

Les ratés de l'un ou de l'autre n'auraient pas posé problème s'il y avait eu un minimum de synergie. Et sans doute y aurait-il eu moins de ratés, l'addition de deux expériences étant toujours profitable.

Mais bon, ces deux avaient appris à se détester en silence, à se méfier l'un de l'autre, à se reprocher par insinuations toujours très indirectes tel ou tel comportement, ils n'allaient quand même pas travailler ensemble !

« C'était impossible », dit Jean-Claude Dassier. Labrune n'a pas essayé, surtout pas, tendant l'oreille vers l'un puis vers l'autre, donnant raison aux deux, ne tranchant surtout pas, même quand le conflit interne explosa en direct live, dans les couloirs du Stade vélodrome, un samedi d'octobre 2011, après une… victoire, 2-0, contre la lanterne rouge, Ajaccio.

Déjà, avant le match, ça chauffait vraiment. Pas seulement parce que l'OM, de match nul en défaite, de performances médiocres en résultats affligeants, naviguait dans la deuxième partie du classement de ligue 1.

Les supporters avaient choisi de faire la grève des encouragements, puis de tourner le dos à leur public.

Ah ! ce merveilleux public marseillais, si chaleureux, si connaisseur, que le monde entier, de Barcelone à Liverpool, de Munich à Turin, de Rio à Buenos Aires, nous envie !

Certains faisaient grève tout court en ne venant plus au stade, d'autres arboraient des banderoles vindicatives contre l'équipe qui ne mouillait pas le maillot (toujours le même refrain) et surtout l'entraîneur, coupable de tous les maux. Comme d'habitude. En attendant de lui enjoindre de ficher le camp, les « supporters » commençaient de prendre à partie Didier Deschamps. Le même Deschamps qui leur avait offert un titre de champion de France un an et demi plus tôt. Comprenne qui pourra.

Évidemment, ces événements se vivent mal quand on en est la cible. Et que l'on ne comprend pas. Après tout, puisque personne de sensé ne peut donner une explication rationnelle à ces déchaînements, Deschamps ne le pouvait pas non plus.

Comme tout être humain acculé, il cherchait une raison, au moins une, mais une bonne, pour expliquer ce jeu de massacre. Qu'on la lui ait soufflée ou qu'il ait cru la deviner tout seul, comme un grand, il lâcha à plusieurs reprises autour de lui le nom d'Anigo.

Le directeur sportif, tant aimé des supporters, aurait fait de ceux-ci son bras armé. C'est pour obéir à Anigo qu'ils s'en prenaient à Deschamps.

Celui-ci ne s'est jamais privé, tout au long de sa carrière, d'envoyer quelques piques, ou réflexions peu amènes, quand ça le tentait, y compris dans les moments calmes. Que ce soit à travers des pseudo-confidences à des journalistes ou des réflexions un peu ambiguës faites sur ce mode humoristique qu'il goûte tant. Certains de ses anciens coéquipiers de l'équipe de France ou de l'OM en ont un souvenir chatouilleux.

Là, tout allait mal, la tempête soufflait et on lui tapait dessus avec une violence telle que tout son tempérament le poussait à réagir.

Puisque José Anigo ne se gênait pas... Il revint aux oreilles de celui-ci que Deschamps laissait entendre, aussi, qu'il n'était pas étranger aux cambriolages et autres saucissonnages dont étaient victimes les joueurs de l'OM, notamment les frères Ayew et l'Argentin Lucho. Les fameux liens supposés du directeur sportif avec le milieu continuaient à servir.

À ce stade-là, on croyait avoir tout vu. Le meilleur était à venir, disponible pour tous publics, à visionner autant de fois qu'on le voudrait sur le Web. Parce que, jusque-là, le conflit restait confiné à quelques happy few. Ce samedi d'octobre, il y en aurait pour tout le monde.

Avant même que le match, l'autre, ne commence, Deschamps profite d'une question – à la fois pertinente et très perverse – d'un journaliste, qui lui demande s'il pensait que tout le monde faisait corps au sein du club :

« Je ne veux pas en rajouter. Il y a assez de choses compliquées. Je n'ai pas envie de rentrer dans les choses que vous savez, que je sais, que beaucoup de personnes savent. J'y reviendrai prochainement, peut-être. »

L'attaque n'est pas frontale, c'est le moins que l'on puisse dire. C'est du Deschamps dans le texte. Un Deschamps à bout de nerfs, qui vient encore de se faire siffler par les supporters, et qui est convaincu de savoir qui les manipule. Un Deschamps qui ne sait plus quoi faire pour sortir de la crise traversée par son équipe. Jusqu'où vont-ils s'enfoncer ? Bien sûr, il ignore alors que deux buts d'André Ayew vont donner, deux heures plus tard, la précieuse victoire à l'OM.

Celle qui va ramener le calme ?

Pas vraiment. Car, après le coup de sifflet final, c'est Anigo qui monte sur le ring, et, contrairement à son adversaire, il ne prend pas de gants. Ayant bien enregistré les propos de Deschamps, qu'il a pris pour lui – ce qu'on ne lui reprochera pas –, il balance du lourd à tous les micros et stylos tendus :

« Des fois, il vaut mieux tourner sa langue dans sa bouche, sept fois, plutôt que de dire de telles bêtises. C'est de l'irresponsabilité, de la connerie [...]. J'en ai plein les couilles, ça suffit de toujours dire "C'est la faute à untel", de se prendre pour Calimero [...]. Quand il y a quelque chose à dire, j'ai plutôt tendance à le dire en face. Je ne suis pas un pleureur. Moi, je peux me regarder en face. »

Envoyez, c'est pesé !

Chapitre 33

Deschamps version Anigo[74]

Aujourd'hui, je n'ai plus envie de parler de lui. Rien que l'idée me fatigue. Tout cela me paraît assez loin maintenant. Ce qui est amusant, c'est que beaucoup de gens ont pensé et pensent encore que notre hostilité remontait à très longtemps, avant son arrivée à l'OM. C'est faux.

La seule période où je l'ai fréquenté, c'est à Clairefontaine, lorsque nous travaillions l'un et l'autre à obtenir le diplôme d'entraîneur. Nous avions plutôt sympathisé. Je ne peux pas dire que nous sommes devenus en quelques jours des amis intimes, mais nous échangions… Le contact était bon.

Quand il est arrivé à l'OM, j'étais favorable à sa venue. Ses qualités ne se discutent pas, il en avait fait la preuve ailleurs, et pas n'importe où. Il n'y avait aucune raison que ça se passe mal.

Et puis il y a eu l'histoire Bernès. Se proposer de faire revenir à Marseille l'homme qui lui a coûté si cher, qui a sali le club, par ses actes et par ses dires, c'était comme une provocation. En tout cas, moi, ancien minot de l'OM, je l'ai reçu comme une gifle.

On a beaucoup dit que ce retour de Bernès, ce n'est pas lui qui le souhaitait, c'est possible, mais en tout cas il ne s'y est pas opposé, sinon personne n'en aurait parlé.

74 Directeur sportif de l'OM. Entretien avec l'auteur réalisé le 8 décembre 2012

Il faut se souvenir qu'à l'époque j'ai mis ma démission dans la balance tellement je trouvais cette idée honteuse et inacceptable.

C'est vrai qu'à partir de là mon comportement envers Deschamps a changé. Totalement. Il n'était plus quelqu'un avec lequel j'allais travailler. Ni main dans la main, ni côte à côte. Le président nous demandait de faire comme si. Nous avons donc fait comme si. Pendant un certain temps.

Ce n'est pas pour me décharger d'une quelconque responsabilité – j'assume tout – mais lui-même a marqué un changement après l'affaire Bernès. Il est devenu tendu, à fleur de peau, un peu parano. Il devait avoir l'impression que l'on complotait contre lui à tout instant. Comme si on n'avait que ça à faire !

Je dis « on » parce qu'il n'y avait pas qu'avec moi qu'il avait des soucis. On en a fait beaucoup autour du conflit Deschamps-Anigo pendant trois ans, la vérité, c'est que je n'étais que la partie visible de l'iceberg.

Il s'est montré odieux avec à peu près tout le monde au club, comme si tous, du magasinier au responsable des ballons, en passant par l'entraîneur des gosses, étaient des ennemis implacables.

Il a quand même réussi à se fâcher avec des employés du club qui l'adoraient quand il jouait ici, vingt ans plus tôt, et qui ne le reconnaissaient pas.

L'un d'entre eux s'est fait « incendier » parce que, le soir où nous fêtions le titre, il s'était permis d'inviter Eric Gerets à boire un verre à notre réception. Le pauvre gars s'en est pris plein la tête, s'est fait traiter de traître, tout ça pour avoir eu un geste amical envers un entraîneur qui avait laissé un bon souvenir au club.

Les deux premières saisons, les bons résultats du club ont fait taire nos ressentiments.

Quand les défaites ont commencé de s'accumuler, au cours de la troisième saison, la tension est montée de plusieurs crans. Est apparu chez lui un trait de caractère acéré : quand il se trouve face à un échec ou une simple mauvaise passe, il faut que ce soit à cause de quelqu'un. Il ne se remet jamais en question, et ça, après tout, c'est son problème. Ça ne me regarde pas. En revanche, quand il a commencé d'attaquer les uns et les autres pour se défausser, j'ai trouvé ça médiocre.

Dès que l'équipe a commencé de mal tourner, il a balancé des petites phrases sur le recrutement qui n'était pas à la hauteur. Il oubliait avoir exigé certaines recrues qui s'étaient révélées très décevantes. Il oubliait aussi que j'avais moi-même recruté quelques joueurs qui donnaient grande satisfaction.

Il a une grande disposition à monter les gens les uns contre les autres. Ce n'était pas facile à vivre pour les joueurs. En gros, il considérait que tout joueur qui entretenait de bons rapports avec moi lui déclarait la guerre... Du coup, l'effectif se trouvait de plus en plus mal à l'aise.

Le cap de l'insupportable a été atteint lorsque après une série de résultats catastrophiques interrompue par une victoire contre Ajaccio il a cru bon de dire qu'il en avait assez de travailler pendant que des gens à l'intérieur du club sapaient tout ce qu'il entreprenait. L'ennemi de l'intérieur, quoi.

C'est là que j'ai explosé. Interrogé par un journaliste qui me demandait de commenter cette sortie, j'ai dit qu'il fallait cesser de se prendre pour Calimero... Vous savez, ce gentil personnage de BD télévisée auquel il arrive quelques petits malheurs, et qui conclut chaque fin d'épisode en soupirant : « La vie est injuste ! »

Reconnaissez que ce n'était pas bien méchant... Pourtant, il l'a très mal pris. Outré, il a dit que jamais on ne l'avait traité comme ça, c'était inadmissible, et tout.

Je n'en revenais pas. Pour moi, une insulte, ce n'est pas ça.

À partir de ce jour, il a obtenu du président que je ne m'approche plus de l'effectif professionnel, mais il n'a pas eu ma tête. Pourtant, que ce soit lui ou son copain Bernès, ils ont demandé ma tête depuis le premier jour.

Vous ne m'entendrez pas dire pour autant que c'est un mauvais. Je trouve qu'il est intelligent, travailleur et très bon entraîneur. En plus, il a un vrai sens du jeu.

Hélas, tout cela est gâché, dans ses rapports humains, par une énorme susceptibilité qui confine à la paranoïa.

Peut-être était-ce le contexte, il avait l'air de voir des ennemis partout.

Il est parti, et je suis toujours là. Je n'ai plus envie de penser à lui. Il ne me manque pas.

Chapitre 34

Le cercle des poètes disparus

Personne n'imaginait, depuis Monaco et Turin, que Deschamps était un entraîneur facile à décoder. Ni par ses présidents, ses collègues en interne, ou son effectif.

À Marseille, il aurait bien aimé pouvoir s'appuyer sur ses joueurs. Les résultats étant là, il avait de bonnes raisons d'être confiant. C'est encore faire trop confiance à la nature humaine.

Ben Arfa, lâché par Lyon, son club formateur qui n'en pouvait plus de ses esclandres, de son mauvais esprit et de ses comportements douteux, avait été récupéré par l'OM, désireux de lui offrir une deuxième chance. Le jeune impétrant aurait pu être tout heureux de se voir désormais dirigé par un entraîneur respecté, champion du monde 1998, et le plus beau palmarès du football français.

Mais le respect, dont ils parlent si souvent, la plupart des joueurs de cette génération n'en connaissent pas la signification. Et ne leur parlez surtout pas du respect dû aux anciens, vous risqueriez de les fâcher tout rouge.

Un matin d'entraînement où le fougueux Ben Arfa devait être de bien mauvaise humeur, comme cela arrive après un réveil difficile, Didier Deschamps a la méchante idée de tancer ses imprécisions et son manque d'implication, bref de faire bêtement son travail d'entraîneur.

Une fois, deux fois et soudain, c'est l'explosion. Il se met à braire comme un âne, Hatem : « Tu vas arrêter de nous casser les couilles ! » crache-t-il au visage de son entraîneur

Une manière de lui rappeler les bonnes manières, on n'en doute pas. Et aussi un moyen de rejoindre, au club des poètes, l'inénarrable Anelka, l'inventeur de Knysna.

Deschamps aura la bonne idée de débarrasser l'OM de cette présence néfaste, obtenant que Ben Arfa aille insulter ailleurs, mais l'équipe de France n'a pas renoncé à lui : il revient en 2012, et, dans un vestiaire de l'Euro, envoie paître son sélectionneur, Laurent Blanc, avec la même délicatesse. Quelques jours plus tôt, son pote Nasri avait insulté un journaliste. Le tout-venant.

Depuis, Anelka et Ben Arfa (qui a dû être tout heureux de voir son ancien entraîneur devenir sélectionneur national) sont inscrits, pour ce qui concerne l'équipe de France, au cercle des poètes disparus, où aurait dû les rejoindre un de ces jours Samir Nasri. Si Deschamps, nommé sélectionneur national, n'avait décidé de lui donner une troisième chance…

Didier Deschamps aura aussi des soucis – même s'ils étaient d'un autre ordre – avec Mathieu Valbuena. Élevé au rang d'attaquant incontestable de l'OM par Gerets, il marque le pas après l'arrivée de Deschamps. Il serait plus juste de dire que celui-ci lui fait vite sentir qu'il n'entre pas dans ses plans. Trop petit, pas assez décisif, souvent par terre… Bref, ce n'est pas son type de joueur, ça, nous l'avions compris. Valbuena vit mal sa mise à l'écart, et la volonté de son entraîneur de le faire partir. Une sorte de bras de fer s'engage. Le joueur croit assez en lui pour tenter de convaincre l'entraîneur. Plutôt que de l'insulter ou de se répandre dans la presse, il travaille trois fois plus, se défonce à l'entraînement, force son respect, dans un premier temps. Il finit par se frayer à nouveau une place sur le banc. Dès qu'il a une opportunité d'entrer un jeu, il montre à quel point l'épreuve l'a mûri. Bientôt, il deviendra un titulaire indiscutable, et même le joueur le plus performant de l'OM. Bientôt il s'affirmera en équipe de France.

En l'occasion, Didier Deschamps a prouvé qu'il pouvait réviser ses jugements. Les efforts de Valbuena n'ont pas échoué sur un ingrat.

La relation avec Pierre-André Gignac sera aussi douloureuse et connaîtra une fin moins heureuse. Deschamps est déçu. Au-delà de ses blessures récurrentes et de ses performances médiocres, Gignac ne lui donne jamais l'impression de vouloir faire les efforts nécessaires.

Bien sûr il se livre à fond pendant les matchs, mais il apparaît que son hygiène de vie, en dehors du terrain, est loin d'être idéale. Il mange n'importe quoi, et de toute façon trop. Il n'est nul besoin d'être diététicien pour comprendre que la plupart de ses blessures sont la conséquence de cet anti-régime.

Comme il a eu la bonne idée de s'installer à Fos-sur-Mer, pour être près de sa famille, plutôt qu'à Marseille ou aux environs, il passe plus d'une heure dans les embouteillages chaque matin. Quand tout va bien. Arriver en retard à l'entraînement n'est pas une manière de se dispenser les grâces de son coach...

Avant la saison 2011-2012, il se présente, pour la reprise, avec 8 kilos de trop. Deschamps ne décolère pas et l'envoie faire une cure à Murano, en Italie... Là où il va lui-même, à la fin de chaque saison difficile, quand il a quelques kilos à perdre, pour revenir, bronzé et aminci, d'attaque pour la prochaine saison. On ne peut donc pas parler de sanction, et encore moins de sanction punitive, comme voudra l'interpréter l'entourage du joueur.

Ce qui va sembler désagréable et malvenu de la part de l'entraîneur, c'est sa tentation d'aller raconter à la presse comment il a expédié Gignac en cure parce qu'il était trop gros !

Pas malin, il est vrai. Encore que l'on peut se demander lequel est le plus coupable du joueur qui se présente gonflé comme une outre à la reprise de l'entraînement, ou de l'entraîneur qui pointe la défaillance devant les médias ?

Les relations avec Gignac ne vont pas s'arranger quand toujours en 2011, le club essaie de le « fourguer » – c'est hélas le mot qui convient – en Angleterre, à la fin du mercato estival. À Fulham, plus exactement. Tout le monde le voit prendre l'avion à Marignane avec son petit sac en bandoulière, puis revenir deux jours plus tard, avec le même petit sac.

« J'étais devenu le petit vilain canard. L'OM voulait que j'y aille. J'y suis allé parce qu'on m'avait demandé d'y aller. À reculons. Dans ma tête, j'allais signer à Londres. J'ai failli signer mais je ne le sentais pas. »

Cette image humiliante de Gignac trimbalé comme un pantin, personne ne l'oubliera. Et surtout pas le joueur. Cette scène déplorable rappelle une triste chanson enfantine : « Je suis un polichinelle, la vie est belle, la vie est belle, je suis un polichinelle, tire ma ficelle… »

Gignac, qui sait que son entraîneur ne croit plus en lui, commence à lui en vouloir. À tort, reconnaît-il aujourd'hui. Plus lucide qu'il y a deux ans, il rappelle que Deschamps l'a vu personnellement une dizaine de fois pour l'aider, lui parler, le remettre sur le bon chemin. En vain. Il se souvient aussi que c'est Deschamps qui l'a voulu avec insistance à l'OM, le club payant près de 20 millions d'euros pour son transfert de Toulouse. Ce transfert onéreux qui paraissait alors un bon investissement sur un tout jeune international, il sera beaucoup reproché à l'entraîneur par la suite…

C'est le 23 novembre de la même année 2011 que survient le clash. L'OM reçoit Olympiakos en Ligue des champions.

Depuis quelque temps, Gignac va mieux, il n'est plus blessé, peut s'entraîner normalement. Son entraîneur lui a dit quelques jours plus tôt qu'il était content de lui, mais quand arrive le match, il ne le fait pas entrer en jeu : « J'ai jeté une bouteille, j'ai lancé des noms d'oiseaux. »

S'il reconnaît aujourd'hui que ce n'était pas la bonne méthode et regrette de ne pas être allé voir son entraîneur pour une saine explication, la rancœur avait, alors, pris le dessus. Dans l'incompréhension et la frustration la plus totale, il viendra gonfler le bataillon des anti-Deschamps, où figurent en bonne position Charles Kaboré et Bruno Cheyrou.

Au fur et à mesure des déconvenues de l'équipe et du climat pourri qui règne dans les coulisses du club, les supporters, ce mal nécessaire, s'excitent, et les banderoles anti-Deschamps deviennent plus méchantes : « Deschamps, casse-toi », lui suggère-t-on, avec une pointe de vulgarité.

Il va partir, il va partir ! Plus que quelques détails à régler, et pas des moindres. D'abord, il lui reste un an de contrat, et cette fois, pas question de démissionner, avec une certaine élégance, et sans indemnités.

Il a d'autant moins de cadeaux à faire à l'OM qu'il reproche aux dirigeants de ne pas avoir pris parti dans son affrontement avec Anigo. Certes le directeur sportif a reçu une amende, s'est vu convié à s'éloigner de l'équipe professionnelle, mais l'entraîneur a, de son côté, écopé d'un avertissement. Surtout, il ne sent aucun soutien. Et encore moins de reconnaissance pour ce qu'il a apporté au club en moins de trois saisons.

Chapitre 35

Deschamps version Nathalie Paoli[75]

Je ne peux pas décrypter le psychodrame permanent qu'a été le passage de Deschamps à l'OM sans prendre en compte ce qui s'est passé dans les huit mois qui ont précédé. C'est une histoire très banale de lutte pour le pouvoir. Très affligeante aussi parce qu'elle se déroule autour d'un homme très malade, qui va finir par mourir.

Une sorte de course contre la montre sans pitié.

En novembre, Robert Louis-Dreyfus – RLD – vient à Marseille, considérablement amaigri mais en vie alors que tout le monde le donnait mourant. Il est heureux, car son traitement semble fonctionner, la greffe a réussi, les analyses sont bonnes.

Et puis, en décembre, il attrape un virus. On sait, alors, qu'il n'en a plus que pour six mois.

Or, si RLD meurt et que Diouf est toujours en place, celui-ci devient indéboulonnable. Seul RLD peut décider du sort de Diouf. Lui mort, Diouf deviendrait le vrai patron de l'OM, avec comme atout majeur la confiance absolue que lui avait gardée RLD jusqu'à sa mort.

Il fallait donc se débarrasser de Diouf avant la mort de RLD. C'est une hypothèse, certes, mais je la crois très crédible, et elle explique le

---

75 Entretien avec l'auteur réalisé le 25 juillet 2013 à Marseille. Directrice de la communication de l'OM pendant dix ans, proche collaboratrice de Pape Diouf au temps de sa présidence, Nathalie Paoli a été licenciée par le club six mois après le départ de Pape Diouf. Ses souvenirs se rapportent donc exclusivement à la période comprise entre juin et décembre 2009.

comportement des Labrune et consorts, tellement pressés de faire partir Diouf.

Elle explique aussi l'étrange interview donnée par RLD en décembre qui contredisait totalement les propos tenus pour OM TV un mois plus tôt.

À OM TV, j'étais là, je peux donc confirmer que c'est bien lui qui parlait. Il disait : « La direction en place a toute ma confiance, je suis heureux de la bonne gestion sportive et financière de ce club… »

En janvier, alors que le club est troisième, que l'on joue encore le titre, paraît dans L'Équipe une interview qui n'a ni queue ni tête, dans le contexte. Il est censé dire : « Si on ne finit pas dans les deux premiers, la direction du club devra en rendre compte. »

Gerets le prend très mal. Il ne comprend pas pourquoi on lui met soudain cette pression alors que tout va bien…

L'interview mystérieuse crée une tension terrible. Tous les prétextes sont utilisés pour justifier que Diouf ne pourra pas rester.

Antoine Veyrat, le directeur général, qui, par ailleurs, ne parle plus à l'actionnaire, annonce à tout le monde que Diouf ne sera plus là la saison prochaine.

On évoque aussi la masse salariale. Quand on sait qu'elle a été multipliée par deux ou trois, un mois plus tard, on comprend que c'était un prétexte fallacieux. Mais peu importe, il fallait faire feu dans toutes les directions.

On va même aller quereller Diouf, le président devenu indésirable, sur le cas de l'entraîneur, Eric Gerets.

Depuis janvier 2009, Pape Diouf demandait à ce que l'on prolonge Gerets. Mais celui-ci ne bénéficiait pas, alors, de l'aura qu'il possédera quelques mois plus tard. D'ailleurs, RLD ne voulait pas le prolonger.

Après c'était trop tard. Dès février, Gerets s'était engagé ailleurs, même si ce n'était pas su.

Rapidement, ce départ programmé, Labrune le reproche à Diouf, en off ou en on. Alors que, de son côté, Diouf affirme : « C'est RLD qui m'a dit qu'il ne voulait pas garder Gerets. »

Tout le monde, au conseil de surveillance, met la pression sur le président, qui va devoir assumer le départ de Gerets. On lui fait comprendre qu'il ne pourra pas garder sa place après un tel couac.

Pape Diouf, qui n'aime pas faire parler les absents, sait bien ce que lui a dit RLD à plusieurs reprises : pas question de garder Gerets.

C'est clair, il l'a répercuté au conseil de surveillance, mais il sent que l'on va finir par lui faire porter le chapeau quand sera annoncé le départ du Belge.

Il lui faut trouver une solution. Et vite. Dénicher un successeur inattaquable à l'entraîneur belge.

En secret, il explore, contacte, discute, évalue, et enfin, quand il est sûr de son fait, après avoir obtenu l'aval de RLD, il sort son atout fatal : Didier Deschamps.

Qui peut contester Deschamps, son aura, son palmarès unique, de joueur et d'entraîneur ?

Le cercle restreint, autour de RLD malade, va alors jouer une nouvelle carte en accusant Diouf d'avoir tout manigancé dans le dos de l'actionnaire !

Je rappelle qu'il mourra quelques semaines plus tard.

Donc, feu sur Diouf, qui se permet d'engager un entraîneur sans même en référer à son patron. Le nouveau refrain ? D'accord il a pris Deschamps, mais c'est encore une fois une gestion à la Diouf. Il a fait ça tout seul…

C'est alors que Deschamps donne une interview dans La Provence : « Je suis très heureux de venir à l'OM et je voudrais remercier RLD que j'ai eu au téléphone. »

La preuve que Diouf n'a rien fait dans le dos de son actionnaire.

RLD a parlé avec Deschamps, l'a eu au téléphone pour valider son engagement, et même si Diouf a travaillé en secret – on comprend pourquoi ! – il a tenu au courant l'actionnaire, et seulement lui, au moment du déroulement.

Ça sauve Diouf à ce moment-là.

Didier Deschamps est presque dans la place…

Comme à chaque fin de saison, une garden-party, avec les joueurs, les salariés, les familles, a lieu à la Commanderie. Cette année, vient s'ajouter l'au revoir à Gerets.

Le président propose à Deschamps de se joindre à tout le monde. Il décline : cette soirée est celle de Gerets, il serait inconvenant d'être là. Lui, il arrivera après…

C'est à cette période que j'ai fait sa connaissance. J'ai d'abord perçu quelqu'un de simple et abordable. Et très professionnel, mais ça, ce n'était pas une surprise. En dix ans à l'OM, j'ai connu un certain nombre d'entraîneurs. Ils n'étaient pas tous aussi simples que Deschamps. C'était d'autant plus remarquable quand on connaît son impressionnant pedigree de joueur qui a tout gagné, en club ou sélection. Il ne l'a jamais fait sentir, et ça aussi, c'est marquant.

Selon moi, il y a eu, dans ses premiers mois au club, deux Didier Deschamps. Bien différents.

D'abord, celui qui est en train de signer à l'OM, avant le départ de Pape Diouf, fin juin 2009. Je suis amenée tout de suite à travailler avec lui.

Porté par le projet sportif, il arrive avec beaucoup de choses à dire dans tous les domaines. Son enthousiasme fait plaisir. C'est le Deschamps qui vient avec une volonté de faire profiter le club de son expérience, de ce qu'il a vu à l'étranger, a des idées pour tout, même s'il ne manifeste pas l'envie de toucher directement au marketing ou à la communication.

En tout cas, il regorge d'idées, évoque telle chose faite à la Juve, qui était très positive et que l'on pourrait enclencher à l'OM, bref, il est dans un esprit d'ouverture, d'échange, de construction, plaisant.

Il arrive parfois qu'on doive travailler avec des entraîneurs campés sur eux-mêmes, repliés sur le sportif et refusant d'en sortir. À l'inverse de ça, Deschamps est tout de suite dans la volonté de s'impliquer totalement, de donner son avis sur presque tout, de l'organisation de la photo officielle de l'équipe aux rapports avec les supporters... Il fait de nombreuses suggestions, et ce sont de bonnes suggestions parce qu'il a un vécu, une expérience importante.

Il a aussi un sens aigu de ce que doit être la communication au sein de l'OM, qui fait que lorsqu'on présente les impératifs pour ce qui concerne la gestion des médias du club, la façon de parler à la presse, il joue le jeu, se plie aux besoins du club, se montre très professionnel.

Ça peut paraître évident, ça ne l'est pas tant que ça. On a vu arriver, parfois, des entraîneurs qui commençaient par dire : voilà comment je fonctionne, et comment nous allons fonctionner. Ils arrivaient avec leur façon de travailler et ne tenaient pas compte de l'environnement ou de l'évolution du club. Du coup, ça se passait mal, parfois, avec les journalistes, notre entraîneur n'ayant jamais voulu tenir compte de la particularité du club, et de la sensibilité des relations avec la presse.

Deschamps, qui connaissait bien le club, est arrivé en disant, grosso modo, « J'ai mon expérience, des idées, mais dites-moi d'abord comment vous travaillez pour que je voie ce que je peux vous apporter ». C'était à la fois un discours très nouveau et très enthousiasmant. Sa joie d'être là était vraiment palpable.

Ça, c'était le premier Deschamps.

Au départ de Pape Diouf, il a changé, s'est crispé. J'étais dans le bureau de Pape Diouf au moment où celui-ci l'a appelé pour lui annoncer qu'il allait s'en aller.

Il n'a pas trop caché sa surprise et sa déception. Pour lui, ça changeait la donne. Il s'était engagé à venir au club dans certaines conditions, et notamment avec Pape Diouf comme président, Julien Fournier – José Anigo n'a jamais été sa tasse de thé – qui étaient les garants d'une bonne entente.

À partir du moment où la donne change, je vois Deschamps changer aussi. Instantanément. D'abord, il hésite. Se lance dans des propos décousus parce qu'il ne sait plus où il en est. « Oui, je veux rester mais je ne suis plus sûr de rester dans ces conditions... »

On le sent en proie à un monologue intérieur dont il pourrait ne rien sortir de bon. Toujours crispé, il dit à Pape Diouf : « Moi, dans ces conditions, je ne sais pas… »

Le trouble est assez pesant pour que, dans la presse, on commence à s'interroger : restera-t-il ou pas ?

C'est original : il n'a pas encore signé et on se demande s'il ne va pas partir !

Là-dessus vient se greffer l'affaire Bernès.

Labrune en est à l'origine, dans la mesure où, le soir du dîner organisé pour Dassier et Deschamps, il accepte que Bernès soit présent. Un agent n'a rien à voir dans une rencontre entre un futur président et un nouvel entraîneur qui vont sans doute travailler ensemble pour un club… avec lequel l'agent n'a rien à voir.

Ce soir-là, une certaine confusion a été créée, vous connaissez la suite.

Le trouble est d'autant plus gênant qu'il règne alors un grand cafouillage à l'OM. Une chose est sûre, Pape Diouf est parti, mais personne ne sait qui lui succédera. Dassier fait partie des postulants, c'est tout. Alors, on spécule. Qui Labrune va-t-il nommer ? Une semaine de latence, c'est beaucoup.

Finalement sort le nom de Dassier. Qui lance, pour commencer, l'idée de faire venir Bernès !

Levée de boucliers de José Anigo et Antoine Veyrat. On a beaucoup dit que le Tout-Marseille s'était dressé… Je crois qu'il faut relativiser.

Une chose est sûre, il existait alors au club un front Veyrat-Anigo, qui menaçait clairement : « Si Bernès vient, on s'en va. Il n'est pas question de travailler ou de collaborer avec lui. »

Donc, ils mettent au pied du mur Labrune et Dassier.

Le premier a peur de perdre les deux hommes forts du club, Anigo, le dernier Marseillais qui reste, après le départ de Pape Diouf, et Antoine Veyrat, qui tient les rênes du secteur administratif.

Le second sent qu'il a mis les pieds là où il ne fallait pas. Homme de télévision, parisien, sans expérience de la gestion d'un club de football, il se disait sûrement que s'appuyer sur un vrai Marseillais, formé au club, était la solution pour lui. Il n'avait pas envisagé une seconde la réaction violente de Veyrat et Anigo, pour lesquels Bernès est le diable.

C'est ce qui fait capoter sa venue à l'OM, et non sa réputation, car Bernès a un vrai crédit dans le milieu du football. Les journalistes l'appellent, lui demandent son avis. Aujourd'hui, non seulement il retravaille dans le foot mais il consulte, est reconnu comme un expert, a une place importante. C'est comme ça.

Quoi qu'il en dise, faire venir Bernès était une vraie idée de Dassier et de lui seul.

Tout le monde connaît Bernès, sa propension à dire partout qu'il sait tout sur le club, qui n'a jamais été aussi fort qu'à son époque, et que personne ne pourrait faire aussi bien que lui à l'OM.

La vérité, c'est que Dassier a fini par conditionner sa venue à celle de Bernès. Même s'il le nie aujourd'hui.

Relisez les titres des journaux de l'époque : « Je viens mais seulement avec Bernès. » C'est hallucinant !

Finalement, c'est Dassier qui fera machine arrière. Il sait très bien passer du très péremptoire – ce sera comme ça et pas autrement – à un accommodement raisonnable – j'ai dit ça mais bon, ce n'est pas très grave –, disons qu'il n'a pas de convictions inébranlables. Je l'ai vu très souvent changer d'avis par opportunisme, car le plus souvent, entre les uns et les autres, ce n'était pas tenable de faire autrement.

Cette crise surréaliste va modifier profondément le comportement de Deschamps. Ce qui vient de se passer l'a marqué et sans doute blessé. Le directeur sportif et le directeur administratif mettant leur poste dans la balance pour refuser la venue de son agent !

Pour lui, ce n'est pas seulement l'individu Bernès qui a été rejeté, c'est son ami avec lequel il travaille, échange sur la gestion de beaucoup de choses, et en lequel il a entière confiance.

Il vit très mal cette rebuffade, car il sent ce qu'elle cache, une déclaration de guerre envers lui.

Brusquement, il affiche une distance énorme. « Vous ne voulez pas de Bernès, semble-t-il dire, très bien, mais ne comptez plus sur moi pour m'investir dans le club au-delà de mes attributions. »

Désormais, quand je l'appelle pour lui demander son avis sur un dossier de communication, il me répond : « Il y a un président, adressez-vous à lui. Moi, je suis entraîneur. Il y a un directeur sportif et un président, c'est à eux de décider. Et, il se replie désormais dans son domaine. »

Ayant eu conscience de participer à un bras de fer, il a aussi compris que la présidence a choisi son camp. Parce qu'au-delà du cas de Bernès c'est un périmètre qui s'est joué. Une partie de pouvoir sur le président et sur le représentant de l'actionnaire, Labrune. Et c'est le camp adverse qui a gagné.

Ce choix, il le prend pour lui, ou plutôt contre lui. Et il a raison. Le fonctionnement du club se trouve, alors, scindé en deux.

Quant à Labrune, il s'engage dans un périlleux exercice de haute voltige et n'a de cesse que de le rassurer. De le brosser dans le sens du poil ! Une manière de lui dire : « Je leur ai donné raison mais c'est toi l'entraîneur, c'est toi le plus important. » Cette sorte de double langage ne pouvait pas tenir éternellement l'édifice intact. Lentement mais sûrement, tout a commencé de se fissurer.

Le conflit est devenu clanique. Vous deviez être du côté de Veyrat-Anigo ou de celui de Deschamps. Pas question d'équilibre, de synergie, et encore moins de jouer sur les deux tableaux. Le psychodrame n'épargnait personne, surtout pas les joueurs.

Ce fut le début de scènes hallucinantes : le directeur sportif qui va dire aux joueurs « C'est Deschamps ou moi ». Ou qui va voir le kiné en lui demandant de choisir : « Si, en stage, tu prends un verre avec l'entraîneur, tu as choisi ton camp. » C'est stupide, mais c'est comme ça que ça se passait.

On a commencé à voir se diviser le sportif, les joueurs. Les médias du club se sont eux aussi retrouvés dans une situation d'incompréhension et de déstabilisation.

Il y avait ceux qui parlaient plutôt à Deschamps et ceux qui parlaient plutôt à Anigo. Pire, s'ils parlaient à l'un, ils ne pouvaient pas parler à l'autre ! Pourtant, ils auraient eu besoin des deux. Alors, ils se cachaient des uns, des autres, pour faire leur travail. Avec chacun, il leur fallait prendre des formes, voire des rondeurs : « Le plus important pour moi, c'est toi, même si j'irai voir l'autre après, pour la forme. »

Une ambiance de cour de récréation de maternelle. Au mieux. Comme les résultats étaient là, on ne focalisait pas trop sur cette situation qui était quand même perceptible de l'extérieur. À tort.

D'autant que Deschamps ne se gênait pas pour dire clairement, et à voix haute, ce qu'il en pensait.

« C'est horrible, l'ambiance au sein du club », ressassait-il. C'est vrai que cette forme de clanisme a dû être très dure à vivre pour lui.

Tout cela a tenu jusqu'au clash de la dernière année.

La première année, en plus du titre, il y avait Dassier, qui ménageait adroitement, et humainement, les deux parties.

Mais que pouvait-il faire en dépit d'un conseil de surveillance avide de revisiter l'histoire de l'OM ?

Vous connaissez l'historiographie, cette discipline qui consiste à faire l'histoire de l'Histoire. Et l'Histoire est écrite d'une certaine façon, pour légitimer les nouveaux pouvoirs. C'est ce qui se passait à l'OM. Le club en est même le parfait archétype.

Alors, c'est vrai qu'à un moment donné Deschamps s'est senti en danger. Il a commencé à se mettre des gens du club à dos, en se cadenassant après le départ de Pape. Pire, il est alors entré dans un mode parano.

C'est déjà un inquiet. Là, il s'est tendu à l'extrême avant de se réfugier dans une logique paranoïaque. Il s'est refermé, parce qu'il se sentait en permanence menacé. Le directeur sportif lui mettait des peaux de banane, il se sentait épié en permanence, guetté, plusieurs employés du club me l'ont confirmé.

Certes, s'il avait joué le jeu à la manière d'Anigo, en faisant du chantage affectif, et en s'employant à séduire autour de lui, ça se serait mieux passé. Ce n'est pas son genre. Il ne pouvait pas gagner, à partir du moment où il refusait d'employer certains moyens.

La fin est triste et empreinte d'injustice parce que c'est lui qui a renoué avec les titres, sans que jamais ce crédit lui ait été complètement reconnu. Même pas l'affection des supporters. Dans un autre contexte, il aurait été un dieu vivant, à l'OM et dans Marseille ! Il n'a pas eu droit à cette justice-là.

Nous avons eu des entraîneurs qui n'ont rien gagné à Marseille et y sont adulés – comme Gerets –, et tout ce que les gens retiennent de Didier Deschamps, c'est l'entraîneur frustré, carriériste, qui ne pensait qu'à lui. Ce qui est très injuste par rapport à ce qu'il a fait.

Il a ses défauts, mais il ne méritait pas d'être traité comme ça. C'est sidérant de voir comment tout le monde a oublié qu'il avait rendu au club sa fierté en lui apportant les trophées dont il rêvait depuis près de vingt ans. Je comprends qu'il en ait souffert.

La leçon de ce marasme, c'est que l'environnement influe terriblement sur la perception du travail. Si le contexte est hostile, votre travail ne sera jamais reconnu, aussi bon soit-il.

Moi, j'ai été débarquée six mois plus tard, disons qu'on a fait suivre quelques valises de Pape Diouf. J'étais une proche collaboratrice et tous les proches de Diouf ont été licenciés.

Ça prouve seulement que les nouveaux dirigeants n'avaient pas confiance en eux.

Margarita ? Elle écoute ce que dit Labrune.

Labrune, c'est du lobbying à temps plein. Il n'est surtout pas un communicant. Il suffit de le voir s'exprimer en conférence de presse pour comprendre qu'il a du mal. Il n'arrive pas à aligner trois phrases

Dès qu'il est dans la communication institutionnelle, il montre ses limites ; il est bon dans la communication off.

Diouf a toujours assumé et communiqué clairement. Il savait parler au nom du club.

Labrune se décharge de ses responsabilités en permanence : c'est la faute de Diouf, de Deschamps, d'Anigo, ce sont tous des incapables et moi, je dois gérer ça…

Récemment a été placardé un nouveau règlement intérieur du club qui régit autoritairement le travail des journalistes qui suivent quotidiennement l'OM. Les journalistes, pas contents, ont protesté auprès de Labrune, lequel s'est défaussé, comme à son habitude ; le nouveau règlement, ce n'est pas lui… C'est toujours comme ça, toujours la faute des autres.

Par ailleurs, il est très méprisant, et indéniablement suffisant. Je crois qu'il n'est pas à sa place, pour la simple raison que ça ne l'intéresse pas. Il est là, car il y trouve certains avantages mais ça ne l'intéresse pas, il refuse d'incarner le rôle.

Dans tout ce qu'il exprime, ses mimiques, sa gestuelle, il montre qu'il n'aime pas tenir ce rôle, il méprise ça.

Dans son personnage, il y a trop de creux et de superficiel, pour régler avec sensibilité des conflits humains. Il n'est à l'aise que dans le lobbying, les patrons de rédaction, le mondain, le parisianisme, le copinage.

Ainsi, il s'achète un certain crédit auprès des journalistes, qui s'en défendent comme ils peuvent. « Nous avons seulement de bonnes relations », arguent-ils quand on les pique sur le « sujet Labrune ».

C'est sans doute au nom des « bonnes relations » qu'il obtient des articles qui ressemblent à des publireportages.

Dans ce domaine, il est cent fois plus fort que Diouf. Il est toujours dans la connivence.

Avec un président de la « trempe » de Labrune, Deschamps n'avait aucune chance de voir reconnus ses mérites. Ce qui eût été la moindre des choses.

Chapitre 36

La fin d'une liaison

« Quelles que soient tes fautes, j'espère que tu n'en viendras jamais à essayer de les justifier à tes propres yeux. »
Francis Scott Fitzgerald[76]

Ce devait être un mariage plein de bonheur et de passion. C'est devenu une liaison misérable, achevée dans l'aigreur.

Pour essayer de comprendre comment on avait pu en arriver là, il fallait essayer de rencontrer aussi Vincent Labrune. Président de l'OM depuis qu'il avait lui-même organisé l'éviction de Jean-Claude Dassier, le jeune homme avait déjà bien travaillé pour pousser Pape Diouf à s'en aller.

Aujourd'hui, grand maître à bord sous le regard attendri de la reine Margarita, il continue à lui glisser régulièrement toutes les informations qu'il estime importantes sur l'OM, afin de lui permettre de prendre sereinement les grandes décisions.

Évidemment, on trouverait plus normal qu'elle écoute aussi d'autres rouages importants du club, comme le faisait son mari, mais ça, il n'en est pas question.

Donc, rencontrer Labrune. Un vrai défi. Non que le président s'y refuse, dès votre premier coup de téléphone, il vous

76 Cette citation est tirée d'une lettre à sa fille, Scottie.

rappelle, complice, attentif. La conversation va durer vingt-cinq minutes, c'est formidable pour un premier échange qui en promet d'autres. Qui promet surtout un rendez-vous à Marseille, très rapidement.

« Bien sûr, j'ai beaucoup à dire sur ces trois ans de vie partagée avec Didier Deschamps mais je dois faire attention et obtenir le feu vert des avocats du club.

« Nous avons, lors de son départ, signé un accord de confidentialité, chacun conservant pour lui les moments clés de la collaboration, et ne les livrant pas en public...

« Je fais donc attention, encore que lui ne se soit pas gêné, à l'occasion, pour donner un coup de canif dans le contrat... »

Neuf mois plus tard, il ne m'en avait pas dit beaucoup plus, sauf à l'occasion d'une conversation téléphonique, fin mai. Chez certains hommes de « communication », il y a toujours cette faculté à ne jamais dire « non », mais à repousser aux calendes grecques les engagements. Dans le genre, Vincent Labrune est un artiste. Si vous insistez un peu trop, si vous lui rappelez ses promesses non tenues, il s'énerve, vous raconte qu'il travaille dix-huit heures par jour et qu'il est quand même débordé. Bref, il le prend de haut, entrant à merveille dans la peau du personnage méprisant, décrit un peu plus avant par Nathalie Paoli.

On comprend que l'homme n'aime pas recevoir des leçons de politesse, ou même de simple courtoisie, puisqu'il ne les retient pas.

Ce n'est rien de dire qu'il est noyé sous la tâche – on se demande comment faisaient les Tapie, Diouf, Dassier –, à essayer de piquer de façon déloyale des joueurs à ses concurrents, ou à jouer les gros bras quand il devrait se faire tout petit.

Alors, débordé, oui, mais surtout débordé par lui-même. Être un homme de lobby, un homme de l'ombre qui s'agite en coulisse, c'est plus facile que d'être un grand communicant parlant de son entreprise avec humanité et justesse, parce qu'il en est l'âme.

Labrune, lunettes de soleil sur le front, rouflaquettes et chemise ouverte sur le poitrail, aborde un look assez bling-bling pour faire passer n'importe quel autre président d'un club de ligue 1 pour le directeur d'une entreprise de pompes funèbres.

Ce ne serait pas grave s'il y avait un peu de caractère derrière toutes ces fioritures. Hélas, le président est aussi débraillé dans sa tête. Apparemment, il est plus aisé de comploter en coulisse que de faire régner la paix en entreprise. Ça, il ne sait pas. Trois ans d'embrouilles entre Deschamps, Anigo, Bernès, Dassier, des évictions, des licenciements, et rien qui ne soit de son fait. Drôle à en pleurer.

La faute des autres, toujours, comme un leitmotiv. Sans se douter qu'il fait ainsi, chaque fois, un terrible aveu de faiblesse. Quel est ce dirigeant qui n'agit sur rien ? Qui subit en permanence.

Comme beaucoup, à force d'être suffisant, il en est très insuffisant. De fait, on a désormais la sensation qu'à l'OM ce sont les malades qui dirigent l'asile.

Quand il parle de Deschamps, il est dans le même registre. Tout au moins au début. De l'eau tiède, de la bonne entente, bien sûr, gâchée par quelques trublions. Pas de problèmes avec Deschamps, encore qu'il aurait des choses à dire (tiens, tiens !), si ses avocats lui donnent l'autorisation.

Mais écoutons-le plutôt, puisqu'il a bien voulu distiller quelques bonnes paroles.

« Je m'entendais bien avec lui. Personnellement je n'ai jamais eu de problèmes avec Didier. Il faut reconnaître qu'avec lui l'OM s'est remis à gagner des titres, ce que toute la ville attendait depuis très longtemps.

« Ce qui a été très dommage, c'est que son conflit avec Anigo, d'abord latent puis explosif, a fini par tout gâcher.

« La vérité est qu'Anigo était tout à fait prêt à travailler avec le nouvel entraîneur. Jamais il n'a émis la moindre opposition à sa venue. De la même façon, Deschamps ne semblait pas gêné par l'idée de travailler avec José. Il connaissait ses fonctions au sein du club, savait que c'était un rouage important et qu'il jouait un rôle déterminant dans les transferts. Il a paru accepter cette situation avec beaucoup de sérénité. »

Évidemment, on lui demande par quelle malédiction la situation a pu virer ainsi à l'affrontement puis au cauchemar. Sa réponse est étonnante, dans la mesure où il est le premier, et restera le seul, de nos interlocuteurs à mettre directement en cause son ex-entraîneur :

« L'atmosphère a brusquement, et même brutalement, changé quand Didier a décrété qu'il voulait travailler avec Bernès. Je dois dire que l'on s'attendait à tout sauf à ça. Au vu du passé de Jean-Pierre Bernès, qui est par ailleurs un homme compétent, des souvenirs qu'il a laissés à l'OM – toujours vivaces chez d'anciens salariés du club, comme Anigo –, il ne pouvait pas être question de le faire revenir. »

On lui rappelle qu'il n'a pas eu, semble-t-il, une position aussi ferme lors du dîner au restaurant parisien Le San Francisco, et nous suggérons qu'il ait plutôt cédé à une levée de boucliers à l'intérieur du club :

« Même si José n'avait pas mis sa démission dans la balance, il était hors de question de se livrer à une telle provocation.

« L'autre aspect catastrophique de cette éventualité, c'est que dans l'esprit de Deschamps Bernès serait venu à l'OM pour remplir les fonctions d'Anigo, à la place d'Anigo.

« Évidemment, nous avons dit “non”, fermement. Et Deschamps n'en a plus reparlé. Mais le mal était fait. Anigo ne pouvait pas oublier que Deschamps avait voulu faire installer Bernès à sa place. Quant à Deschamps, il a encaissé notre refus comme une défiance vis-à-vis de lui. C'est un garçon très susceptible et, très vite, il s'est enfermé dans une tour de verre, avec son staff, à l'abri des autres, tous les autres, qu'il percevait désormais comme des ennemis. »

Si ce n'était pas le cas, il faut reconnaître que, par moments, ça y ressemblait fortement. Pourtant, Labrune n'en démord pas, tout est né de la « faute » de Didier Deschamps :

« Je crois que, à partir de ce début raté, la situation n'a fait que se dégrader. Une certaine froideur s'est vite installée. Anigo et Deschamps se disaient "bonjour" le matin, pour le reste...

« La première saison a été formidable, avec le titre de champion et une Coupe de la Ligue. Évidemment, ça masque les problèmes. Mais ça ne les élimine pas. Quand Didier a commencé à faire des réflexions sur des erreurs de recrutement, estimait-il, forcément attribuées au directeur sportif, qui n'était jamais désigné nommément, la température est montée d'un cran.

« Tout ce qui venait de Deschamps, Anigo le recevait comme une attaque personnelle et déloyale destinée à prouver qu'il n'était pas à la hauteur et que Bernès aurait fait bien mieux... Il n'y avait aucune chance pour que ça s'arrange. »

Afin de ne pas être en reste avec qui que ce soit, le président de l'OM charge aussi l'entourage de son ex-entraîneur :

« Je pense que l'environnement a été très néfaste. Pour moi, le problème de Deschamps, ce n'est pas son caractère, en tout cas pas directement. Là où son caractère le pousse parfois à la faute, c'est qu'il a tendance à écouter un peu trop son proche entourage. Ça lui fait faire des erreurs, et adopter des comportements qu'il n'aurait pas naturellement. Ç'a été flagrant dans ses années à l'OM. Dans son renfermement qui était surtout une coupure avec les autres. Le monde extérieur. Que Bernès puisse avoir de l'influence – quelquefois néfaste – sur lui est une évidence. Mais il n'y a pas que lui.

« Je crois que Guy Stéphan, son adjoint, pèse beaucoup sur ses prises de décision, et dans son rapport avec les autres. Personne ne parle de Guy Stéphan, il ne se met pas en avant, sait rester discret, mais c'est un acteur majeur du système Deschamps. »

Le président-psychologue en revient toujours au même point, ça ne pouvait pas se terminer bien : « Chercher à introduire son propre agent dans l'organigramme d'un club, c'est périlleux. Vivre en autarcie, c'est encore plus dangereux.

« On savait que Deschamps n'était pas forcément un personnage facile à gérer. À Monaco et Turin, il y a eu beaucoup de succès, il y a eu aussi beaucoup de problèmes. Ça s'est mal terminé. Ce serait d'ailleurs intéressant pour vous de rencontrer Jean-Claude Blanc, qui était le directeur général de la Juventus Turin l'année où Didier en était l'entraîneur : il en a beaucoup à raconter… »

Question de diplomatie, je m'empêche de soumettre mon interlocuteur à la question fatale : et lui, qu'a-t-il fait pour dénouer la situation ? S'est-il investi ? A-t-il cherché des solutions ? organisé des réunions avec les deux hommes pour essayer de les rapprocher ?

S'il a fait quelque chose, il n'aura pas trouvé le temps de me dire. C'est dommage. Pape Diouf affirme que s'il était resté il n'y aurait jamais eu de problème, parce que la question de la venue de Bernès n'aurait même pas été évoquée. Il avait tout prévu et cadenassé avant, lors de ses entretiens « secrets » avec Deschamps.

Jean-Claude Dassier, tout en reconnaissant ses erreurs, peut se flatter d'avoir conservé, pendant sa présidence, un statu quo. Il a su, à sa manière, jouer les tampons.

Les incidents violents ont éclaté après son départ.

Labrune reconnaît qu'il ne fut pas simple de régler les formalités de la séparation inéluctable :

« Il a eu une attitude un peu ambiguë. On sentait qu'il ne voulait pas rester mais qu'il ne voulait pas non plus partir à l'aventure. Apparemment, il n'avait pas un flot de propositions, non plus. C'était au moment de l'Euro et il semblait de plus en plus crédible, vu le contexte des rapports Blanc-Le Graët, qu'une place de sélectionneur soit bientôt à prendre.

« De toute façon, il ne voulait certainement pas s'en aller sans indemnités. De notre côté, nous n'étions pas disposés à attendre trop longtemps qu'il se décide. Soit il restait – il avait encore une année de contrat –, soit il partait suffisamment tôt pour que nous puissions recruter un nouvel entraîneur qui devrait rapidement préparer la nouvelle saison.

« Pendant plusieurs semaines, nous avons joué au chat et à la souris, chacun de son côté ne voulant pas risquer de se mettre à la faute, et se retrouver en position désavantageuse.

« J'ai commencé par dire que je me suis toujours bien entendu avec lui. C'est vrai, nous n'avons jamais connu de clash. Par moments, je comprenais son malaise et ce sentiment d'injustice à son égard, qui ne le quittait pas.

« Mais il faut savoir que lorsque vous présidez un club, vous avez le devoir de vous pencher sur les problèmes de tous vos collaborateurs. Pas d'un seul.

« C'était d'autant plus nécessaire d'assumer ce rôle tant que Deschamps était notre entraîneur, qu'il est lui-même très rigide, avec les joueurs notamment.

« C'est vrai, Deschamps considère que des professionnels achetés très cher, et bénéficiant de salaires élevés, doivent être à même de se gérer parfaitement. Savoir éviter les excès, s'alimenter sainement, respecter une parfaite hygiène de vie pour ne pas risquer la blessure, travailler ses points faibles et ses points forts... Il considère que l'entraîneur d'une équipe professionnelle n'est pas là pour apprendre à jouer au foot à son effectif ni pour lui dire combien de temps il doit dormir ou comment il doit manger.

« Il lui était reproché d'appliquer ses principes avec beaucoup de rigueur, et trop de fermeté. Certains joueurs vivaient mal sa façon de se fermer dès qu'il en voulait à l'un ou à l'autre. Ou de fonctionner avec de l'ironie et des piques qui pouvaient vite être blessantes. C'est aussi une façon de se couper des autres. »

En revanche, Labrune, sans doute un brin jaloux, lui reconnaît une qualité supérieure :

« Ce qui m'a fasciné pendant ces trois années, c'est son sens de la communication et sa capacité à tenir la presse complètement à son avantage. Il a vraiment créé avec l'ensemble des journalistes un rapport très particulier. Au point que l'on pouvait se demander si, quand il s'agissait de Deschamps, ils n'abandonnaient pas tout sens critique. Je me souviens de la série catastrophique de l'OM, lors de la dernière saison, pas une victoire pendant plusieurs mois, un jeu catastrophique et, à l'arrivée, pas une critique sur l'entraîneur. Vous pouvez reprendre les journaux de l'époque : tout y passe, les joueurs, les dirigeants, le préparateur physique, le directeur sportif… Et pas un article, même pas trois lignes pour dire que si l'équipe joue mal, l'entraîneur y est peut-être pour quelque chose, lui aussi.

« Ça, c'est le miracle Deschamps ! Vous aurez remarqué que le phénomène perdure depuis qu'il est sélectionneur. »

Il n'était pas si facile de réduire l'intervention de Vincent Labrune à ces morceaux de souvenirs. Une mémoire édulcorée ne vous aide pas à esquisser le portrait véridique d'un homme.

Nous savons tous à quel point les hommes importants sont avares de leur temps. Le rendez-vous promis n'est jamais venu. Au moins nous ne nous verrons pas reprocher de ne pas avoir essayé. Au-delà du raisonnable.

CHAPITRE 37

La proie et l'ombre

À quoi peut bien penser Didier Deschamps en ce mois de juin 2012 ?

Il est épuisé, à bout de nerfs, navigue au bord de la déprime et sent peser dans tout son corps les kilos en trop qui écrasent un peu plus son énergie. Il en a beaucoup supporté en trois saisons, là il ne peut plus.

Selon les heures, il se sent comme une statue qui marcherait. Ou comme un mort. L'insouciance en moins. À chacune de ses interventions, il rappelle les trophées rapportés, serine, sur un ton las, « J'ai la conscience tranquille », s'abstient de trop en dire. Et pourtant, il aurait beaucoup à raconter. À quoi bon ? Il cherche une porte de sortie qui serait une entrée sur quelque chose. C'est plus important que de vouloir prouver qu'il a raison.

Ce dont on ne peut pas parler, il faut le taire, c'est sa conviction depuis toujours. Et ça, il sait faire.

Quand il n'a pas envie de parler, c'est comme s'il inventait le silence. Chaque fois qu'il a voulu déverser ses états d'âme, ça ne lui a pas vraiment réussi.

Désormais, il voudrait préférer ses souffrances à ses plaintes et rassemble toutes ses forces mentales pour ne pas commettre la moindre erreur de stratégie dans les semaines qui viennent. C'est là que la partie va se jouer et il faudra être solide.

L'équation est claire : il ne partira de l'OM – quoi qu'il lui en coûte – que s'il a retrouvé un poste à sa convenance, ailleurs. Et il n'abandonnera pas les indemnités dues sur sa dernière année de contrat. Après tout, ce n'est pas pour rien qu'il est amené à partir : les critiques, les insultes, le manque de soutien à l'intérieur du club… Trop, c'est trop.

Dans un premier temps, parce que tout était devenu insupportable et insurmontable, on dit qu'il aurait remis une lettre de démission à Vincent Labrune. Qu'elle dormirait au fond d'un tiroir. Ça, ç'aurait été sous la pression, avant que soit élaborée une stratégie.

Si elle existe, qu'est devenue cette lettre dont Labrune ne semble pas vouloir se servir, dont il ne se servira pas ? On peut imaginer que Deschamps et ses conseillers ont des arguments pour tenir l'adversaire en respect. Le silence a un prix.

L'essentiel est quand même que tout le monde soit d'accord sur une idée de rupture consentie. Après, chacun fait des mines, c'est de bonne guerre. On ne se découvre pas, on dit, officiellement, de part et d'autre, que l'on ira au bout du contrat et on pense le contraire.

Pendant que l'OM s'escrime à cibler un nouvel entraîneur et commence à nouer des contacts avec Élie Baup, Deschamps se reprend à rêver d'équipe de France.

Pourquoi l'équipe de France ? Il n'y a pas si longtemps, on aurait dit que tout y allait bien, sous le règne de Laurent Blanc. Une qualification solide à l'Euro, des joueurs brillants, à l'image de Benzema, retrouvé, et de Lloris, désormais considéré, à 25 ans, comme l'un des meilleurs gardiens du monde. De Ribéry, repentant, cherchant à exorciser ses propres fantômes plutôt que ceux de Knysna. Cette équipe est partie disputer l'Euro en Ukraine le cœur léger, se promettant pour bientôt un parfum d'épopée.

Une grande ombre plane pourtant sur l'avenir de cette équipe : Laurent Blanc n'a toujours pas prolongé son contrat, qui s'achève quelques jours après la fin de l'Euro.

Difficile de savoir qui est responsable de cette situation bancale. Blanc, qui estime avoir satisfait à ses obligations en qualifiant l'équipe pour l'Euro et en lui redonnant une âme, regrette que son président, Noël Le Graët, veuille attendre la fin de la compétition en Ukraine pour parler d'éventuelle prolongation. Il prend cette attitude pour de la défiance. Il n'a pas tort.

Le sélectionneur laisse entendre que si rien ne lui est proposé dans les temps, il sera libre de reprendre sa liberté. Blanc rappelle aussi que le président de la FFF voulait lui offrir une prolongation au bout d'un an d'exercice et que c'est lui qui avait refusé, préférant d'abord qualifier les Bleus avant de penser à son avenir.

Une telle attitude l'honore… sans lui porter bonheur pour autant. La gratitude n'est pas un sentiment très en vogue dans certains milieux.

Désormais, Le Graët, roué comme pas deux, maniant la langue de bois avec componction, avance, dès que l'on évoque la question du sélectionneur, qu'il faut voir ce qui se passera à l'Euro. On essaie de le pousser à fixer des repères : une qualification pour le deuxième tour serait-elle un très bon point pour l'entraîneur ? Il répond, tel un matou grisâtre et assez peu emballant, que ça ne veut rien dire, que si l'équipe est éliminée au premier tour en jouant bien, ça signifiera plus pour lui que si elle se qualifie en jouant mal…

À cet instant, il faudrait être totalement sourd pour ne pas comprendre que, pour rester en place, Blanc devra gagner l'Euro, au moins. Et avec la manière en plus.

Bref, il n'a plus aucune chance, tant Le Graët a pipé les dés, imposant que, peu importeront les résultats, c'est lui et lui seul qui décidera de la suite.

C'est une catastrophe, du point de vue de la crédibilité de Blanc face aux joueurs, du moral de l'équipe, de la vision que les médias peuvent avoir de ce groupe France qu'on leur promettait plus sain, moins tourmenté.

Comme Domenech en Afrique du Sud, Blanc se retrouve déstabilisé par son nouveau statut : celui du type qui ne restera pas, quoi qu'il arrive…

Nasri, Ben Arfa, Ménez, M'Vila montreront tour à tour l'estime qu'ils peuvent porter à un sélectionneur qui ne sera bientôt plus là.

Évidemment, on peut se demander pourquoi Le Graët a voulu expédier aux oubliettes un sélectionneur qui n'avait pas si mal réussi.

D'abord, parce qu'il ne l'avait pas choisi. C'est sans doute une raison un peu futile, mais elle existe. Fernand Duchaussoy, le prédécesseur de Noël Le Graët, avait été tout heureux de recruter un sélectionneur immaculé pour ranimer la flamme. Élu à son tour, Le Graët avait dû faire avec.

On ne fait pas la fine bouche devant un sélectionneur qui aligne dix-neuf matchs sans défaite avec une équipe qui, deux ans avant, n'arrivait même pas à descendre du bus toute seule.

Mais on sentait qu'il n'était pas son genre et qu'il en faudrait beaucoup pour qu'il le devienne. Il est comme ça, Le Graët.

Cela dit, Laurent Blanc n'est pas extrêmement facile à gérer. Cévenol entêté, peu loquace, humain mais rude, imprégné de règles de vie qui l'empêchent souvent de se remettre en question.

« Le Président » veut être normal et vivre normalement, sans subir les contraintes inhérentes à sa fonction. On lui en veut un peu d'avoir lancé la mode du « président » normal, qui a fait bien des dégâts par la suite. À lui comme à d'autres, on reprochera de ne pas avoir compris que dans une situation extraordinaire, on ne peut pas se comporter comme un homme ordinaire.

C'est une accumulation de détails qui va, apparemment, effriter sa relation avec Le Graët. Il ne répond pas souvent sur son mobile, et rappelle rarement, au point que l'on se demande pourquoi il possède un téléphone. « Il faut que je lui laisse deux ou trois messages avant qu'il me contacte », se plaint Le Graët.

En dehors des périodes de rassemblement d'avant-match, quand les joueurs sont convoqués quelques jours plus tôt, il ne vient jamais à Clairefontaine, ne passe pas à Paris pour s'entretenir avec son président. Il préfère rester cantonné à Bordeaux. Son adjoint assume une grande partie du travail, dit-on, même si Blanc se déplace aussi dans les stades pour superviser des internationaux.

La rumeur court qu'il préfère jouer au golf en Gironde plutôt que de participer à des réunions de travail à la fédération... Pas mal de choses se disent sur son comportement, pas toujours très professionnel, mais elles ne s'écrivent pas. Ou peu.

On évoque son dilettantisme – le mot est juste si on le prend dans toute son acception – et on chuchote que Noël Le Graët en est de plus en plus irrité.

Il y a aussi la densité du staff dont il s'entoure. Les collaborateurs du sélectionneur sont très nombreux – plus que ça n'est nécessaire, estime Le Graët – et il n'hésite pas à offrir des piges fructueuses et des notes de frais somptueuses à ses copains, tel Fabien Barthez. Pour venir de temps en temps donner quelques conseils aux gardiens lors des rassemblements de Clairefontaine, l'ancien portier des Bleus reçoit des cachets en or.

Le comble est atteint lorsque, interrogé sur un match au sommet de la ligue 1 retransmis la veille sur une chaîne câblée, il répond, le plus naturellement du monde : « Je ne l'ai pas vu, parce que je ne suis pas abonné à Orange. » Publiée dans la presse, sa réponse laisse tout le monde rêveur. C'est vrai qu'il y a de quoi.

Il y a aussi chez le sélectionneur une inclinaison à négliger tous les problèmes bas de gamme qui peuvent surgir dans la vie d'un groupe. Quand Nasri insulte un journaliste, à deux reprises, pendant l'Euro, on attend évidemment une réaction du sélectionneur. Interrogé, il répond grosso modo que ça ne le concerne pas. Gérer ce genre de choses ne fait pas partie de son boulot.

C'est là qu'il se trompe. Lourdement. Pour tous ces points de détail, plus ou moins importants, dans l'esprit de Le Graët, son sort est scellé.

Nous voulons bien croire qu'il l'était depuis longtemps. Et que Laurent Blanc a très vite ressenti la défiance de son président, son manque d'empathie. S'il s'était senti apprécié, nul doute qu'il aurait été plus facilement joignable au téléphone. Et qu'il aurait pris plaisir à aller échanger plus souvent avec Le Graët, à Paris.

Reste à lui trouver un successeur avant d'en finir. C'est le moment où Deschamps est en train de négocier son départ de l'OM. Deschamps, c'est le profil parfait de l'entraîneur talentueux, travailleur et suffisamment autoritaire, qui plaît à Le Graët. C'est un vrai communicant, très adroit, capable de se soumettre à une autorité qu'il respecte, pour peu que les règles aient été fixées avec clarté.

Il a connu suffisamment de moments durs, entre son départ de la Juve, ses deux ans de chômage, son ambition déçue de devenir sélectionneur en 2008, parce qu'il faisait peur, et ses trois années tourmentées à Marseille.

Pour Le Graët, ce Deschamps, qui s'approche des 45 ans, a mis pas mal d'eau dans son vin, et il est mûr pour le poste. Reste à acquérir la certitude qu'il vienne, en cas de départ de Laurent Blanc.

Pas question de lâcher la proie pour l'ombre. La fédération ne risquera pas de se retrouver une fois de plus dans une position grotesque, et d'être moquée pour son incompétence.

Le problème est que Deschamps se trouve dans la même situation, et surtout dans le même état d'esprit : il ne rompra avec l'OM que s'il a la certitude de rejoindre les Bleus.

Qui sait ? Si l'équipe de France réalise un grand Euro, en jouant parfaitement bien et en se comportant remarquablement (on peut toujours rêver), il sera difficile pour Le Graët de ne pas prolonger Blanc jusqu'à la Coupe du monde 2014.

Il n'est plus question pour lui d'être à nouveau réduit à meubler ses week-ends en jouant les consultants pour la radio et la télé.

Il en a assez de l'OM, pour autant il ne fera pas n'importe quoi, et attend donc des certitudes, pas seulement des promesses.

Lui non plus ne lâchera pas la proie pour l'ombre.

L'affaire, déjà délicate, se corse délicieusement quand on sait que Laurent Blanc et Didier Deschamps bénéficient des services du même agent. On est alors très curieux de savoir comment le très habile Bernès peut gérer l'affaire en essayant de satisfaire ses deux clients, sachant qu'*a priori* le bonheur de l'un passera forcément par la désillusion de l'autre. On imagine les contorsions éthiques que cela implique, on sait aussi que Bernès, dans ce domaine, n'est jamais dépourvu de solutions.

L'Euro commence alors que chacun est campé sur ses positions. Un match nul contre l'Angleterre (avec déjà les premiers débordements de Nasri), puis une victoire sur l'Ukraine promettent la qualification aux quarts de finale. Blanc a retrouvé du tonus.

Et puis, tout s'écroule : la déroutante défaite contre la Suède et l'élimination logique en quarts face à l'Espagne s'ajoutent aux comportements désastreux de Ben Arfa, Ménez, M'Vila. Le tour est dans le sac.

Quelques jours plus tard, Le Graët et Blanc se rencontrent à Paris et annoncent qu'ils ne continueront pas l'aventure ensemble. D'un commun accord, cela va de soi.

Il nous étonnerait pourtant que le sélectionneur ait décidé, sans qu'on le pousse fermement vers la sortie, de ne pas poursuivre l'aventure avec son équipe à deux ans du mondial. Il nous revient aussi que lorsqu'il a récupéré cette équipe, elle était en ruine et que sa mission était de la reconstruire – ce qui a été fait – avant de s'élancer vers d'autres défis plus glorieux. Ce sera sans lui.

Dans le même temps, Deschamps signe l'accord de son départ de l'OM. Quelques jours plus tard, il signe son contrat avec la FFF, et succède à Laurent Blanc comme sélectionneur national.

Pour l'anecdote, on notera que les deux anciens coéquipiers de 1998 n'ont surtout pas communiqué durant cette période. Ils ne communiqueront pas plus après, si ce n'est par sous-entendus. On finit par apprendre – c'était jusque-là un secret de polichinelle – qu'ils n'ont jamais vraiment échangé, même aux plus belles heures.

« On n'ira pas passer nos vacances ensemble », dira l'un, l'autre renchérissant : « De toute façon, nous ne sommes jamais partis en vacances ensemble. »

Ils n'étaient donc pas les meilleurs amis du monde… Le tempo du *switch* sur le poste de sélectionneur n'a rien fait pour arranger les choses.

Laurent Blanc se sent le dindon de la farce. Il n'a pas complètement tort puisqu'il restera au chômage un an, ne retrouvant un banc – certes prestigieux – qu'*in extremis*, et grâce à un concours de circonstances.

Est-ce la faute de Deschamps ? Laurent Blanc le pense, même s'il ne le claironne pas. Ce qu'il ressent comme une certitude, c'est que Le Graët ne lui aurait jamais fermé brutalement la porte au nez si, à un moment donné, Deschamps n'avait pas donné son accord pour reprendre le poste. Ce n'est pas très correct, certes, d'agir ainsi avec un ami. Mais comme les deux hommes reconnaissent ne jamais avoir été amis…

Plus contestable est l'attitude de Le Graët, qui se sert de l'un pour exclure l'autre. Il n'a sans doute pas compris, en devenant président de la Fédération française de football, que, dans le mot « fédération », il y a l'idée de rassembler. Il a sacrifié froidement Blanc pour satisfaire son désir de travailler avec quelqu'un qui lui convient mieux. Est-ce pour cela qu'il a été élu ?

Le Graët est un mystère. Il y a une telle distorsion entre l'image qu'il donne de lui et ce qu'il est réellement. On le dit travailleur intelligent, honnête, rude, tout d'un bloc. C'est un « tueur » qui n'hésite devant aucune manœuvre pour atteindre ses objectifs, il est manipulateur, peu fiable, très politique, dans le mauvais sens du terme, et, plus qu'ambigu, très flou.

« Quand c'est flou, il y a un loup », disait la grand-mère de Martine Aubry. Avec Le Graët, il y a des loups partout.

Il était le président de la Ligue, il y a vingt ans, lorsque éclata l'affaire OM-VA. Il est aujourd'hui acquis qu'il s'est servi de Bernès et de l'affaire OM-VA pour faire tomber Tapie.

En échange, Bernès a bénéficié d'une amnistie inattendue ; interdit à vie de toute fonction dans le football, il pourra quelques années plus tard obtenir une licence d'agent de joueurs… et d'entraîneurs.

Des années après, demeure entre Le Graët et Bernès une relation étrange et plus qu'ambiguë. De celles qui peuvent exister entre flics et voyous. Je te donne, tu me donnes… On n'en sort plus. À ne plus savoir s'il y a vraiment un flic là-dedans.

Ce qui est indéniable, ce sont les faits : « Comment un homme qui a commis ce qu'il y a de pire dans le football, et qui en a été chassé pour ça, peut-il revenir ? » s'indignait en 1999 Bruno Satin, vice-président du syndicat des agents français. La FFF venait de remettre dans le jeu Bernès, dont la sanction à vie avait été levée trois ans plus tôt par la Fédération internationale.

Il lui avait alors été répondu qu'il était le seul à se plaindre. Ce n'était pas tout à fait vrai, mais peu importe, puisque ceux qui se plaignaient n'étaient pas entendus. C'est pareil aujourd'hui. Un silence pesant.

Qui s'élève contre le fait qu'un agent puisse avoir comme clients des joueurs habitués ou postulants à la sélection, et aussi des entraîneurs, voire des sélectionneurs de la même équipe nationale ?

En tout cas pas le président de la FFF, qui n'y voit aucun inconvénient. La loi est ainsi faite, et la loi, n'est-ce pas, c'est la loi.

En 2008, après l'Euro catastrophique, il a fait partie de ceux qui militaient pour le maintien en poste de Domenech, contre toute logique. Alors, il n'était pas le président tout-puissant de la FFF et attendait son heure. Curieusement, elle est venue après le désastre de Knysna, la démission d'Escalettes et la première élection qui a suivi l'intérim du trop naïf Fernand Duchaussoy. Le rusé Le Graët ne pouvait que triompher de l'intérimaire, après avoir soigneusement placé ses pions pendant que son adversaire était occupé à gérer l'ingérable.

Dans la tristement célèbre affaire des quotas, il n'a pas défendu comme il l'aurait dû Laurent Blanc, pris dans la tourmente, accusé de propos racistes (!) et entraîné dans un mauvais procès en sorcellerie.

Ce qu'il faut savoir, quand on observe cet homme qui se veut simple et débonnaire, c'est qu'il applique sans cesse un plan. Peu importent les intérêts du football français, c'est sa trajectoire qui compte.

Aujourd'hui, il a le pouvoir. Et les hommes qui lui conviennent.

Laurent Blanc n'en faisait pas partie. Il est l'homme qui aura fait renaître une équipe de France sur les cendres de Knysna, a aligné en deux ans une série de dix-neuf matchs sans défaite (éliminatoires de l'Euro compris), et a permis à son équipe de jouer un quart de finale de l'Euro 2012, perdu face à l'Espagne, championne du monde et tenante du titre, qu'elle allait conserver.

Apparemment, ce n'était pas suffisant.

C'est le même Le Graët qui, après que l'équipe de France version Deschamps venait de perdre un match d'éliminatoires à Paris contre l'Espagne puis trois matchs amicaux contre l'Allemagne, le Brésil et l'Uruguay, sans marquer un but, déclarait qu'il était satisfait du football pratiqué par la sélection...

Une manière de dire qu'il avait raison, et avait choisi la bonne solution, quoi qu'il arrive.

Si le pire arrivait – une non-qualification pour la Coupe du monde au Brésil –, le bon président aurait sans doute préparé une pirouette qui lui permettrait d'être le seul à ne pas descendre de l'avion pour Rio. Mais il n'est pas certain que son sélectionneur ait prévu de jouer les victimes expiatoires.

CHAPITRE 38

La gueule du loup

Cette fois, il y est. Sélectionneur de l'équipe de France. C'était un rêve raisonnable. Rien d'une quête éperdue qui mobilise votre volonté, vos pensées et vos actions à longueur de jour et de nuit.

Quelque chose qui devait arriver, forcément. Sans que l'on puisse dire quand. L'équipe de France, il y pensait de temps en temps, comme on caresse de douces mélancolies. Elle reviendrait forcément puisqu'elle n'était jamais tout à fait partie.

Comme toujours, il saura, dès sa première conférence, séduire la presse. Quand il est comme ça, presque heureux, détendu, à l'aise, il pourrait séduire n'importe qui. Même lui, et Dieu sait que ce n'est pas facile. Didier Deschamps ne s'aime pas trop, et ça se voit. Bien sûr, il n'y a que les imbéciles qui se pâment d'admiration devant leur glace, mais chez lui, le sentiment est assez marqué : il n'aime pas son image. Trop comme ci, pas assez comme ça. Il donne parfois l'impression d'être à l'étroit dans un corps qui ne lui va pas. Il a peut-être raison mais ne devrait pas oublier que c'est l'esprit qui compte. Et permet la victoire.

Dans son numéro de charme, il est à l'opposé de Laurent Blanc. Il sait cajoler, piquer à l'occasion, faire de l'humour, et surtout il a de la repartie, ce qui compte beaucoup quand on fait face à une centaine de journalistes.

Tout le monde a pu constater, six années durant, l'affligeante bêtise des reparties de Domenech. Laurent Blanc a fait mieux, certes, mais ce n'était pas encore ça. Trop de phrases volontairement entortillées, d'idées confuses, noyées par un trait d'esprit plus ou moins lourd. Tout le monde n'a pas la capacité de parler, comme pourrait dire Pape Diouf, une envoûtante langue de bois.

Humilité et ambition, rigueur aussi, sur le terrain et en dehors, son programme tient en quelques mots simples, longtemps oubliés à Clairefontaine.

D'emblée, il sait que son crédit résistera un bon bout de temps aux inévitables coups durs.

Il est quand même attendu comme un sauveur, quand Blanc se devait d'être d'abord un rédempteur. Pas tant pour les résultats sur le terrain que pour le comportement de ces Bleus que la France ne supporte plus. Que certains aient pu, deux ans après Knysna, montrer à nouveau leur vulgarité, leur méchante bêtise et leur absence de respect pour le maillot qu'ils portaient et le pays qu'ils représentaient, cela dépasse l'entendement.

On demandait récemment à un ancien sélectionneur si l'émergence du PSG au niveau européen, l'arrivée de Monaco et de très grands joueurs dans ces deux clubs pouvaient rehausser le standing du football français. « Non, répondait-il, il n'y aura plus de bonne perception de notre football tant que le monde entier aura encore en tête les images du bus de Knysna. »

Alors, recommencer deux ans après !

C'est là que tout le monde attend Didier Deschamps. On le sait rigoureux et surtout pas laxiste dans ses comportements. Le travail de Blanc a été énorme, c'est indéniable. Mais il faut reconnaître qu'il n'a pas réussi à obtenir le comportement respectable que l'on attendait de son équipe.

Deschamps ne pourra pas échouer dans ce domaine. Deux ans après Blanc, il devient sélectionneur d'une équipe dont les Français continuent à se détourner. Comme son prédécesseur, il hérite de joueurs suspendus pour mauvais comportement. La différence, c'est qu'il annonce clairement ce que va être son fonctionnement : une fois les matchs de suspension purgés, on repartira de zéro. Mais à la première incartade, au premier manquement à la discipline et à un comportement exemplaire, c'en sera fini.

Et c'est bien sûr valable pour les récidivistes comme pour les autres, tous les autres. C'est le groupe qui est averti parce que c'est au groupe dans son ensemble qu'il donne une deuxième chance. Il n'y en aura pas de troisième…

Ménez va revenir très vite, contrairement à M'Vila, tombé dans une médiocrité désolante, à Ben Arfa, qui ne semble manquer à personne, et surtout pas au sélectionneur, et à Nasri enfin, qui réapparaîtra seulement en août 2013, quatorze mois après l'Euro. Du point de vue du comportement, le sélectionneur a donné l'impression de gagner son pari. Il réussit aussi un très bon début d'éliminatoires. On l'attend là aussi sur le chemin qui mène au Brésil 2014.

L'équipe gagne sans briller mais sans coup férir ses premiers matchs contre des adversaires modestes. Quand vous êtes dans le groupe de l'ogre espagnol, il faut vous battre pour la deuxième place, celle qui offre la possibilité d'un match de barrage. Et ne pas faire la moindre faute.

Deux coups de tonnerre vont changer la donne. D'abord, les Bleus, impeccables de volonté et de courage, bien que dominés pendant une première mi-temps éprouvante, réussissent l'exploit d'égaliser en deuxième mi-temps et d'obtenir un match nul inespéré. Bien sûr, Lloris, plus vertigineux que jamais, a réalisé deux ou trois arrêts sublimes et même stoppé un penalty. Mais les Français ont eu aussi leurs occasions et le nul paraît équitable. En tout cas, c'est un exploit de taille.

Au-delà de la qualité démontrée individuellement par les joueurs français, ce qui épate, c'est l'organisation, le schéma tactique, l'intelligence du jeu proposé collectivement. Il y a une force et une sérénité nouvelles dans cette équipe. On oserait même dire un « esprit ». Et Deschamps en est le grand responsable. Depuis ses années de joueur, il a manifesté des qualités de stratège hors du commun. Devenu entraîneur, il les a confirmées, que ce soit à Monaco ou à la Juventus. Déjà, cette équipe de France porte la marque de son intelligence.

Deuxième coup de tonnerre quelque temps plus tard quand la modeste Finlande vient, à son tour, faire match nul en Espagne. Désormais, les Français sont, à égalité de matchs, premiers de leur groupe, avec 2 points d'avance sur l'Espagne. Insensé. En assurant un match nul contre l'Espagne, au Stade de France, et en réalisant un sans-faute par ailleurs, les Français seront assurés d'aller au Brésil.

Le pays se reprend à rêver avec son équipe. En tout cas, il en a envie. La renaissance de Ribéry, les prouesses de Lloris, conforté par Deschamps dans son rôle de capitaine, l'éclosion de Matuidi, les promesses de Giroud, buteur *in extremis* pour arracher le nul en Espagne, sont autant de nouvelles rassurantes. Et puis, à l'image de Varane, le Madrilène, et de Pogba, le Turinois, la nouvelle génération s'affirme.

Il est des aspects plus moroses. Benzema perd peu à peu le sens du but, sous le maillot bleu, au point de rester stérile, match après match, mois après mois. Son entente avec Giroud reste très peu convaincante. Quand on lui pose la question du feeling qui n'existe peut-être pas entre les deux, Deschamps répond, à sa manière, doucement ironique : « C'est quoi, un feeling ? »

Malgré tous ses efforts, il n'arrive pas à s'appuyer sur une charnière centrale homogène et performante sur la durée. Blessures, méformes, absence de temps de jeu dans leur club… Le chantier reste en chantier. Au poste d'arrière latéral, c'est plutôt bien pourvu à droite, avec Sagna, Debuchy ou éventuellement Jallet. À gauche, entre Evra, qui n'approche jamais, même de loin, son niveau de Manchester, Clichy, qui reste un joueur moyen au niveau international, on en est réduit à attendre impatiemment l'avènement de Lucas Digne, 20 ans.

Au printemps, l'espoir recule : l'Espagne vient gagner au Stade de France (1-0) un match que les Bleus ont parfois donné l'impression de jouer comme s'ils étaient assis entre deux chaises. Attaquer à fond pour battre cette équipe qui ne fait plus figure d'épouvantail, et s'envoler définitivement avec 5 points d'avance ? ou rester prudent pour préserver la possibilité d'un match nul qui la laisserait en pole position ?

Pour ne pas avoir vraiment choisi, et s'être heurtés, il faut le reconnaître, à quelques arrêts de classe du gardien espagnol, Valdes, ils encaissent un but très malheureux, les voilà deuxièmes, 1 point derrière l'Espagne.

C'est bien dommage, ce n'est pas pour autant une catastrophe. Sauf nouveau faux pas de l'Espagne et un sans-faute français, l'équipe finira deuxième de son groupe et disputera un match de barrage… C'est exactement ce qui était annoncé au vu du tirage au sort.

Ce qui est plus inquiétant, c'est la stérilité devenue chronique de Karim Benzema, ses errements, ses absences d'implication. Il semble lourd sur le terrain, peu mobile, perdu. Pour tout dire, il donne vraiment l'impression de se moquer de ce qui se passe autour de lui. Les minutes passent, plus de mille à l'été 2013, et il ne marque toujours pas, sans vraiment s'en soucier. Quand on lui demande des explications, il répond qu'il ne peut pas tout faire (*sic*), que ce n'est pas de sa faute s'il est trop peu et mal servi… C'est tout juste s'il ne déclare pas qu'il est plus facile de jouer avec Ronaldo, Özil et Di Maria au Real Madrid qu'avec des chèvres en équipe de France. Il est vrai que sa saison au Real fut à peine plus satisfaisante. La concurrence de Higuain, de plus en plus rude, lui a fait de l'ombre et l'a remisé un match sur deux sur le banc. Là aussi, il trouvera le moyen, une fois Higuain parti à Naples, de confesser son peu de goût pour la mise en concurrence, qui l'étouffait au lieu d'être une émulation.

En vérité, ce qui manque à ce garçon émollient, ce sont les coups de pied au c… de José Mourinho, ceux-là même qui lui avaient permis, la saison précédente, de donner son meilleur. Mourinho était, cette fois, sur le départ et moins enclin à remuer son attaquant.

On ne sait pas si Didier Deschamps, qui a bien sûr pris la mesure du problème, finira par trouver la solution. C'est que l'affaire est complexe. Le joueur qui n'aime pas la concurrence est impuissant dans le rôle d'avant-centre indétrônable de l'équipe de France. On ne remplace pas Benzema, parce que personne, en France, ne peut postuler à sa place. Quand on évoque Giroud, ça fait sourire. Vingt minutes en fin de match, pourquoi pas ? Ou alors associé à Benzema… On y revient. Même si cette solution n'a apporté que des déceptions. Les autres, de Gignac à Rémy, plutôt des seconds couteaux.

On tourne en rond, et comme le sélectionneur n'a manifestement pas encore décidé de donner de la voix, « Karim le Magnifique » reste muet.

Une pluie de cartons jaunes s'étant abattue sur le milieu de terrain français, Pogba, Cabaye et Matuidi, suspendus, ne joueront pas le prochain match qualificatif en septembre. Ça commence bien…

L'été s'écoule nonchalamment. Le seul suspense, à la limite de l'insoutenable, consiste, pour moi et pour moi tout seul, à tenter de deviner si Didier Deschamps et Jean-Pierre Bernès vont finir par me rappeler.

Beaucoup de messages sans réponse et soudain un appel masqué qui tinte au milieu de l'après-midi.

Chapitre 39

Dans la tête de Didier Deschamps

« Dans le fond de mon cœur
vous ne pouviez pas lire. »
Jean Racine (*Phèdre*)

Je n'y croyais plus et j'avais tort. Depuis deux mois j'avais laissé plusieurs messages sur son répondeur, qui s'obstinait à exercer sa fonction de répondeur. Vous renvoyer à plus tard.

« Vous êtes bien avec Didier Deschamps » (justement non, et on aimerait bien l'être !!), scandait, de son timbre incomparable, le sélectionneur de l'équipe de France, précisant qu'il n'était pas disponible. On pouvait lui laisser un message.

Et puis le 29 juillet, sur le coup de 14 h 54 (j'ai déjà dit, je crois, que Deschamps nous faisait penser à un personnage de Simenon, ce qui doit incliner ceux qui tentent de le décrypter à jouer les Maigret), il m'appelle, s'excuse de ne pas avoir pris contact plus tôt – il était en vacances – et me demande de lui en dire plus.

Plus que quoi ?

Il a compris, mes messages étant assez clairs, que j'écrivais un livre sur lui, d'ailleurs, Jean-Claude Blanc, directeur général du PSG, et son ancien patron quand il était à la Juventus de Turin, l'a averti il y a quelques mois que je l'avais contacté, au sujet de ce livre. Il sait presque tout, y compris les noms de mes interlocuteurs. Enfin, la plupart, le petit rapporteur n'ayant plus eu d'infos sur mon travail depuis le mois d'avril, et pour cause.

Je lui redis que je suis en train d'écrire un portrait de lui, comme annoncé sur son répondeur, et que, au risque de mettre à mal son humilité, il faut bien admettre que le livre parle beaucoup de lui.

Il rit légèrement, semble s'amuser de la situation, en tout cas je n'ai à aucun moment l'impression qu'il me considère comme un potentiel ennemi.

Il n'empêche qu'il reste sur son idée fixe de savoir, au-delà de sa présence incontournable, quel est le but de ce livre.

« Oui, mais ça tourne autour de quoi ? » insiste-t-il.

Je comprends (enfin !) à ce moment-là ce qu'il cherche à savoir : sera-ce un livre à charge ou le résultat d'une enquête aussi objective que possible ? Voilà la question qu'il n'ose pas poser, sans doute, pour ne pas paraître agressif et paranoïaque. J'en déduis qu'il a quand même été assez mal informé.

Encore que la sérénité du ton employé montre qu'il ne nourrit pas de réelles inquiétudes.

À chaque interlocuteur, j'ai toujours dit d'emblée que je n'ai rien contre Didier Deschamps *a priori*, et que, depuis longtemps, j'ai plutôt de la sympathie, pour le joueur d'abord, pour l'entraîneur ensuite, ses méthodes et ses résultats.

Tout cela, c'était avant de commencer mon travail, lequel consiste à décoder la personnalité de Deschamps, à aller au-delà des on-dit, à me faire mon idée avec les témoignages, parfois contradictoires des uns et des autres. Reconstruire cette vie qui n'est certes pas banale, à travers mon prisme, et sans jamais me laisser influencer par les uns ou les autres. Leurs visions, leurs souvenirs, leurs émois, leurs rancœurs doivent être des marques, d'utiles indicateurs, sans nous influencer.

On s'égare parfois, ce n'est pas grave si l'on arrive à se ressaisir. À chacun, j'ai aussi assuré qu'il pourrait relire intégralement ses propos tels qu'utilisés dans le livre, afin de pouvoir corriger toute confusion.

Je lui explique où j'en suis de mon travail, et de ma tentative de dresser un portrait qui soit aussi juste que possible. Je lui parle de tous ceux que j'ai rencontrés et qui m'ont parlé de lui. Certains ont droit à un petit rire amusé (Anigo, Tapie), d'autres à un commentaire.

Très vite, il m'interrompt : « Il n'y en a pas que sur Marseille, quand même ! » Je le rassure.

Il confirme son estime pour Pape Diouf, le président qui l'a engagé mais ne l'a jamais dirigé, passe sur Jean-Claude Dassier, avec lequel il a gagné le titre de champion en 2010, zappe Labrune, s'étonne que Nathalie Paoli, qui a quitté le club à la fin de l'année 2009, ait pu dresser un panorama aussi juste de la situation de l'époque. Et assez touchant de sa personnalité, telle qu'elle a pu la jauger.

« Pourtant, je ne l'ai pas beaucoup connue. On s'est un peu croisés, mais ce qu'elle vous a dit est vrai. Vrai aussi que j'ai failli ne pas aller à l'OM quand j'ai appris que Pape Diouf s'en allait. »

À aucun moment, je ne le sens sur la défensive, loin de la paranoïa décrite parfois. Malgré les soucis qui sont forcément là – la qualification à la Coupe du monde va se jouer entre septembre et novembre – il est apaisé. L'expérience marseillaise, qui lui a brûlé quelques calories tout en lui faisant prendre 10 kilos, est derrière lui.

Franck Sauzée, son ancien coéquipier qui n'est pas intéressé de parler de lui ? « Il a le droit, c'est sa liberté. » Sans ironie particulière. On peut toujours penser que c'est de la communication, dans ce cas, elle est formidable, car on ne sent pas une once de secret de fabrication, voire de manipulation.

Je me dis que s'il avait pu être aussi clair et abordable pendant l'Euro 2000, il y aurait beaucoup gagné.

Je lui parle de Jeannot Werth, son ancien agent, et lui dis que je l'ai longuement rencontré :

« Oh ! là, là !...

– Il vous reproche des choses, vous vous en doutez, mais il sait aussi parler de vos qualités et des moments positifs.

– J'espère bien, on a tout de même passé une vingtaine d'années ensemble... Il en a bien profité, lui aussi. »

Je ne sais à qui s'adresse le « lui aussi ». À lui-même ? à d'autres ? Je n'insiste pas. Il me paraît essentiel de tenir le ton de cette conversation sans lui donner un tour d'interrogatoire.

Quand il évoque Jean-Claude Blanc, pour préciser que ce n'est pas avec lui qu'il a eu des problèmes à la Juventus, je n'insiste pas, non plus. Pourtant, tous ceux qui m'ont conseillé de rencontrer Blanc m'ont assuré qu'il en avait à dire sur Deschamps ! Passons.

Il en vient, très gentiment, au but de mes appels, pour me dire qu'il ne va pas me recevoir tout en me remerciant de l'avoir contacté.

« Je respecte votre travail, et votre liberté d'écriture. Mais je ne veux pas m'impliquer dans quelque chose que je ne contrôle pas. »Deschamps tel qu'en lui-même ! Plus vrai que nature.

Moi aussi, je respecte son choix, je le lui dis, et à mon tour je le remercie de m'avoir rappelé. Après tout, il aurait pu ne pas donner signe de vie, ou même m'appeler pour me dire qu'il n'avait rien à me dire. Voire se montrer légèrement menaçant, ça ne sert généralement à rien mais il y en a à qui ça fait plaisir... Rien de tout cela.

Je n'ai pas laissé échapper l'affirmation selon laquelle il tient à contrôler ce qui s'écrit sur lui si l'auteur désire son aide. Était-ce une perche tendue ? Je ne m'y attarde pas plus que ça : autant je serais prêt – comme pour les autres – à lui soumettre chaque mot mis dans sa bouche, autant je n'envisage pas de lui soumettre le texte final, dans son entièreté. Certes, il est le sujet, mais c'est mon livre, mon enquête, mon regard. Et ce ne serait pas correct à l'égard de ceux qui ont pris du temps pour me parler d'abandonner au seul verdict de Deschamps leurs propos et jugements.

« Et vous le sortez quand, ce livre ?

– En novembre prochain. »

Il rit, franchement, dans le téléphone.

« Je vois… »

La concordance avec la date des barrages pour la qualification au mondial 2014, au Brésil, ne lui a pas échappé.

« Eh bien, moi, je suis plus optimiste que vous », lance-t-il quand je lui explique que publier ce livre en novembre, c'est l'assurance de ne pas se tromper. Quoi qu'il arrive.

Je ne songe pas à lui demander si son optimisme concerne les éventuels barrages ou une qualification directe… J'ajoute qu'en tant que passionné de football j'ai été très content de le voir prendre en main la destinée de l'équipe de France. Moi aussi, je veux y croire, à cette qualification, déjà parce qu'une Coupe du monde sans la France, c'est tristounet, surtout que nous n'avons plus l'habitude… Dans mon enthousiasme, j'évoque les années noires, 1970, 1974, 1990, 1994. C'est beaucoup de loupés dans la carrière d'un amateur de football.

« J'en ai loupé moins que vous, se marre-t-il, très amusé de me faire remarquer que, né en 1968, il est sensiblement plus jeune que moi, ce qui lui a évité de connaître les désillusions de 1970 et 1974. Aussitôt, il ajoute : C'est vrai que le flop de la Coupe du monde 1994, aux États-Unis, je ne l'ai pas manqué ! » Il me l'a enlevé de la bouche. J'allais justement lui rappeler les inoubliables défaites contre Israël et la Bulgarie, au Parc des Princes, en novembre 1993, qui ont permis aux

Bleus dont il était déjà un pilier de se vautrer sur le chemin de l'Amérique. Il a été plus rapide que moi, a su faire de l'autodérision, juste après m'avoir envoyé une petite pique ironique. Il adore ce mélange de professionnalisme brusquement traversé par une plaisanterie.

Tout cela confirme ce que disait Billy Wilder, à savoir que l'« on ne peut pas avoir une conversation sérieuse avec quelqu'un qui n'a pas le sens de l'humour ».

Avec Didier Deschamps, on peut. L'un ne va pas sans l'autre. Son sens de l'humour, on le connaît. Sa faculté à en user pour se sortir des moments chauds, en conférence de presse, par exemple. C'est plaisant mais ce qui fait sa force et justifie la confiance mise en lui, c'est sa rigueur, sa capacité à imposer ses règles, quand c'est nécessaire. Et ce sera d'autant plus aisé qu'il peut désormais compter en équipe de France avec des joueurs qu'il aura choisis. Ce qui n'est pas le cas quand vous entraînez un club.

Plus encore que Laurent Blanc, il incarne une vraie autorité.

Et puis, en souvenir de Knysna, il est quand même bon de sentir que les malades ne dirigent plus l'asile. Il rit, mais ne me contredit pas.

Il est le patron aujourd'hui, et nous pressentons que si des attitudes à la Ben Arfa, Nasri, Ménez ou M'Vila se reproduisaient, avec lui, il n'y aurait pas de deuxième acte.

J'évoque Jean-Pierre Bernès, son agent depuis 2008, son ami et complice depuis vingt-cinq ans. Je lui dis que, pour des raisons évidentes, je n'ai pas voulu contacter Bernès avant de lui avoir parlé. Maintenant, je vais pouvoir l'appeler :

« Oui, mais vous savez, si je lui dis de ne pas vous parler, il ne vous parlera pas.

– Ce serait dommage. Je n'ai pas l'intention de lui extirper des révélations ni de déterrer de vieux secrets. Il m'apparaît simplement qu'un commentaire de Bernès sur la façon dont il vous perçoit serait le bienvenu. Mais s'il ne veut pas, il pourra toujours me le dire. »

J'ai failli ajouter que, moi aussi, je respecte la liberté de chacun et que je ne force personne à parler, mais j'espère qu'il en est déjà convaincu.

La conversation est détendue. Je ne vais pas la tendre bêtement en m'étonnant qu'il affiche si ouvertement son emprise sur son agent alors que tous les « spécialistes » assurent que c'est exactement l'inverse.

Je préfère lui confier qu'après quelques mois de travail sur le « sujet Deschamps » j'ai beaucoup entendu dire que personne ne savait ce qu'il pensait vraiment, au fond de lui…

« C'est vrai. Il n'y a que ma femme qui sache.

– Justement, quelqu'un qui vous aime bien m'a dit : "Je crois que même sa femme et son fils ne savent pas ce qu'il a dans la tête."

– Ma femme sait. Pour le reste, il y a des choses que l'on peut garder pour soi. Nous ne sommes pas obligés de tout dire, à tout le monde. »

Curieusement, c'est moi qui vais donner le clap de fin. Ce n'est pas que je m'ennuie, bien sûr. Mais il y a vingt minutes, déjà, que nous échangeons aimablement, et ce qui s'est dit n'est pas inutile. En tout cas, c'est déjà beaucoup donné de la part de quelqu'un qui ne souhaite pas s'impliquer dans ce livre. J'apprécie. Pour autant, je ne veux pas avoir l'air d'abuser de ce moment agréable. Si nous restons en ligne, j'aurai d'autres questions, évidemment. Il y a encore bien des points sur lesquels j'aimerais avoir son avis. À un moment, j'aurais le sentiment désagréable de transformer cette conversation en tentative d'entretien.

Je lâche donc, à regret, une phrase du genre « Je vais vous laisser »… Il a encore un mot aimable : « Je vous souhaite bonne chance pour votre livre », à moins que ce ne soit « Bon courage »… À mon tour, j'exprime, vertement, mon souhait absolu de réussite pour son équipe de France.

« Merci, on va en avoir besoin. »

Chapitre 40
Vingt ans après

« Un jour, nous prendrons
des trains qui partent. »
Antoine Blondin

Pour lui, ce n'est pas une nouvelle saison qui s'ouvre en ce mois d'août 2013, c'est le début d'une fin. Au mois de novembre, dans trois mois, on saura s'il y aura une suite.

Pour les autres, fini les vacances, les remises en forme. C'est le début de nouvelles compétitions. La ligue 1, bientôt les Coupes d'Europe, les matchs de qualification, en tout cas. D'année en année, le football français de clubs en est réduit de plus en plus souvent à jouer des matchs de barrage pour être admis dans la cour des grands. Un signe.

Les entraîneurs de club s'affûtent, les joueurs font saillir leurs muscles reposés par les vacances, et leurs espoirs régénérés, comme toujours à cette époque de l'année. C'est l'heure de la rentrée.

Pour le sélectionneur, Didier Deschamps, ça risque plutôt d'être l'heure de la sortie (de route), qui sonnera un mois avant Noël si, d'aventure, les événements tournent mal.

D'abord, la Belgique au programme. En amical et à Bruxelles. Rien de bien méchant puisque ce match de mi-août est censé préparer les deux déplacements en Géorgie et en Biélorussie, qu'il faut gagner pour espérer dépasser l'Espagne, si elle commettait un faux pas, et, en tout cas, assurer la deuxième place.

En Belgique, les Français réalisent une performance assez solide, face à une très bonne équipe. Benzema et les attaquants restent muets, le meilleur Bleu s'avère être Hugo Lloris. Ça en dit long.

Deux points de perdus en Géorgie, pour commencer septembre. Cette fois, il ne faut plus espérer rattraper l'Espagne, qui, elle, a recommencé à gagner. En revanche, une victoire en Biélorussie est maintenant impérative, pour assurer la deuxième place sans avoir à jouer un match couperet contre la Finlande, au Stade de France, en octobre.

On sent de moins en moins cette équipe de France. Et on devine Deschamps déstabilisé. Par le manque de talent des joueurs ? Pas tant que ça. Par leur implication sans doute. Encore qu'il serait plus juste de parler d'« inhibition ».

Des joueurs de talent, il y en a, contrairement à ce que serinent les gazettes qui trouvent sans doute plus commode d'expliquer les mauvais résultats par une médiocrité naturelle des joueurs, sorte de mauvais sort contre lequel on ne peut rien, plutôt que reconnaître que personne n'arrive à faire jouer ces enfants impossibles en équipe.

Tout cela est tellement loin de Deschamps, de ce qu'il a été et de ce qu'il demeure. Il est devenu adulte assez tôt pour n'être jamais un enfant impossible.

Dans cette équipe, quatre ou cinq joueurs de talent et de caractère émergent. Le défi est de faire en sorte qu'une bonne partie des autres s'en rapproche.

Pour y parvenir, il faudrait leur apprendre à écouter, à enregistrer ce qu'ils entendent, à le comprendre et à l'assimiler. Ensuite, à le reproduire sur le terrain, en partageant avec les coéquipiers un seul objectif : gagner ensemble, en détruisant l'adversaire par la force d'une synergie.

Pour espérer gagner ensemble, il faut jouer ensemble, se respecter mutuellement à défaut de s'aimer, et faire, ensemble, environ trois fois plus d'efforts que ce que l'on serait amené à produire tout seul.

Quand on a tout ça, en plus du talent, on est armé pour les plus belles conquêtes. Sans cela, on n'est rien.

En Géorgie, les Français ont montré qu'ils n'étaient pas loin de rien. Pas de schéma, pas de dépassement de soi, aucune inspiration. Benzema, encore stérile, irrite plus que les autres, sans doute parce qu'on le sait plus doué. Pour le reste, à savoir le comportement, c'est à pleurer.

Quand on voit Ribéry cesser de jouer parce que son pote Benzema n'est plus sur le terrain, et qu'il ne veut combiner qu'avec lui – en tout cas pas avec Giroud –, on se dit que les fantômes de Knysna ont la vie dure.

Gourcuff, hier, Giroud aujourd'hui. Ribéry nous rappelle que plus ça change, plus c'est la même chose. Les clans sont toujours là, et les ressentiments, voire quelques haines bien tassées. Elles n'empêchent pas de vivre, certes, mais de jouer, sans aucun doute.

Il ne suffit pas de se taper dans la main pour se dire « bonjour », et de jouer les Bisounours en conférence de presse pour que tout aille vraiment bien.

Et puis, Nasri est revenu. Avec sa bonne bouille de faux-jeton prétentieux, il nous la joue repentant. De l'autre côté de la Manche, ça donne des idées à Ben Arfa. Enfin… une idée : faire la même chose.

Dans une interview désopilante, il exprime à quel point il pense à Laurent Blanc, le sélectionneur qu'il a envoyé paître pendant l'Euro 2012. Quand il le voit à la télévision, ça lui fait tellement de peine ! Toutes ces méchantes choses qu'il lui a dites ! On sent comme il regrette… On comprend aussi qu'il n'a pas pour autant eu l'idée de prendre son téléphone et de parler à Laurent Blanc. Trop honte. Il préfère s'adresser à la presse et au grand public. C'est un genre.

Dans son coin de Parc des Princes, Laurent Blanc doit sourire. Jaune. Les apostrophes de Ben Arfa, comme les insultes de Nasri ou de Ménez ont largement contribué à lui faire perdre son poste de sélectionneur. Elles ont, en tout cas, apporté, le moment venu, de l'eau au moulin de Le Graët.

De repentance en repentir, ça ne s'arrête plus. On craint le moment où, à force d'éplucher le dictionnaire, ils vont arriver à « résilience ». Et là, tous les désespoirs sont permis.

Didier Deschamps, un peu ébranlé tout de même, semble incliner vers une sorte de « résignation », ce qui est à la fois dans l'ordre alphabétique et dans l'ordre des choses.

Comment expliquer sinon qu'après ce match nul poussif contre la Géorgie il note que l'équipe a bien défendu ? Bien défendu ! Contre une équipe qui représente le tiers-monde du football. On n'y comprend plus rien, ou alors il va très mal.

Il élimine Karim Benzema et Patrice Evra – le capitaine félon de Knysna – avant le match contre la Biélorussie.

De toute façon, il ne peut rien nous arriver de pire. Et pourtant si, on le découvre au cours d'une première mi-temps cauchemardesque. Lloris, le capitaine irréprochable, le gardien surdoué qui a déjà sauvé tant de fois son équipe, en quatre années d'arrêts insensés, Lloris – avec deux ailes – se « troue » horriblement par deux fois en première mi-temps. Deux énormes ratés comme on n'en imagine pas dans ses pires cauchemars.

Heureusement, comme tous les grands gardiens de but, Hugo Lloris a de la chance, et l'équipe de France, si longtemps muette, va marquer quatre buts en un seul soir, pour compenser ses deux bourdes.

L'honneur du capitaine était sauf, le cœur du sélectionneur avait tenu.

À l'heure du soulagement, on aurait presque oublié l'affligeante première période des Français si quelques bons esprits n'étaient pas venus nous préciser que le réveil des Bleus avait été sonné par… Patrice Evra, à la mi-temps.

Et chacun des caïds, Ribéry en tête, de confier que les mots employés par le remplaçant avaient atteint leur but et provoqué leur révolte. Le même Ribéry, évidemment, ne daignait pas livrer un mot sur Giroud, qui avait pourtant bien travaillé, et pour lui, et pour l'équipe. Normal.

Il faudrait attendre deux jours pour apprendre, de source sûre, que Didier Deschamps était lui aussi dans le vestiaire à la mi-temps (on aurait pu croire qu'il avait laissé sa place à Evra) et qu'il avait parlé tactique, repositionné ses joueurs et réclamé plus d'ardeur et de solidité, sur un ton autoritaire mais jamais criard, comme d'habitude.

Qu'était-il donc venu faire dans cette galère, lui, le gagneur enragé ? Il fallait vraiment qu'il en ait marre de l'OM, pour choisir de se retrouver à la tête de cette équipe qui ne savait même pas gagner dans la simplicité et ignorait jusqu'au romantisme qui baigne certaines défaites héroïques.

Qu'est-ce qui lui avait pris ?

On se posait la question après les deux matchs de septembre, on se la posa un peu plus, au début du mois d'octobre, en apprenant que le dénommé Ménez, Jérémy, joueur du Paris Saint-Germain, mécontent de ne pas entrer en jeu lors d'un match de Ligue des champions, était tout simplement rentré chez lui. Marquant ainsi sa colère contre son entraîneur… Laurent Blanc.

Plus ça change, plus c'est la même chose…

Vingt ans après un sinistre mois de novembre, quand furent balayés nos rêves d'Amérique par une tornade bulgare du nom de Kostadinov, la France a peur, une fois encore. Ce n'est pourtant pas le moment, maintenant il va falloir jouer.

Il est trop tard pour craindre quoi que ce soit. Même si Cioran nous a convaincus qu'il n'est jamais trop tôt pour désespérer.

Après avoir passé près d'un an avec Didier Deschamps, et avec la sensation de l'avoir accompagné parfois, dans les bons et les mauvais moments d'une vie qui n'est certes pas sans relief nous n'étions pas très à l'aise de le laisser là, un peu en plan, à un mois de deux matchs de barrage qui décideraient de l'avenir proche du football français.

Nous avions rencontré pendant tous ces mois un homme riche de ses contradictions, de ses failles érigées en perce-murailles, de ses complexes d'infériorité qui l'ont aidé à s'élever, de ces défauts parfois horripilants, qui lui fouettent le sang et font que la vie coule plus vite dans ses veines.

Attachant ? Plus que ça. Déroutant et attirant à la fois, énigmatique, pas seulement dans ses silences, aussi dans ses mots et ses phrases qui s'achèvent souvent en points de suspension...

Même si nous n'y avons pas accès, force est de reconnaître que l'enfant d'Anglet a un univers. Bien à lui. Et qu'il doit s'y plaire.

Quand il n'est pas de l'autre côté du miroir, c'est un gars bien de chez nous, auquel on souhaite d'avoir compris que la plupart des footballeurs d'aujourd'hui sont des gens comme les autres. En pire.

Il est vrai qu'il nous est apparu parfois comme une sorte d'extraterrestre, un « monstre » sous carapace humaine. C'était une erreur de jugement. Il est seulement un type qui était fait pour être comme tout le monde et qui a réussi à devenir comme personne.

Quoi qu'il arrive, quoi qu'il se soit passé en novembre, cela restera une lourde erreur de la FFF d'avoir fait partir Blanc à deux ans d'une Coupe du monde. Pour le remplacer par un Deschamps qui n'aura jamais eu le temps nécessaire pour travailler.

Mais les manipulations et coups fourrés de Noël Le Graët ont quelque chose de divin, tant ils sont impénétrables.

Après deux ans de travail pour commencer à reconstruire, Blanc aurait dû avoir deux ans de plus pour – profitant de l'expérience enrichissante de l'Euro 2012 – mener, et cette fois à la baguette, ses joueurs sur la route du Brésil.

Peut-être aurions-nous cessé, alors, de nous demander d'où viennent les larmes qui nous montent aux yeux, en regardant « jouer » l'équipe de France.

Après, il aurait été temps, largement, de prendre des dispositions nouvelles, si le besoin s'en faisait sentir.

Au lieu de ça, on a laissé son travail inachevé, et intronisé un Deschamps qui n'aura eu qu'un an pour se retrouver face aux barrages et leurs matchs couperets, avec une équipe dont le moins que l'on puisse dire, c'est qu'elle n'est pas finie.

L'espérance, désormais – tant nous craignons qu'une qualification mesquine ne soit pas beaucoup moins sinistre qu'une élimination sans gloire –, c'est que Didier Deschamps soit, quoi qu'il arrive, le sélectionneur de l'équipe de France qui jouera chez elle l'Euro 2016.

Ainsi, il aurait sa chance, vraiment. Celle que Blanc n'a pas eue. Un cycle de quatre ans, ce n'est pas un contrat à durée indéterminée. À peine un CDD amélioré.

Alors, tout à nos plaisirs retrouvés, nous fredonnerions, peut-être, comme Françoise Sagan l'eût pu, à la lumière d'un petit matin clair, nettoyant les ombres de la nuit . « Adieu tristesse. »

Remerciements

« Les gens qui se sont fait une idée à propos d'un homme
n'aiment pas devoir changer d'opinion,
réviser leur jugement en raison d'une preuve nouvelle
ou d'arguments nouveaux, et l'homme qui tente de les forcer
à changer d'avis est, pour le moins, en train de perdre son temps
et peut-être de chercher des ennuis. »

John O'Hara

Je remercie particulièrement Nathalie Paoli, Jeannot Werth, Pape Diouf, Jean-Claude Dassier, José Anigo, Bernard Tapie, ils m'ont généreusement consacré de leur temps et ont livré leur vision de Didier Deschamps en toute sincérité. Il est certain que, sans leur regard, ce portrait aurait été incomplet.

Merci, bien sûr, à Didier Deschamps, qui a eu l'élégance de répondre à ma demande de contact et m'a souhaité de travailler en toute liberté.

Les autres, ceux qui n'ont même pas daigné me recontacter, ou se sont contentés de bribes de conversation, je les remercie aussi, car ils m'ont, de fait, permis de travailler en toute liberté.

Même s'ils n'apparaissent pas dans ce livre, j'ai pu compter sur l'aide précieuse de Jean-Louis Pacull, Eugène Saccomano, Aurélien Philippe-Gérard, Vincent Machenaud, Ségolène Estrangin, Olivier Pascuito. Merci à eux pour tant d'apports, de précisions, de détails. S'il existe dans ce livre des erreurs, elles sont la responsabilité de l'auteur et de lui seul.

Merci à Romain et Catherine, ainsi qu'à leur fils, Clément. Pour l'ambiance chaleureuse d'une semaine de vacances durant laquelle j'ai bien travaillé.

Merci à Laurent Boudin, mon éditeur, attentif, passionne, toujours présent. Je savais déjà quel ami il pouvait être, j'ai découvert le bonheur de travailler avec lui.

Merci enfin (*the last, but not the least*) à ma fille Eva. Pendant tous ces mois où j'écrivais ce livre, elle a été parfois privée de tennis, de vélo et de plage, et ne s'est jamais plainte. En revanche, elle a passé beaucoup d'heures, pas trop loin de moi, à lire… l'intégrale de Harry Potter. Je n'ai pas souvenir qu'en presque huit ans nous ayons été plus proches que dans ces silences partagés, autour d'un même amour des mots. Continuons à nous protéger l'un, l'autre, longtemps.

Bernard Pascuito
Lourmarin, 11 octobre 2013

Table des matières